2013 年 2 月，笔者在巴格达最大的杂货市场采访。这里曾多次遭遇汽车炸弹袭击。黄色出租车是恐怖分子发动袭击的常用工具

2013 年 3 月，伊战十周年前夕巴格达再度遭遇炸弹袭击，笔者紧急出门进行采访

2007 年 12 月，笔者和摄制团队在伊斯兰堡西南方向 10 公里的拉瓦尔品第街头采访

2011 年 4 月初，利比亚政府组织外国记者前往扎维耶探访一家医院。其间，大批护士高喊着支持卡扎菲的口号出现在医院门口

2011 年 4 月，利比亚政府组织外国记者参观一处遭北约空袭的地方

2006年11月，加德满都以西某村镇。彼时，尼泊尔除加德满都以外的地区均被"毛派"游击队占领

2009 年 1 月，加沙战争期间，笔者在拉姆安拉采访巴勒斯坦民众

2009 年 8 月，笔者近距离观察缅军动态。图内建筑是果敢的一家枪械修理厂，即那场缅北内战导火索"八八事件"的事发地点

---

* 本书部分插图来源于凤凰卫视。

现场

何润锋 著

贵州出版集团
贵州人民出版社

图书在版编目（ＣＩＰ）数据

现场 / 何润锋著 . -- 贵阳 ：贵州人民出版社，
2024.9
ISBN 978-7-221-18032-2

Ⅰ . ①现… Ⅱ . ①何… Ⅲ . ①现场报道－研究 Ⅳ .
① G222

中国国家版本馆 CIP 数据核字（2023）第 206066 号

现场
XIANCHANG
何润锋 / 著

出 版 人	朱文迅	
责任编辑	杨雅云	
出版发行	贵州出版集团　贵州人民出版社	
地　　址	贵阳市观山湖区中天会展城会展东路 SOHO 公寓 A 座	
印　　刷	涿州汇美亿浓印刷有限公司	
版　　次	2024 年 9 月第 1 版	
印　　次	2024 年 9 月第 1 次印刷	
开　　本	787 毫米 ×1092 毫米　1/16	
印　　张	23	
字　　数	308 千字	
书　　号	ISBN 978-7-221-18032-2	
定　　价	79.00 元	

前　言

写下这段文字的时候，发生在徐州丰县的一起拐卖、监禁、虐待妇女的案件正持续引发全社会的关注。

令人遗憾的是，由于种种原因，除了最初流传出来的一段手机视频，极少有来自核心现场的记录、报道、调查、评论。这也导致网上的信息鱼龙混杂、真假难辨。善良而愤怒的旁观者被一再反转的说辞搞得手足无措，不知道该相信谁。更有某些无良的自媒体乘虚而入，凭借天马行空的想象捏造事实、误导舆论。

现场之于真相至关重要，但要抵达现场却并不容易。

作为一名出镜记者，我的职业生涯在很长一段时间都和“现场”息息相关。我于2004年进入新闻行业，此后六年间就职于凤凰卫视，又于2010年加入央视，担任中央电视台亚太中心站驻外记者。其间，我曾以前线记者的身份，报道过一系列国际国内重大突发事件，尤其是战争、冲突和灾难新闻，例如利比亚战争、缅北内战、尼泊尔内战、以黎战争、加沙战争、巴基斯坦“红色清真寺”事件、泰国军事政变、朝韩延坪岛炮击事件、中日钓鱼岛主权争议、克什米尔大地震、汶川大地震、日本“3·11”大地震、尼泊尔大地震等。

本书由我亲笔撰述，以第一人称的视角，记录了我记者生涯中若干次战地和灾难采访的经历。这当中除了一部分内容曾经以新闻报道的形式公之于众，还有大量镜头外不为人知的故事——包括我在前线一些危险的遭遇和有趣的见闻。这是我作为一名国际新闻记者在"极致现场"的工作故事和采访手记。通过这些文字，我希望呈现的不仅是国际社会曾经的风云变幻，更是一个中国记者在特定时代背景下的行动、选择和思考，以及那段于我而言弥足珍贵的青葱岁月。

求真是记者的天职，而现场则是了解真相最初始、最关键的路径。在当下习惯了捕风捉影、夸大其词、隔空意淫、情绪驱动的网络传播语境下，在媒体生态不断转型、新闻专业主义受到种种挑战、传统信任结构濒临瓦解的宏大背景下，通过一个传统电视记者当年颇为冒险的采访经历来重新强调"现场"的重要，进而唤起更多人"求真"的意愿和勇气，这是我撰写本书的初心。

通往现场的道路再崎岖，也不应失去求真的动力。

为了便于叙述，本书采用以国别为基础的写作架构，涵盖了2005年至2013年间发生在伊拉克、巴基斯坦、利比亚、尼泊尔、以色列、缅甸等六个国家的战争和冲突，以及灾难事件。六个部分的排序，时间上不分先后。

本书内容主要来自三部分：个人的回忆，当年制作的新闻报道和纪录片节目，以及我留存下来的一些采访手记。遗憾的是，由于我从事电视新闻的那几年，尤其是起初那几年，社交媒体并不像现在这么发达，加上个人电脑资料的遗失和损毁，我的凤凰博客的关停，以及凤凰网大量视频内容的下架，很多采访故事没能保存下来，以至于在写这本书时，很多内容需要反复回忆、再三推敲。我曾试图重返凤凰和央视去查找当年的原始报道，并采访一些我过去的同事，无奈工程量太大，我平日的工作又很忙，只能作罢。所以，如果书中有个别信息存在错误，还请读者朋友谅解。

本书的起点要追溯至2008年9月，奥运刚刚落幕的北京。在一间能俯瞰鸟巢和水立方的顶层酒吧，一位从事出版业的大学好友热情地鼓励我把自己的经历写下来。一杯啤酒还没喝完，我便被说动了。没过多久，我就在键盘上敲打出第一行文字。但在那之后，因为工作繁忙，加上没有出版的压力，写作过程断断续续，文字也是零零碎碎。直至2014年前往牛津大学访学时，才开始系统地搭建写作架构，并花了大量时间翻查资料、整理记忆。回国后转投互联网，开启新世界，日子又变得忙碌，写作一事再度被搁置。就在连我自己都开始怀疑有生之年还能不能写完这本书时，2020年，新冠疫情来袭，节目停拍，居家办公成为常态。于是，我打开那个创建了十多年、辗转了多台电脑的文档，又开始新一轮码字工程。好在这一次没有停工，我一鼓作气写完了所有的章节，然后发给了当初力劝我写作的那位大学好友。

所以，大家现在看到的这本书的不同章节，写于过往14年间的不同时段。这么多年来，我的叙事方式和文字风格在变，我对过往所报道过的一些重大事件的看法在变，我对新闻这一行业的理解在变，我对这本书所抱有的期待也在变。每一次重新投入写作时，我都会习惯性地检阅一下所有的文字，并根据最新的认知进行修改。但因为工程量太大，难免会有一些残留的变化痕迹没来得及抹平——例如文风的前后不一等等。如果这种参差给大家的阅读造成了不好的体验，还请各位多多包涵。

要感谢的人有很多：我的家人，我的师长，曾与我并肩作战的同事，给予我成长空间的领导，还有这么多年来一直在鞭策我完成此书的朋友。在这里，我就不一一罗列了。

尤其想感谢所有曾经接受过我采访的人——是他们成就了我的报道，也成就了我的职业生涯。他们当中，有的人我还保持着联络，有的人已经失去了消息，有的人终于摆脱了当年的苦难，有的人依然在生活的洪流中苦苦挣扎，有的人甚至已经离开了这个世界。这些年，我不止一次地想象，有朝一日能否回到那些我曾抵达过的现场，在没有任何工作压力的情况下，和那些接受过我采访的人重逢、叙旧……

　　而在那一天到来之前，就谨以此书献给他们吧。

　　谢谢大家。

CONTENTS

目　　录

第一章　伊拉克

第二章　巴基斯坦

第三章　利比亚

第一章 伊拉克

2003年，对很多关注新闻的人来说，一定不会陌生。那一年，美国"哥伦比亚号"航天飞机在返航时解体，七人罹难；那一年，非典肆虐全球，满大街的口罩和慌张，人人担心被隔离、被感染；那一年，香港歌星张国荣从某座五星级酒店的高处纵身一跃，离开了人世。

那一年的3月20日，伊拉克战争正式爆发，国际格局再次改变。

那一年，我还在香港中文大学攻读传播学硕士学位。暑假期间，我到凤凰卫视资讯台采编部实习。虽然只有短短两个月，但对伊拉克战争，也算是关注了不少。

2004年9月，伊拉克战争打得如火如荼之际，我正式加入凤凰[1]。也就是在那时候，我开始尝试系统地了解伊拉克局势，并由此频繁接触到"基地组织""迈赫迪军""伊拉克真主党旅"等一系列让国际社会头痛的名字。几乎每天，我都能在各种新闻素材中，看到这些极端组织发动炸弹袭击、攻击美军驻地、绑架记者、杀害平民等种种恐怖主义行径。

---

[1] 指凤凰卫视，下同。

印象最深的是，那年的11月初，美联社发布了一段极度血腥的画面：三名蒙面的基地分子在宣读了一份声明之后，把一位年仅24岁的日本男性人质推倒在一面美国国旗上，然后用小刀活生生地割下了他的头颅。

那时候怎么也不会想到，十年之后，我会直接面对这些残忍的极端组织。

2013年2月至3月，我以央视《伊战十年》专题片前线记者的身份，在伊战十周年纪念日到来之前，赴伊拉克采访了一个月。以巴格达为大本营，从萨德尔城到纳杰夫，从阿拉伯雅博到阿布格莱布，我和我的摄像师杰森（Jason）走访了多个曾爆发激烈战役、十年来一直没有摆脱恐怖袭击威胁的地区，并采访了大量目击者和受害者，努力还原这场战争的真实面貌，记录下伊战十年后的变与不变。

为了平衡外界一贯先入为主、已经形成刻板印象的主观认知，对伊拉克安全局势的过去、现在和未来有一个更为全面和深刻的解读，我们经过反复的策划、辗转的联系和长时间的等待，成功联络到伊战期间的三大极端组织——基地组织伊拉克分支、迈赫迪军（冻结武装后泛称迈赫迪组织）和伊拉克真主党旅，并采访了这三大组织的四位重量级成员，包括一名正在待命发动下一轮袭击的基地分子。

说实话，跑了这么多年国际新闻，也去了不少战地，甚至逐渐被一些人称为所谓的"战地记者"，但我一直觉得，如果没去过伊拉克或者阿富汗这样的地方，我的职业生涯是不完整的。也许，正是这种莫名的情结，使我从收到台里的采访指令开始，直至采访结束那天一个人背着相机走街串巷、混入嘈杂的人群，一直处于一种高度亢奋的状态。

尽管2013年的伊拉克，早已没有了当年的硝烟弥漫，甚至还没有2011年的利比亚那般危险，但这段特殊的采访经历带给我的刺激和冲撞，仍比其他许多例行的采访更为强烈。直至在电脑上敲打这些文字的时候，我仍然很好奇，自己当时怎么会懒于理会随时可能发生的炸弹袭击，甚至脱下防弹衣、撇开安保人员，在伊拉克走南闯北一个多月。

第一节　巴格达印象

香港起飞，迪拜转机。当地时间2月21日下午两点左右，航班飞临巴格达上空。从窗口俯瞰，有关这座城市的一切记忆和想象，开始层层叠叠地浮现于脑海。

想起2003年11月，一架隶属于欧洲航空运输公司的货机从巴格达机场起飞后不久，便遭到伊拉克武装组织的一枚地对空导弹袭击，左翼中弹，所幸飞机迫降成功，无人伤亡。十年之后，虽然不至于害怕，但心头也着实掠过一瞬的担忧：会有类似的恐怖袭击发生吗？比如劫机？在各国记者纷纷赶往巴格达报道伊战十周年之际，恐怖分子会把目标瞄准我们吗？

很多推论虽然合情合理，但发生的概率总是微乎其微。下午2点15分，航班掠过大片没有阳光照耀的、厚厚的云层，安然降落在巴格达国际机场。

巴格达国际机场始建于1979年。就在这一年，萨达姆攀上了权力顶峰，出任伊拉克总统一职。1982年机场建成之后，这里被命名为萨达姆国际机场。2003年伊战爆发之后，美军清除了机场内所有和萨达姆有关的符号，并将其更名为巴格达国际机场。

作为重要的交通枢纽，巴格达国际机场一直处于严密的戒备状态。除了里三层外三层的安全检查，到访旅客还要填写各种表格、接受各种问话。所有接送旅客的机动车辆都必须配有特殊的通行证才能进出机场范围，否则抵达的旅客只能先搭乘摆渡巴士，到距离航站楼几公里外的一个检查站下车，才能见到前来接机的亲朋好友；而搭机的旅客则必须在检查站下车，换乘摆渡巴士前往机场大厅。

"起初你可能会觉得麻烦和危险，但相信你很快就会适应，然后你会变得麻木。Dan[1]，你有一个月时间，慢慢来，不要着急，这里是伊拉克。"

当我和Jason拖着五大箱行李，一遍又一遍地向工作人员解释我们的身份及随身设备，以至于变得有些烦躁时，我想起出发前，我们聘请的中间人（fixer）莎拉（Sarah）在电邮中给我的上述这番温馨提示。

好吧，这里是伊拉克。

一

走出海关，台里聘请的两位身穿蓝灰色制服的安保人员早已等候多时。其中一人叫特里（Terry），是安保公司的英国籍雇员，理着平头，身材健硕，曾在英国海军陆战队服役多年；另一人是特里的助手，巴格达本地人，长得浓眉大眼，虎背熊腰，外号"胖子"（Fatty）。

因为出发前已经通过电邮，所以见面时并未觉得生分。两人微笑着和我们握了握手，打了招呼，随即便接过行李，带着我们七拐八拐穿过如迷宫一般的机场大厅及附属大楼，然后爬上一道充满刺鼻尿骚味儿的楼梯，最终抵达一个停车场的天台。安保公司为我们提供的四驱防弹车就停在空旷的天台中央，颇为扎眼。

特里和胖子帮我们安置好行李后，从后座取下两件沉甸甸的防弹衣，分别为我们套上，随后取下自己的防弹衣，穿戴整齐。

"太沉了，能不穿吗？"我笑着问特里。

却不料，刚才还跟我们有说有笑的特里突然板起了脸，把大家召集到一起，围成一个小圈，然后从副驾驶座上拿出一个活页夹，照着一份

---

[1] 我的英文名，下同。

文件，发表了一段义正词严的开场白：

"两位好，我们是Pilgrims安保公司巴格达分部的安保人员，我叫特里，是这一行动小组的负责人。按照我们之前的协商，我们公司这次派出了两辆防弹车、四名安保人员，负责保护两位的安全。你们现在看到的就是其中一辆车，另一辆正在机场禁区的外围待命。

"你们肯定知道，伊拉克仍然非常危险。我这里有过去每一天发生的暴力事件的记录，有需要的话可以给你们参考。但你们必须相信，我们在这里工作多年，掌握很多信息，能看到很多你们看不到的细节，所以能为你们提供必要的安全保障。"

特里说话时气场颇为强大，散发着军人特有的威严，一度让我对未来一个月的工作和人身安全充满信心，但没想到他话锋一转，泼了我满满一盆凉水：

"不过，希望你们在行动中一定要听从我的指挥，不得擅自行动。不论是上车还是下车，都要事先获得我的允许。在行车途中和采访期间，你们都必须穿着我们提供的防弹衣。

"我听说你们想去某些比较特殊的地方采访，但我们会对这些地方做安全评估。有些地方是安全的；有些地方我们不建议去；有些地方，我们不会允许你们去，例如萨德尔城那样的地方。明白了吗？"

这是我第二次与安保公司合作。在凤凰工作期间，由于经费的局限和报道风格使然，去再危险的地方采访也从没考虑过聘请保镖的念头。直到进入央视，才有机会享受北京总部提供的如此"高大上"的服务。此前，2011年的某个夏日，正是在某位专业保镖的保护下，我和我的同事徐贵霞才得以从的黎波里的枪林弹雨中全身而退，这让我深刻体会到安保人员在战地报道中无可比拟的价值。[1]

---

[1] 详情参见第三章"利比亚"的第四节。

但眼前的这位特里和他的助手，却似乎并不那么好合作。如果危险，就不允许我们去采访？但我的计划中有相当一部分是要去那些所谓的高危地区，甚至还要和恐怖组织接触，难道都必须放弃？如果我们坚持要去，他们会答应吗？如果我们坚持去了，他们会提供保护吗？归根结底，他们究竟是要确保我们的采访安全，还是仅仅在意我们的人身安危？我满腹疑问。

"有什么疑问？你们明白了吗？"特里盯着我问。声音和缓了不少，但明显带着不容商量的口吻。

"明白了。"我微笑着敷衍了一下。在危险地区多年的采访经历造就了我对于工作的执着和自信，一旦碰到什么人为的阻力，总是想尽办法去克服，不达目的誓不罢休。所以，直觉告诉我，我和特里之间不会有很长的合作。但我不想一见面就闹得不愉快，所以暂时压住所有疑问，在特里的指导下挪动套上了防弹衣的笨重的身躯，爬进车内。胖子一踩油门，车子从楼顶疾驰而下。

脑海中突然闪过电影《无间道》里的那个经典画面：刘德华和梁朝伟在楼顶对峙，脚踩着那座真假难辨、安危不定的城市。很酷的感觉。

二

说实话，巴格达让我大吃一惊。

想象中，这座饱受战火和自杀式炸弹袭击蹂躏的城市应当满目疮痍。至少，长年的战争理应制造出令人唏嘘的衰退和萧条。却不料，眼前的巴格达车水马龙，一派喧闹和忙碌的景象。

宽阔的马路、拥挤的车流，街道两旁散布着各种商店和餐厅，穿着黑色长袍的妇女带着孩子在广场上嬉戏。露天市场沿街而开，人头攒动，叫卖声此起彼伏。除了琳琅满目的日用品，还有各种军用品：防弹衣、头盔、背囊、靴子、望远镜等，款式应有尽有。只是，看不清是全新的进口货，还是从战场——甚至从死人身上扒下来之后经过再加工的二手货。

亮丽的清真寺星罗棋布，点缀着巴格达的各个角落。悠扬的诵经声定时响起，穿透整座城市。清真寺门口除了进进出出的虔诚教徒，还往往汇集了各类店铺摊贩，例如当地最具特色的烤鱼档。档主用两块特制的镂空铁板夹住至少20厘米长、肉身肥美的鱼，放在架着干树枝的火炉上烤，香气四溢。

"Masgouf！"[1]胖子听见我和Jason在嘀咕，扭过头来向我们介绍，"那是来自底格里斯河的美味，你们一定要尝尝！"

透过防弹玻璃，我讶异于自己所看到的一切，甚至一度错觉自己正置身于某个热闹的发展中国家，而非危机四伏的伊拉克。只是，不断出现在眼前的军车、士兵和警察，以及沿途林立的关卡，还是时不时把我拖回现实，促使我下意识地拽一下防弹衣。

危险和繁华并不一定对立。因为饱受战乱之苦的人，同样需要生存和生活。

三

我们住在喜来登，据说是巴格达那些年最好的酒店。从底格里斯河对岸远远望过去，它高高地矗立在那里，倒也的确霸气。

由于经常有达官贵人和外国宾客在这里用餐或者见客，酒店的安保非常严格。酒店外建有一道围墙，入口处设了一个检查站，六七名荷枪实弹的保安长期驻守，而且还经常有一辆军车停在那里，监视过往一切。

每次驾车进入酒店时，都必须停车接受安检。一名保安会上前问

---

[1] 马斯库夫，或译作玛斯古夫，意为"伊拉克烤鲤鱼"，鱼产自底格里斯河。

话，司机和乘客都必须摇下车窗，露出脸，递上证件；询问时，另一名保安会手持一根特殊的长棍游走在车子周围。棍子底部绑着一面特制的探照镜，保安会把镜子探入车底，以确定是否绑有炸弹。如果时局紧张，或碰上可疑车辆，车主还得打开后备厢。

从检查站到酒店大堂的入口要走100多米，距离大堂入口约10米的地方还围了一道长长的铁栅栏。绕过铁栅栏，进了大堂，还有最后一道安检。所有来宾都必须接受 X 射线扫描，并把随身物品交给驻守在那里的两至三名保安检查。所以，如果有恐怖分子想冲击酒店搞袭击，绝非易事。

当然，不仅仅是酒店。实际上，在伊拉克，几乎每一座政府大楼、医院、学校、邮局、博物馆等重要的场所，甚至一些较高级的餐厅，都设有类似的安检点。进入这些场所，都必须接受不同程度的安检。个别场所，例如政府大楼和机场，还远不止一两个安检点那么简单。所以，对于伊拉克人来说，过安检，几乎是每天都要反复经历的生活环节。

暂且不论成效如何，这种庞大的安检投入着实反映出伊拉克复杂的安全困境，以及伊拉克人所承受的巨大的安全压力。

尽管伊战早已结束，但恐怖袭击事件仍然层出不穷。根据 Iraq Body Count（伊战罹难人数统计组织）[1]的统计，截至2013年3月，伊拉克战争已经导致约174000人死亡，其中包括约120000名平民。自2008年和2009年后，死亡人数虽一度大幅减少，但仍然保持了每年4000多人无辜丧生的记录。若以单年计算（1月至12月），仅仅是美军撤走之后的2012年一年，就发生了2062起暴力袭击事件，导致4574名平民死亡。

---

[1] 一个总部位于英国的非政府组织，专门统计伊拉克战争所造成的平民伤亡情况，数据来源包括医院、媒体、政府、军方、警方、目击者、罹难者家属和其他非政府机构。

年份	平民死亡人数（个）	年份	平民死亡人数（个）
2003—2004	14007	2008—2009	7829
2004—2005	12001	2009—2010	4747
2005—2006	17026	2010—2011	4133
2006—2007	31418	2011—2012	4433
2007—2008	20930	2012—2013	4250

显然，伊战十年后，"安全"仍然是这个中东国家最大的诉求之一。因此，"安全防范"也相应地成为这里最主要的生活和工作重心，甚至成为贯穿每一座城市的、最核心的规划和建设理念。

不过，这种森严的安保制度绝非毫无破绽。例如安保人员偶尔会偷个懒打个盹，或者对相熟的朋友，以及像我们这样黄皮肤黑头发的中国人"网开一面"。在酒店住了一个多月，眼见着针对我们的安检程序逐渐从"滴水不漏"过渡到"敷衍了事"。有个别安保人员一见到我们，就直接招手放我们过关，偶尔还会蹦两句难懂的中文出来向我们打招呼。

出入倒是方便了，但每次遇到这种关照，还是难免会替伊拉克的安全局势感到担忧。

四

巴格达最出乎我意料的，莫过于当地繁忙的交通。

从周一到周日，从日出到日落，除了半夜四五个小时的宵禁时段外，巴格达街头似乎永远都有看不到尽头的缓慢的车流，尤其是工作日的早晨7点至10点，街上随时寸步难行。很多次出城采访，为了避免堵车影响行程，我们被迫提前至凌晨6点，摸黑出发。

而造成交通拥堵的原因，一方面是战后伊拉克人从邻近的阿拉伯国家进口了大批车辆，包括大量廉价的二手车；另一方面主要是三步一岗、五步一哨的检查站，以及遍布各个角落、横七竖八的安全设施——"防爆墙"，给车辆出行造成了严重不便。

行走在巴格达街头，总是能见到一些钢筋混凝土结构的围墙，约3米高，30～50厘米厚。围墙由无数块墙体拼接而成，安置并不整齐。有的围墙架于马路两侧，将机动车道与人行道隔开；有的松散地置于军事驻地、政府大楼、医院、学校、高级酒店、居民住宅等建筑物主体的外侧，形成一道道不规则的屏障。部分围墙上，还有明显的弹坑和爆炸所产生的焦痕。

这就是巴格达独特的建筑地标——防爆墙。

2003年伊战爆发之后，美军在巴格达修建了绵延数百公里的防爆墙。防爆墙不仅能阻挡子弹，而且能有效防止汽车炸弹爆炸之后所产生的弹片和气浪对于墙另一侧的冲击，从而减小暴力事件的杀伤面积，保护邻近民众的安全。

不过，由于防爆墙往往占据相当的空间，难免会改变巴格达原有的城市规划，并在一定程度上影响市容、堵塞交通。因此，随着巴格达安全局势的相对好转，要求拆除或部分拆除防爆墙的呼声越来越高涨。某日，在巴格达大学拍摄外景期间，几位政治学专业的学生就争先恐后地要求上镜，表达对防爆墙的不满：

"以前我们下午四五点就得回家，但现在我们可以在外面待到半夜11点、12点了。感谢真主，我们现在感到安全了。所以我认为，除了那些保护政府和安全部门，保护国防部、内政部和石油部等机构的防爆墙之外，其他防爆墙都应该拆除。"

"这里是首都，防爆墙看上去实在不怎么美观，又堵塞交通，又影响市容，所以这些防爆墙应该被清拆了。它们不过是在不安全的特定时期所采取的特殊措施，现在局势变了，这些防爆墙也应该得到清理。"

"我认为它们应该首先被安置在警察局、医院或一些政府部门等容易遭到攻击的位置。至于其他地区，例如马路边和大学校园，我认为应该拆除防爆墙。这对巴格达人民来说是件好事，而且能够告诉外界：巴格达安全了。"

当然，清理防爆墙的呼声，只是反映了伊拉克民众渴望恢复正常生活秩序的愿望，而无法体现巴格达真实的安全现状。实际上，自2009年8月以来，伊拉克当局曾多次下令清除防爆墙，但每次都因为骤然增加的暴力事件而被迫搁置。所以直至我们抵达的2013年2月，防爆墙仍然矗立在巴格达的大街小巷。

但有意思的是，不少防爆墙成了巴格达涂鸦高手的画板。在临近底格里斯河的一段绵延数百米的防爆墙上，就涂满了各种伊拉克古老传说中的人物和动物，色彩亮丽，颇为精致。在安全阴影的长期笼罩下，伊拉克人倒也不失苦中作乐的情趣。

第二节　汽车炸弹

拆不动的防爆墙，折射出巴格达复杂的安全困境。尽管从数字上看，巴格达的恐怖袭击事件已经比往年，尤其比战争时期大幅减少，但时不时的爆炸还是让很多人感到不安，也让伊拉克政府不敢有丝毫的懈怠。而在种种的安全隐患中，出其不意的炸弹袭击无疑是当局最感头疼的袭击方式。

来自Iraq Body Count的统计显示，伊战十年期间罹难的约120000平民中，有41636人，即超过1/3的平民死于炸弹爆炸，其中13441人死于自杀式袭击。截至2013年3月发生的81次大规模炸弹爆炸事件，已导致6879人死亡、16340人受伤，平均每一次大规模炸弹爆炸，就要夺走约85人的性命，并导致约200人受伤。

随着战事的演变，炸弹袭击所造成的杀伤比例也逐渐上升。以2012年为例，全年共发生961起炸弹袭击，占当年所有袭击事件的46.6%；炸弹袭击共导致2813名平民死亡，占当年平民罹难总数的61.5%。这一数字相当于平均每个星期就会发生约18起炸弹袭击，导致约54人死亡。

由于极端组织缺乏资源，所以在其使用的各种炸弹类武器中，简易炸弹最为常见。所谓简易炸弹，即Improvised Explosive Device，简称IED，传统意义上是指利用简易材料制成的炸弹，例如自制雷管和汽油弹等。不过，根据美军在伊拉克查获的大量简易炸弹来看，极端组织早已开始采用感应式引信和防拆装置，炸弹的设计日趋复杂和精密，"简易炸弹"不再"简易"。

而根据引爆方式的不同，简易炸弹还可分为人肉炸弹、汽车炸弹、路边炸弹等。其中，隐蔽性和机动性都较强的汽车炸弹最具威胁，也是我这次伊拉克之行的采访重点之一。

一

汽车炸弹的历史并非源自伊拉克战争，但印象中，"汽车炸弹"或者"自杀式汽车炸弹袭击"这样的词，的确是伴随着伊拉克战争的爆发而广泛出现在中国媒体的报道中的。在针对性的袭击行动中，袭击者驾驶车辆，从隐蔽的角落突然启动，冲向检查站、警察局或政府大楼等，在接近目标的同时引爆车上的爆炸装置，与袭击目标同归于尽；或者乘袭击目标不注意，把爆炸物安装在车内，在袭击目标打开车门或发动汽车的那一瞬间就会触发爆炸装置，引爆炸药。

不过，除了这些点对点的自杀式攻击之外，如今最常见的，还是那些随机展开、没有目标人物、针对普通平民的恐怖袭击。为了尽可能扩大事件的影响力，恐怖分子往往会选择在人群聚集的地区下手，例如清真寺、杂货市场等。但他们通常会选择怎样的环境、时机和方式发动袭击，却鲜为人知。所以，早在飞赴伊拉克之前，我就希望能解开这个困扰多年的疑惑。

胖子听了我的想法之后从驾驶座扭过头来，主动提供线索：

"你知道吗？以前那些恐怖分子发动汽车炸弹袭击的时候，开的都是豪华的名车。像基地组织，他们喜欢用宝马和欧宝，迈赫迪就喜欢用丰田。现在迈赫迪不玩了，基地组织也大多改用黄色出租车了，随便搭一辆出租车就去搞爆炸！你看，就是那种！"

他指向窗外，我顺势望出去，发现马路上到处都是胖子说的出租车。车的款式各种各样，只是都一律刷成了黄色。

"不知道为什么，也许他们变了口味，也许这样比较隐蔽，不过我觉得他们是没钱了！哈哈！"胖子大笑。

在接下来的采访中，我并没有找到足够的证据来支撑所谓"从宝马到出租车"的转变，胖子的爆料也许只是一个信口开河的笑话罢了，但出租车成为恐怖袭击的常用工具倒的确不假。在巴格达开了20多年出租车的阿齐兹就告诉我，他见过很多次引爆出租车的恐怖袭击。为了避免被恐怖分子劫持或者利用，他只在自己熟悉的区域拉活，而且从不接近可疑人士和危险地区，因为恐怖分子的作案手法总是让人防不胜防：

"他们会坐出租车去人多嘈杂的地方下手。但不仅仅是出租车，他们也会使用其他车辆，大大小小的车都有。有时候他们会把炸弹吸附在车子底下，司机根本不知道。

"幸亏我对巴格达的安全状况很了解，我知道哪些地方安全，哪些地方不安全；哪些地方能去，哪些地方不能去。通常我只在阿尔希德（Arsheed）大街或者朱姆霍里（Jumhori）大街拉活。"

为了一探究竟，我和Jason在一个炎热的下午离开酒店，去了闹市区一个曾多次遭遇大规模炸弹袭击的杂货市场。出发前，安保团队强烈反对，但反对无效。

那里是巴格达最大的杂货市场，毗邻一座大型的清真寺。站在一座过街天桥上往下望，密密麻麻的摊档遍布马路两旁，形形色色的小贩、顾客和出入清真寺的路人穿梭其中，大批车辆淤塞在路上，道路交通拥堵不堪，身穿制服的警察不时盘查着过往的行人和车辆。

路过的一位中年男子前来搭讪，说恐怖分子往往会乘坐出租车或私家车，在经过市场时突然引爆车上的爆炸装置，与周围的民众同归于尽。又或者，他们会利用塞车的间隙，谎称下车买点儿东西，然后找一个偏僻的地方，通过手提电话或者其他电子设备，用遥控的方式引爆藏在车内的炸弹。

"那你们不害怕吗？"我问他，"既然这么危险，为什么还有这么多人来这里？"

"那有什么办法？这就是我们的生活。"对方两手一摊，耸了耸肩。

我在桥上观望了一阵，然后走下桥，混入拥挤的人群。吆喝声、讨价还价声、汽车喇叭声，以及警察的训斥声从四面八方传来，一下子把我淹没。我留意着每一张擦肩而过的脸庞，没有发现一丝的不安和戒备。对于随时可能发生的暴力事件，伊拉克人似乎已经习以为常，变得有些麻木。

二

要了解伊拉克的汽车炸弹乃至整体安全局势，就不得不去萨德尔城。但就在此时，我们和安保公司的矛盾彻底爆发了。

萨德尔城始建于1959年，位于巴格达东北部，原名"革命城"，是当年伊拉克政府特意为什叶派民众修建的一个定居点。到了1982年萨达姆统治时期，这里被命名为"萨达姆城"。2003年伊拉克战争爆发，萨达姆政权被推翻之后，当地的什叶派民众就以他们的一位宗教领袖穆罕默德·萨德尔的名义，把这里命名为"萨德尔城"。而这位穆罕默德·萨德尔，就是迈赫迪军创始人穆克塔达·萨德尔的父亲。如今，迈赫迪军已经放下武器，摇身一变成为伊拉克一个重要的政治组织，而萨德尔城依然是迈赫迪组织在伊拉克最大的根据地之一。

作为什叶派的聚集区，萨德尔城近年来一直是教派冲突频发的高危地区。就在我抵达巴格达的四天前，2013年2月17日，巴格达接连发生6起汽车炸弹袭击事件，造成8死56伤，其中3起就发生在萨德尔城。

有鉴于此，外国记者一般都被告诫不宜去萨德尔城采访，尤其不要在星期五举行大型祈祷活动的时候去那里。我们抵达巴格达后，也曾多次收到过类似的警告。特里甚至明确表示，如果我们坚持去萨德尔城，他们不会提供任何交通及安保服务。

这并不是这家安保公司第一次拒绝我们的要求。每次我们提及要去纳杰夫、费卢杰、阿布格莱布监狱或是其他危险地区，特里都会不假思索地说不。理由很简单：为了确保我们的安全，要避免前往一切可能发生危险的地区。不仅如此，每次离开酒店，安保公司都会派出至少三辆汽车护送，一前两后，声势颇为浩大。但如此一来，我们每次拍摄都会引来警方的盘问，然后我们的中间人就要耗费至少一个小时和对方磨嘴皮子，解释我们的身份、安保公司的身份、为什么车里有枪等等。等警察好不容易允许拍摄了，太阳都快下山了。

而在前往阿布格莱布监狱采访美军虐囚事件时，原本对方只允许我、Jason、莎拉三人入内拍摄，却不料特里三番五次执意同行，甚至摆出一副高人一等的傲慢姿态，训斥起狱方管理人员来。尽管对方最终妥协，但采访时间却因这番无谓的争执而被迫压缩，场面气氛也一度陷入尴尬。

更让我无法容忍的是，由于莎拉和司机萨米（Sami）对于采访计划的安全评估经常与安保公司的意见发生矛盾，特里竟然直接建议我：解雇他们。

"听着，Dan，他们只是中间人和司机，他们考虑更多的是怎样赚钱。而我们则是专业的安保公司，负责保护你们的安全。"特里把我拉到大堂一角，全然不顾另一边的莎拉和萨米是否听得到我们的谈话，"我们掌握的信息，比他们准确得多，所以你得听我们的意见。什么纳杰夫，什么萨德尔城，都很危险，都不应该去。"

"为了确保你们的安全，我觉得你有必要重新考虑一下你和他们的雇佣合约。"特里拍了拍我的肩膀，跟我握了握手，随即扬长而去。

客观地说，特里所言不无道理。作为一个专业的安保公司，他们自然能掌握更多信息，也能为客户提供有效的安全保障。但问题是，我们不是普通的游客，我们是肩负采访重任的记者。如果不去危险的地区，只是在安全的范围内走马观花，那我们的这次采访能有多大意义？如果安保公司的目的仅仅是让我们远离潜在的危险，而不愿为我们必要的采访提供安全保障，那他们的存在又能有多大价值？

总之，这样的安保，不仅无助于我们拍摄，反而会给我们增添很多麻烦。于是，当我们在是否前往萨德尔城的问题上再起争执时，我终于下定决心，解除了和安保公司的合约，从此与中间人莎拉、司机萨米小规模行动。

不过在去萨德尔城之前，我还是和莎拉、萨米进行了多次讨论，并提前确定具体的采访路线。为了避免引起极端分子的注意，我们一致同意保持低调、秘密出行，并约定每次下车拍摄，原则上不能超过30分钟。

对于这些前期准备工作，莎拉倒是显得满不在乎。这位长期与媒体打交道、久经沙场的中间人在酒店大堂握住我的手，笑着说：

"Dan，听我说，不用担心，我和萨米会保证你们安全的，相信我。而且，我每天都会为我们祈祷。"

三

沿着底格里斯河驶往萨德尔城，沿途没有任何异样，偶尔的交通堵塞和警察的盘问也没有给我们制造任何麻烦，以至于当萨米提醒我已经抵达萨德尔城的时候，我还浑然不觉，以为自己仍身处巴格达市中心。

从表面上看，萨德尔城和巴格达其他地区没有多大不同。除了有些残旧，并没有想象中那种紧张的气氛。来来往往的路人，疾驰而过的车辆，喧闹中散发着正常的生活气息。其实，和以往每次战地报道的感觉一样，再危险的城市，大部分时间都是宁静的。萨德尔城也不例外，毕竟这里不是每天都有爆炸。

当然，对于亲历者而言，只要经历过一次，就足以改变他们的生活。

在一条大街上，18岁的艾哈迈德带着我们走到一辆盖着帆布的车前。掀开帆布，露出一辆被炸毁的黄色出租车。车体坑坑洼洼，满是弹片撞击的痕迹；车窗已经完全粉碎；车内的座椅和其他装置也已经支离破碎。艾哈迈德告诉我们，这是他哥哥的出租车，一个星期前发生在隔壁的一次炸弹袭击殃及四周，把出租车炸得变了形。开出租的哥哥为此失去了工作，欠了一屁股债；邻近一家餐馆的老板，更被当场炸死。

"那个恐怖分子开着自己的车到附近，然后下了车，走到马路对面，又上了另外一辆车离开了。他没有在那辆被引爆的车里面，他只是把车停在那儿，然后突然引爆了车子，就在隔壁那个地方！

"爆炸发生时我哥哥就站在我边上，我们在这边开了个洗车店，当时我哥哥的出租车就停在这里，这辆车，还有这家店铺都被炸了。这里附近的大部分店主都受伤了，还有停在路边的公共汽车也受到了气浪的冲击。你可以看看当时被毁的店铺和车辆的照片。"

艾哈迈德拿出手机，向我展示事发后他在现场拍摄的照片。一个星期过去了，他的眼神仍然充满恐惧：

"我们的生活被毁了，这里真的没有安全感！这里什么都没有！"

附近的民众看到有记者来采访，逐渐围了上来，七嘴八舌地向我们讲述事发经过。我知道这种状况很容易引起警察和极端分子的注意，必须尽快离开，但却实在想完整记录下这个故事，所以决定继续聆听。

"那是个星期天，大约在上午11点。有个穿西装打领带的男子下了车，穿过这条街，看上去好像有另一辆车在等他。当那辆车开走的时候，爆炸就发生了，把这辆车和停在附近的几辆车都炸毁了。你看那家餐馆，那天刚刚开张，餐馆老板当时正在杀鸡，被炸了个正着，他当场就死了。当时很多人伤亡。"一位穿着白色长袍的老人义愤填膺地向我们控诉，"为什么？究竟是为什么？我们为什么要面对这些事情？"

各种控诉从四面八方传来，不断有人挤到我面前，迫不及待地告诉我他们的见闻：

"当时我就在那里，距离爆炸的地方25米左右。当时我在停车，我那些天要定期到附近的医院拿药。爆炸发生的时候，我正好在这里。其中一辆被炸到的车里有妇女和小孩，我把他们救了出来。当时这里还有其他三辆车，有一辆被炸飞上了天，然后掉了下来，轮胎爆炸了，车顶也被炸飞了。"

"那辆发动袭击的车好像是一辆欧宝，车子引擎掉在一边，油箱在另一边。我当时只看到了车子的前轮。整辆车被炸得面目全非，毁坏程度有90%吧。"

"这次还算好的了，你知道那些恐怖分子有时候会放一些铁钉之类的东西在炸弹里面，这样就能伤害更多人！这是什么样的恐怖主义啊？我们究竟该怎么面对这些危险？到底有没有解决的办法？"

"我们不知道为什么凶手选择这里。那边有个检查站，附近也有很多人，还有很多公共汽车停在那里。感谢真主，事情没在那里发生，不然会死更多人。”

“你为什么还把车子停在这里？而且还用帆布盖起来？”我不解地问艾哈迈德。

“我们在等待赔偿。他们说可能会有赔偿，但是目前什么都没有。”

“警方有什么调查结果吗？”

“没有！完全没有！他们来这里拍了照片就走了，到现在没有任何消息！”

“这车花了多少钱？”

“大概……1600万第纳尔[1]。现在什么都没了，我哥去了别的地方打工。”

“政府有什么说法吗？有采取什么措施吗？”

“政府根本无法保护我们！他们不能为我们做任何事情！政府……他们只会忙着偷窃吧！”

说到这里，围观民众的情绪也突然高涨起来：“我们根本不相信政府！因为他们从不曾保护我们！那就不是个政府！”“哪有什么政府？我们根本没有政府！”

“那你们认为谁是凶手？”我问大家，“是逊尼派吗？”

“不是！很多人都说是逊尼派干的，我认为不是，这是个阴谋！有人想挑拨我们什叶派和逊尼派的关系，让我们自相残杀！”

“其实逊尼派和什叶派聚集的地区都会发生爆炸，不仅仅是我们什叶派。恐怖分子就是想制造矛盾！”

“我觉得和基地组织有关，很可能是从国外潜入伊拉克的一些武

---

[1] 货币单位，2013 年 1 个伊拉克第纳尔约等于人民币 0.0052 元，1600 万第纳尔约相当于人民币 83200 元。

装分子，他们想激化我们的教派冲突，然后毁了伊拉克！"

在莎拉的一再催促下，我和Jason匆匆收起器材，赶往下一个拍摄点。临走前，一位老人站在我们车后，伸开双手，抬起头，大声地说："我们只相信真主！"

真主。

从巴基斯坦到巴勒斯坦，从利比亚到伊拉克，每次报道发生在穆斯林地区的天灾人祸时，总会听到被访者不断强调这个神圣的字眼。面对困难，虔诚的穆斯林在抱怨、痛苦、无奈、绝望之余，总是会把一切归因于真主的考验或惩罚，然后收拾心情，继续把自己的命运交由真主决定。

四

无处不在的恐怖威胁令伊拉克安全部队和警方一直不敢放松警惕，而星罗棋布的检查站则成为当局防范恐怖袭击的第一前线。走在大街上，我们到处都能看到穿着迷彩装、拿着探测仪的安全人员逐一检查过往车辆。

"我每天都很早开始工作，大概在凌晨4点的时候就抵达检查站。像这个地方就是进入阿尔萨阿敦（Al Sa'doun）和卡拉达（Karadda）的入口，我们对每一辆车都会仔细检查，以免有人放置路边炸弹，或有人发动汽车炸弹袭击。为了保护民众安全，我们可是做足了准备工作。"

在巴格达闹市区的一个检查站，伊拉克安全部队军士长萨勒姆充满信心地向我们介绍了他们的工作流程。

由于检查站是恐怖分子最喜欢的攻击目标，所以管理非常严格，要近距离拍摄和采访检查站非常困难。媒体必须向伊拉克当局递交正式申请，然后开始漫长的等待，但通常不会有任何回音。正因如此，我们在当地临时聘请的摄像师乔里（Jori）曾建议我们采取远距离偷拍的方式。

但若要介绍伊拉克的安全局势，没有检查站基层官兵的介绍还是显得不够充分，于是我坚持尝试一下。

幸运的是，我们碰到了萨勒姆。在我们晓之以理、动之以情的劝说下，开明的萨勒姆爽快地答应了我们的请求，而且决定暂时不向上级汇报。爆炸事件频繁发生，伊拉克安全部队备受舆论责难，作为底层官兵，萨勒姆其实也很想发发牢骚，并介绍一下检查站所承受的工作压力。

"做这份工作，经验很重要，因为犯罪分子往往会露出马脚。我的意思是，当他们经过检查站的时候，他们总是会流露出不自然的表情、肢体语言和行为。例如当他们携带了武器，被我们拦下检查的时候，他们往往会表现得很无辜，心理状态会很不一样，我们一看他们的脸就知道。一旦发现这些可疑人士，我们就会呼叫总部把他们带回去审查。"

"现在恐怖分子如果要发动汽车炸弹袭击，通常会开什么车作案？"我还是想验证一下胖子的说法。

"他们并不依赖某种车型，每天他们都会用不同的车，有时候是最新款的车，有时候是老式车辆。对我们来说，几乎所有的车辆都是可疑的。"萨勒姆摇了摇头，"也许他们会开一辆破旧的汽车或者骑着自行车过来发动袭击，也许他们会走过来，或者使唤某个不知情的路人过来发动袭击。恐怖分子每天都会玩新的花样，他们通常都很专业，我们不希望给他们任何机会，所以一直在追查他们，希望在他们出手之前就掌握他们的行动，堵住他们所有的道路。"

趁着莎拉把我的问题翻译成阿拉伯语的间隙，我扭头看了看那些正在检查过往车辆、全副武装的士兵。他们一个个挺着腰板，手持小型探测仪，一步一步缓缓地从车头走到车尾，然后短促地挥挥手，示意车子可以离开。如此反复，一丝不苟。

"你们的检查设备似乎很先进，都有哪些基本的仪器呢？"我明知伊拉克安全部队的反恐能力备受外界质疑，还是恭维了几句，希望尽可能多争取一些访问时间，了解更多有趣的信息。果然，萨勒姆听后露出了自信的笑容。

"我们配备了各种检查仪器，例如探测仪、车辆身份识别仪等。另外我们还用镜子检查车子底部是否有异样，有时候也会派人亲手检查。对于那些被通缉、被偷窃的车辆，以及被通缉的嫌疑犯，我们会重点检查，我们的电脑资料库记录了全伊拉克所有被盗车辆的资料。"

这番笼统的介绍听上去没有任何新意，感觉伊拉克安全部队的安检措施和其他中东国家相比，除了人手较多之外，没有什么特别之处。我尝试追问，萨勒姆转过头，和身边的军官低语了几句，然后看了看我手中的小蜜蜂收音器，露出一丝欲言又止的神情。

"莎拉女士，麻烦您转告这位记者，很抱歉这个问题我不能回答太多，因为涉及这里的安全保障。"萨勒姆笑着向莎拉解释，并希望我能理解。

"在检查站，士兵都有哪些基本的武器配置？这个应该可以公开吧？"我仍不死心。

"这个……我们每个士兵都配备了防弹衣和头盔，还有……还有各种武器。"萨勒姆看看我，谨慎地想着措辞，"现在我们有卡拉什尼科夫冲锋枪，还有PKC机枪。现在我们的各种武器都比较齐全，虽然在街上我们不能随意亮枪，怕吓着民众，但实际上我们已经配备了各国常用的武器。"

"根据你们掌握的情况，恐怖分子在发动汽车炸弹袭击的时候，通常会把炸弹放在哪里？"眼看实在问不出什么更有价值的信息，我只能转移话题。

"他们通常都会利用车子的内部空间，或者车子的内部结构。大多数情况下，他们喜欢把炸弹放在车门的内侧，汽车的发动机位置，车尾的行李箱，或者车子底部。”

“您管辖的这个检查站，最近截获的恐怖分子多吗？”

“这个……具体的数据我不能透露。”一涉及敏感话题，萨勒姆立刻守口如瓶，“不过很多恐怖分子看到我们这么严密的戒备，就不敢过来了吧。”

“您觉得巴格达的安全局势比以前有所好转吗？”

“好很多了！好很多了！我觉得，和2005年至2008年那段时间相比，大概改善了90%！”萨勒姆再度露出自信的笑容。当然，这种说法和外界的评估有很大出入。

“可是美国人撤走了，外界担心局势会再度恶化……”我不想罗列具体的统计数字，但还是试图用别人的话去“挑衅”这位自信的军官。

“对我们来说，即使是美国人在的时候，其实也是我们在做具体的安全工作，美国人只是在指导我们而已。现在，感谢真主，生活已经恢复正常了！我们不需要外界的任何评价，你能亲眼看到答案。”

听得出，萨勒姆对美国大兵颇有微词。所谓“生活已经恢复正常”，恐怕说的并非安全局势的好转，而是美国人的离开。和许多普通的伊拉克民众一样，萨勒姆也一直希望摆脱美国人的控制，只是不敢明说罢了。

“您觉得和美国人相比，伊拉克安全部队更能保护伊拉克人的安全？”我希望听到更清晰的表述。

“这个当然了！因为这是我们的国家，我们会用我们的灵魂保卫我们的祖国！如果我们不这么做，难道还要指望外人来帮着保家卫国吗？”

萨勒姆还是保持着自信的笑容，但稍稍提高了音量。面对他的反问，我无从置疑。的确，反恐并不仅仅是个技术活儿，誓言用灵魂保家卫国的萨勒姆和其他成千上万的伊拉克安全人员，自然有着比美国人更强烈的责任感。更何况，正如萨勒姆所说，自己祖国的安全，首先当然应该由自己去保护。

只是，面对复杂的种族矛盾和教派冲突，以及各类极端组织隐蔽而血腥的暴力袭击，伊拉克人的反恐重任显然并不轻松。在经历了长年的战争浩劫之后，这个刚刚获得喘息之机的中东国家要想恢复往日的宁静，恐怕还有很长的路要走。

第三节 "恐怖"初体验

最初拿到的采访建议中，并没有太多涉及伊拉克安全现状的内容。我的任务，主要是走访一些曾经发生过激烈战斗的城市，并重新整理一些美军当年制造的丑闻或冤假错案，例如阿布格莱布监狱虐囚风波、哈迪塞大屠杀、费卢杰贫铀弹危害、路透社摄影记者被射杀事件等。采访被要求贯穿"揭秘"这条主线，对美军当年的行动进行反思和质疑。

但若要解读伊战十年，怎么可能不关注伊拉克国内安全局势跌宕起伏的变迁？若要揭秘，怎么可能不揭"恐怖组织"的秘？

于是在接到采访建议之后的第三天，我给带队的领导打了电话：在回顾纳杰夫战役的部分，能不能找一位迈赫迪军的老兵，带着我们到曾经发生过激烈战斗的和平之谷墓地[1]口述历史？或者，直接联系迈赫迪军，甚至基地组织做个采访？

"当然可以，如果你能找到的话。"领导有些兴奋，但言辞中听得出，有些不太相信。

说实话，我相信没有什么"找不到"的理由。虽然没去过伊拉克，但根据我过去在前线工作时累积的经验，要联络这些武装组织终归会有

---

[1] 伊拉克什叶派穆斯林墓地，始建于1400多年前，占地约1485公顷，迄今已埋葬500多万人，被认为是全球最大的墓地。

办法，只是需要一点勇气、一点时间、一点运气、一点金钱和一个好的中间人罢了。

于是，过年前在北京举行的一次内部讨论中，我提议强化"伊拉克安全现状"这一主题，通过对不同的极端组织的采访，探讨伊拉克目前所面临的安全威胁，以及未来的安全前景。其中第一类是以迈赫迪军为代表的，那些已经放下武器、参政议政的极端组织；第二类是以伊拉克真主党旅为代表的，那些声称已经放下武器、转型为社会团体，但仍拒绝与政府合作的极端组织；第三类则是以"基地组织伊拉克分支"为代表的，至今仍在策划恐怖袭击的极端组织。

但遗憾的是，会上并没有对此展开讨论。

一

本以为采访极端组织的想法会让莎拉和萨米感到为难，至少有些头疼，却不料早在出发前通过邮件沟通工作细节时，莎拉就已经迅速回复：没问题。而在抵达巴格达之后，两人更是在酒店大堂拍着胸脯向我保证：放心好了，我们已经开始联络，很快就会有消息。

我当时的确曾怀疑，这是莎拉和萨米为了博取我的信任而耍的伎俩。过去在中东地区采访时，总是会遇到一些不靠谱的中间人，为了多赚取哪怕一天的酬劳而夸大其词，吹嘘自己能联系到谁谁谁，到头来却什么都没有。更何况，这次我们要采访的不是普通的政客，而是行踪不定的神秘组织（迈赫迪军和真主党旅），以及杀人不眨眼的恐怖分子（基地组织），谈何容易？

但事情的进展却证明，我这次的怀疑有些多虑。

很快，萨米就通过他的朋友找到了一位名叫阿巴斯的前迈赫迪军的成员。在他的带领下，我们得以穿越位于什叶派圣城纳杰夫的一片名为"和平之谷"（Peace Valley）的浩瀚坟海，甚至钻入狭窄曲折的坟墓地道，还原2004年8月发生在这里的纳杰夫战役，了解当年作为伊拉克最大的反美民兵组织的迈赫迪军如何利用墓地的复杂地形，与美军展开殊死搏斗。那场持续20多天的战役导致200多人死亡、400多人受伤，阿巴斯本人也差点没命。

一周之后，二进纳杰夫。

在城内一条看似普通，实则戒备森严、布满眼线的街道，迈赫迪领导人穆克塔达·萨德尔的发言人萨拉赫用一口流利的英语向我们详细解释了迈赫迪军当年的组建宗旨和动员机制，后期冻结武装、转型为政党组织、支持马利基政府的政治考量，如今在萨德尔城等地参与城市建设和社会管治的具体运作，以及对伊拉克未来重建的设想。

犹记得萨拉赫的车子出现在迈赫迪办事处大楼外的那一瞬间，周围的街坊奔走相告，寂静的街道也突然变得喧嚣，迈赫迪在当地的影响力可见一斑。

遗憾的是，迈赫迪首领穆克塔达·萨德尔常年游走于伊朗、黎巴嫩等国，神龙见首不见尾，我们无缘采访。

数天之后，我们又在一位神秘中间人的引领下，抵达巴格达城郊一片不知名的地区。在一栋掩映于居民小区内的普通民宅，我们经过层层安检和一个多小时的等待，见到了伊拉克真主党旅的高层领导贾西姆。

伊拉克真主党旅是一个什叶派准军事组织，伊战爆发之后曾长期针对以美国为首的多国部队发动袭击。2009年，美国国务院将真主党旅列入恐怖组织名单，并加大了对其剿杀的力度。此后，真主党旅的活动趋于低调，对外宣称将主要从事社会和文化活动，但仍在暗中保有一定的武装力量。根据伊拉克情报部门在2011年掌握的信息，真主党旅当时的战斗人员约有1000人。

面对镜头，缠着黑色头巾、不苟言笑的贾西姆毫不避讳地介绍了伊拉克真主党旅当年如何向美军发起攻击，如今是否真的决意退出江湖，未来将如何自我定位，以及为何迟迟不愿加入政府主导下的政治重建进程，等等。而针对外界有关真主党旅与伊朗的关系的种种猜测，贾西姆则避重就轻，简单地予以了反驳。

采访结束后，贾西姆的手下送上一个沉重的木盒。打开暗红色的盖子，赫然出现一个镶有烫金图案的木框：一只强有力的右手高举着一把黑色步枪，周边配了些阿拉伯文字。我知道，那是伊拉克真主党旅的标志。早年他们发动恐怖袭击的新闻报道中，大多会出现这一图案。

"你确定不是炸弹？"上车前，萨米开玩笑地问。

"我仔细检查了一遍，应该没事。"我故作紧张地看了看他，两人几乎同时笑出声来。

不久，真主党旅又委托那位神秘的中间人给我们送来三盘DV带，内容涵盖真主党旅当年的军事训练、恐怖袭击，以及他们委托一家电视台为他们制作的宣传片。画面虽然粗糙，但却真实地记录了这个极端组织在战后十年的演变脉络。

二

在完成对迈赫迪军和真主党旅的采访后，我对莎拉和萨米的能力有了充分的信心。但话又说回来，作为已经"弃暗投明"的极端组织，迈赫迪军与真主党旅早已不如过去那般危险。即使仍然被外界指控与某些极端暴力事件有关，而且一直刻意保持神秘色彩，但至少已经转型为政治组织或社会团体，与外界也有了一定接触。像莎拉和萨米这样长期为国际媒体工作的中间人，自然会有或明或暗的联系渠道。

基地组织显然不一样。

"我想找的是基地组织的成员，不是一般的武装分子。"在酒店用餐时，我毫不掩饰自己的担心，"他们很危险，你们知道的。"

"我知道，Al-Qaeda，Fighter。"莎拉微笑着复述了一下我所说的关键词，继续满不在乎地扒拉盘中的蔬菜，让我放心，"我和萨米认识很多人，我们肯定会找到办法联系上他们。当然，需要一些时间。"

"莎拉，我知道你们很能干，但是你们也要小心，尽可能核实对方的身份，别被人利用了。"我半开玩笑地提醒她。

莎拉明白我的意思。几天前在采访阿布格莱布监狱虐囚事件时，突然冒出来一个据称同样遭受过美军虐待的年轻人，通过萨米主动要求接受采访，并向我们讲述了他如何被关押、如何被凌辱的曲折经历。但事后在整理采访笔记时，却发现其中有很多细节都前后矛盾。我赶紧让萨米查了一下那位年轻人的身份，并找来他的囚犯序列号，又通过相关途径核实了一下他的入狱记录，结果发现他被关押的监狱根本就不是他在采访中所说的场所，具体的犯罪记录也和他的叙述大相径庭。

事后证实，那位年轻人所说的，大多是编造出来的谎言。由于虐囚事件曾被广泛报道，美军具体的施虐方式早已为外界所熟知，再加上他自己也的确有坐牢的经历，对监狱生活并不陌生，所以说起来也能头头是道。我不确定那位年轻人为什么这么做，估摸着不外乎两个目的：要么是出于对美国人的仇恨，借机渲染受害群体的遭遇，进一步"坐实"美国大兵作为事件加害者的暴行，助推民众的反美情绪；要么就是为生活所迫，想借着受访的机会从媒体那里拿一些车马费。

实际上，很多战乱的国家都会有类似的"职业骗子"，向前来采访的外国记者推销自己经过包装的，甚至完全杜撰的故事。在采访任务繁重、采访时间不那么充裕时，媒体一不小心就有可能上当受骗。

相比之下，我们正在寻找的基地分子的身份就更难核实了。若真有经验丰富的"骗子"胆敢冒充基地分子接受采访，我们恐怕也很难看得出来——既没有客观的名单或证件进行参考，也没有任何机构组织能帮着证实或证伪。即使经验丰富如莎拉和萨米，也不能百分之百确保相关信息的真实。毕竟，他们也要依靠自己搭建的人脉，寻求别人——包括一些陌生人的帮助。所以，我对莎拉和萨米再三叮嘱。

"基地分子这块儿对我的专题很重要。但我宁可采访不到，也不希望被骗。莎拉，我们绝对不能做假新闻。"我起身离开餐桌时，又笑着强调了一遍。

当然，担心归担心，在共事一段时间后，对于莎拉、萨米的能力和职业操守，我已经心中有底，只是不想让他们松懈罢了。

三

莎拉是一位40多岁的中年妇女，两个孩子的母亲，什叶派穆斯林。和一般的伊拉克妇女不同，她的穿着打扮相当随意，或者说"世俗化"：总是套一件深色的外衣，穿一条简单的牛仔裤，而且还染了一头金色的短发，不戴头巾。走在路上，若不仔细观察，和大多数西方国家的女性没什么两样。

莎拉为人相当随和，每次和她交谈，她总是耷拉着长长的睫毛，满脸微笑地看着我，然后耐心地跟我解释、沟通。即使偶尔跟我发发牢骚，也是几分钟的事，一转眼就雨过天晴，然后开个玩笑，握手言欢：

"Dan，放过我吧，我现在需要休息。"

从外表看，莎拉更像是一位平和的家庭主妇，而不是专业的中间人，至少很难让人相信，她能和记者们一起出生入死。但实际上，自2008年以来，她一直在帮外国媒体工作，到过各种危险地区采访，有着丰富的媒体工作经验。而她在伊拉克战争期间的传奇经历，更让很多人感到不可思议。

2006年，伊拉克的教派冲突愈演愈烈，莎拉所居住的社区遭到什叶派极端分子的袭击，莎拉的家被烧毁，一家人流离失所。为了抚养年幼的孩子，做了17年家庭主妇的莎拉四处谋生。凭借大学期间学会的一口流利英文，她成了美军的一名翻译。

这份工作为莎拉带来了可观的收入，但也使她成为极端组织的追杀目标。在伊拉克，为美军效力的人往往被视为民族的败类、国家的叛徒，随时会面临生命危险。按照莎拉的说法，截至2011年，已经有1000多名美军翻译死在极端分子的枪下。她说，她一直相信生死是真主的安排，所以当时并不打算放弃美军的翻译工作。更何况，美军曾向她承诺：战后会给她和她的家人派发美国签证，帮助他们定居美国。

但在2008年年初，莎拉的丈夫惨遭什叶派武装组织的杀害，横尸街头。据说，是被人以极为残忍的"行刑"方式处决的：双手被绑，蒙着眼罩，跪在地上，后脑中枪。事后，莎拉收到一封信：这是对你的惩罚。

还没从失去丈夫的阴影中缓过来，厄运又接踵而至。2008年10月，失去丈夫的莎拉突然被美军逮捕，理由是有人匿名举报她向什叶派武装组织泄露机密情报。她知道这是极端组织耍的花招，但却百口难辩，在监狱里被持续盘问、关押了数个月。更糟糕的是，当她幸运获释，收拾好行囊准备回家时，却发现这几年来为美军卖命赚来的数千美元，在她暂时存放的美军基地住处不翼而飞。

那些钱，原本是打算用来带着孩子一起离开伊拉克，去美国生活的。

一系列打击彻底改变了莎拉的人生计划。她决定暂时留在伊拉克，继续做她擅长的翻译工作，只不过服务对象不再是美军，而是越来越多的国际媒体。尽管她不再年轻，也不太会用电脑，但凭借之前的前线工作经验，莎拉很快成为一位知名的中间人，在媒体圈小有名气。

"我想赚些钱，然后带着孩子去别的国家念书，开始新的生活。"每次晚餐之后，莎拉就会和我推心置腹一番，憧憬一下美好的未来，"我结婚太早，所以没能继续学业，以后我想弥补回来。"

至于莎拉的搭档萨米，其实是莎拉的远亲。早在伊拉克战争爆发时，他就是《时代》（*Time*）周刊杂志在伊拉克的特约记者和中间人，曾参与报道过多场战事。在2003年的纳杰夫战役中，萨米左腿中枪，落下残疾，至今还是一瘸一拐。前些年，《时代》周刊团队撤出了伊拉克，但萨米并没有离开新闻行业。凭借长年累积的人脉和经验，他继续以司机兼中间人的身份接受各个媒体的工作邀约。

说实话，萨米的车已经破旧不堪，挡风玻璃满是裂痕，车内空间也颇为有限。但正因如此，每次出去采访，都不太容易引起注意，也为我们平添了几分安全系数。

尽管萨米这次名义上是我们的司机，但其实也充当了半个中间人的角色。很多时候，莎拉都是通过萨米去寻找我所列的采访对象——包括基地分子、迈赫迪军及真主党旅。我一直很纳闷，为什么萨米会和这些曾经的或者仍然活跃的极端组织有联系？但每次问他，他总是遮遮掩掩，含糊其词，说只是自己认识的人多而已。

"萨米，说实话，你是不是曾经加入过这些组织？例如你很熟悉的迈赫迪军？"我问。

萨米看着我，还是笑而不语。

四

出于安全因素的考量，再加上其他的拍摄任务相当繁重，我希望对基地成员的采访能在巴格达或市郊进行。但由于巴格达的安保相对严格，基地分子大多藏身于别的地区。这就意味着，我们要说服对方冒着被抓的风险，到巴格达与我们会合。或者，我们要在巴格达本地找到某位潜伏得更隐蔽的杀手。

显然，不论采取哪一种方式，都相当困难。

一连数天，我都在考虑同一个问题：如何在确保自身安全的同时，让被访者感到放心？我相信，当媒体记者在千方百计寻找基地分子采访之际，肯定也有基地分子希望通过主流媒体发声，宣扬他们的理念，只是担心在采访中暴露自己的行踪，惹来杀身之祸罢了。所以，能否消除被访者的顾虑，成为采访能否成功的关键。

考虑再三，我设定了几条采访原则，并要求莎拉和萨米在联络时向对方清楚说明：

1. 采访越快进行越好，但具体时间可由对方做主，我们24小时等候消息，随时可出动。

2. 若对方不想暴露容貌，我们可以适当调整光线和拍摄角度，甚至做变声处理，确保观众无法辨认其真实身份。拍摄时，被访者若不放心，可随时检查画面。

3. 采访地点由我们确定，例如废弃的民宅、厂房。务必让对方相信，我们绝对不会通知警方或安全部队。

4. 对方可以使用假名。

5. 如对方坚持不做面对面采访，我们可以接受电话采访的形式。

6. 如对方需要，我们可以事先告知大致的采访问题。

7. 如对方索要采访费，可视情况给一些合理的交通、食宿费用，但不提供额外报酬。

联络工作起初颇为顺畅。三天之后，萨米就告诉我，他通过他在费卢杰的朋友，找到了一名基地成员，对方答应到巴格达郊区接受采访，而且没有提及费用问题。却不料仅仅过了一周，那位基地成员就表示，来不了巴格达，做不了访问了。因为随着伊战十周年的临近，伊拉克安全部队加强了在费卢杰的戒备，从外地通往巴格达的路段，也都增设了不少检查站。他作为通缉名单上的成员，要想混进巴格达，有相当难度。

除非，我们去费卢杰找他，他说。

在委托莎拉和萨米对费卢杰做了一番安全评估之后，我决定接受对方的提议。实际上，我们原本就在考虑要不要去费卢杰采访一家医院，了解美军在伊战期间违规使用贫铀弹，导致大批新生婴儿出现畸形的情况。若能一石二鸟，自然是件好事。

但没想到，我们在递交了前往费卢杰拍摄的申请后，却迟迟得不到伊拉克政府的批准。在伊拉克，媒体无须交代详细的采访计划，但不论在哪里采访，都要事先到外交部申请批文，而且去不同的城市和地区，需要不同的批文。如果没有那一张纸，任何一个检查站都能勒令你打道回府。在我们申请之前，已经有外国媒体获得批准，在费卢杰做了两三天的访问。偏偏在我们申请的时候，伊拉克政府因应局势的变化，突然加强了对媒体采访的限制。我们被明确告知：在伊战十周年纪念日（3月20日）之前，外国媒体已经不可能到费卢杰采访了。

"那里现在很危险，我们不会让外国媒体去冒险。"外交部的回复内容很体贴，语气却很强硬。

正当我大失所望之际，萨米那里突然传来一个出人意料的好消息：一个曾经在基地组织担任要职，后来脱离组织、长期生活在巴格达的神秘人物愿意接受我们的采访。

"你知道基地组织当年的三号人物扎卡维吗？"萨米的眼神里透露出按捺不住的兴奋，"这个人曾经与扎卡维并肩作战。"

第四节　对话"基地分子"

1989年苏联入侵阿富汗催生了一大批伊斯兰极端武装组织，其中最著名的便是阿尔盖达组织（Al-Qaeda），简称"基地组织"。起初，基地组织的宗旨只是抵抗入侵阿富汗的苏联军队。1991年苏联撤军后，组织的目标改为"消灭全世界入侵伊斯兰世界的西方国家，建立一个纯正的伊斯兰国家"。

2000年，出生于约旦的巴勒斯坦人扎卡维，也在阿富汗与伊朗边境秘密组建了军事训练营，策划了多起针对美国和以色列的暗杀行动，并与基地组织保持着密切联系。随着美军进驻阿富汗及塔利班的垮台，扎卡维的反抗重心逐渐转移到伊拉克。2003年3月，美军攻打伊拉克。扎卡维正式将其领导的武装组织命名为"统一圣战组织"，专门针对以美国为首的占领军和伊拉克当局发动袭击。

2004年10月，扎卡维在网上宣布效忠本·拉登，并将"统一圣战组织"更名为"伊拉克圣战基地组织"，事实上成为基地组织在伊拉克的分支机构。

一

我们所要采访的这位神秘人物，是扎卡维当年的亲密战友。从阿富汗到伊朗再到伊拉克，他一直充当着扎卡维助手的角色，也算是基地组织伊拉克分支的一位重量级人物。但在2006年，他突然脱离了基地组织，隐姓埋名，过起了寻常百姓的生活。

"每个人都有自己的规划。我只能说，在那个时候，我改变了我的人生计划而已。"

在我们下榻的酒店房间，这位已经"弃暗投明"的恐怖分子回忆了过往种种经历，但对自己为什么离开基地组织、离开扎卡维，却不愿多谈。

根据我们达成的协议，我们不得打听和使用他的真实姓名，只能用"阿卜杜拉"这个伊拉克常见的名字来称呼他。采访中，他也是背对窗口，逆光而坐，以免容貌曝光。萨米说，阿卜杜拉以前从不接受电视媒体采访。这次之所以破例，一是因为对联络他的中间人比较信任，二是对我们的节目规划和采访提纲很感兴趣，三是他认为节目在中国用中文播出，不会给他带来多大麻烦。

而让我颇感好奇的一点是，阿卜杜拉在退隐江湖之后，并没有按照常人一般理解的那样深居简出，而是选择了到巴格达某所大学的历史系深造，然后留校教书。

这个选择听上去很危险，甚至有些不可思议，毕竟要面对那么多历经战火、观点各异的老师和学生。但由于基地组织向来行事隐蔽，再加上当年互联网技术并不发达，组织成员的个人信息难以追踪，所以这么多年来一直没有人发现阿卜杜拉的过去，他也得以安下心来做他的学问。

也正因如此，他在采访中条理清晰、逻辑严谨，我们的对话节奏颇为顺畅。

"基地组织坚信吉哈德-塔克菲尔（Jihad-Takfir）的圣战思想，这种理念早在20世纪七八十年代就已经存在于伊拉克，而这些理念的追随者早在1997年前后，就以萨拉菲吉哈德组织（Salafi Jihad）和库尔德伊斯兰辅助者组织（Ansar al-Islam）等形式在伊拉克活动。

"2003年，伊拉克战争爆发之后，扎卡维到了伊拉克，成立了一个规模较小的武装组织。后来，他把其他武装组织都整合在一起，并在2004年宣布隶属基地组织，于是伊拉克就正式有了基地组织（分支）。所以，尽管作为一个正式的组织，基地组织伊拉克分支成立于2004年，但若要追根溯源，其实早在1997年就出现了它的前身。换句话说，是美国人的入侵，令伊拉克那些小型的、分散的组织空前团结起来，并演化成基地旗下的一个分支机构。

"基地组织不是一个类似盗窃或者黑社会性质的武装组织，它有宗教信仰并根据他们的教义活动，他们所做的一切都以宗教为理据。他们的行动来自他们的理念，但他们的理念并不是类似共产主义或自由主义那样的宏大理论，他们甚至没有自己的政治机构。实际上，他们只是一心想建立纯粹的伊斯兰国家，想重建过去那种伊斯兰宗教体制。"

作为一名亲历者，阿卜杜拉对于基地组织伊拉克分支的发展历史了如指掌。面对这位西装革履、温文儒雅，而且脸上始终挂着微笑的被访者，我实在难以把他和那段血腥的历史联系在一起，所以冷不丁地岔开了话题。

"你曾经杀过美军士兵吗？"

"……不要在镜头面前说这些吧？"阿卜杜拉一脸错愕，然后尴尬地笑了笑。

"你杀过吗？"我带着开玩笑的口吻，继续追问。

"还是跳过这个问题吧。"

"那……我在这里和你交谈，危险吗？"

"为什么这么问？"

"因为……或许你和他们一直保持着联系？"我试探他，"又或许，他们正在追杀你？"

"你的意思是他们有可能进入这家酒店？如果他们能到这家酒店，那就意味着他们也能进入绿区，那巴格达早就沦陷了！"显然，他答非所问。

其实在采访开始前，我还在布置拍摄场景时，萨米曾突然走进房间，神秘兮兮地告诉我，他看到阿卜杜拉已经到了酒店大堂，正在和一位美国大使馆的官员喝咖啡。这一细节一度让我眼前一亮，并对他现在的真实身份浮想联翩。但为了确保阿卜杜拉能安心接受采访，我一直不敢正面触及这一话题，只是变着法子拐弯抹角地寻找蛛丝马迹。无奈，阿卜杜拉守口如瓶。

"成立以来，基地组织伊拉克分支成功策划了大量的袭击事件。外界一直很好奇，你们是怎么行动的？在组织内部，谁有权制订行动计划并下令执行？"我言归正传。

"基地组织以伊拉克的省为单位搭建组织架构，在每个省都有一个领导人，相当于省长。所有这些省级领导人都听命于组织的最高首领。现任的首领，就是阿布·贝克尔·巴格达迪，他全权负责建立组织体系、制定组织的路线方针。由他制定的这些政策，就是需要自上而下传达的指令，它们不是用来被讨论的，而是用来被执行的。

　　"这些指令下达各省之后，会一步步传达到各个部门。军事命令传达到武装部门，法律命令传达到司法部门，后勤命令传达到管理部门，安全命令传达到安全部门。基地在每个省都设有五个领导人，包括刚才说的省级领导人、司法部门领导人、安全部门领导人、武装部门领导人和管理部门领导人。

　　"安全部门有两个职能。首先要监督组织内的安全，例如监督组织成员的忠诚度和生活方式，包括监视他们是否以组织的名义收取贿赂、在外面活动时是否存在行为不检等；其次要监督敌人，包括监视他们的活动地点、行动方式。

　　"管理部门的职责是提供金钱和武器的支持，提供武装人员所需要的一切，不涉及安全职责；司法部门的职责是提供法律意见，为成员的行动提供教义上的支持，同时也承担法官的角色，裁定成员是否触犯教义并决定是否施以刑罚；武装部门要根据省级领导人的指令展开具体行动；而省级领导人则负责管理这些部门。"

　　听上去，基地在伊拉克的权力结构和组织体系并不复杂，可正是这个略显简单的武装组织，自2003年以来成功突破美国人和伊拉克当局的天罗地网，制造了不少血案，让国际社会头疼不已。

　　"我知道，美国人在伊拉克布下了密不透风的情报网络，你们是怎么躲避他们的安全追查的？"

　　"其实美军在伊拉克并没有使用什么高科技的情报技术，他们主要通过某些间谍获取机密情报，我说的是那些渗入基地内部的人。这样的事情经常发生，这就是为什么美国人能抓获一些基地的成员。

"起初，美军一度利用手提电话侦测基地成员的行踪，后来因为不断有人被抓，基地组织就改变了他们的行动策略，要求基地成员和他们的家人不再使用手提电话，而是使用传统的通信方式，例如口耳相传、书信往来或者定期接头的方式，这就导致美国中央情报局后来的行动效果持续减弱，所以美国人后来就回归了传统的方式，派人向基地组织渗透。

"但那些被美国雇用的间谍一旦被基地抓获，就会以间谍罪或其他罪名遭到处决。这种惩罚有效阻止了美方间谍的渗透，以至于美军一时间难以应对，收获甚少。其实，除了扎卡维被杀之外，美国人在伊拉克战场上几乎毫无收获。"

"你的意思是，你们不能用手提电话？"阿卜杜拉的细节描述让我颇感兴趣。我虽然不相信美军的情报技术会如此薄弱，但的确，在现代战争中，传统的方式有时候能成为高科技手段的克星。

"是的，我们所有人都不用。"阿卜杜拉点了点头，挪动了一下瘦削的身子，整了整西装。我突然意识到，访问开始以来，他几乎纹丝不动，一直保持着开始的姿势。

"我们会处罚所有使用手提电话的人。基地组织明令禁止所有成员携带手提电话，每一个用手提电话的人都会被当成间谍。"

阿卜杜拉没有细说具体的惩罚方式。但众所周知，极端伊斯兰组织往往会对违反教义的人采取石刑、鞭刑等极为残忍的处罚。或许正是这种严苛的律令，加上长期洗脑式的理念灌输，令这些极端组织极度封闭，难以被打开缺口。

但即便如此，凭借庞大的宣传网络和一定的金钱诱惑，基地组织仍在伊拉克全国范围内，尤其是一些偏远地区，保持了一定的影响力和吸引力。通过不定期的招募和培训活动，组织不断补充新鲜血液，并发起新的攻击。

"你们是如何招募新成员的？"

"我们通常通过三个途径招募成员：清真寺、各种教派组织及私人关系。"阿卜杜拉的回答很简单，似乎不愿在这个问题上多谈。

"那你们平常藏身在哪里？"

"我们是伊拉克人，我们都生活在自己家里。每当我们展开行动的时候，我们会和特定的人接头。通常，我们就和伊拉克人民生活在一起，每个人都住在自己或者家人的家里。如果当局注意到我们，我们会搬一两次家。如果所在的省察觉到我们的行踪，我们就可能搬到另一个省去住一段时间。在伊拉克，申请身份证和相关资料文件是非常容易的，只要你贿赂一下就可以。"

"你们从哪里得到武器和资金的援助？"

"我们从来不缺武器，萨达姆的武器库足够我们使用了。至于财政支持，大部分都来自海湾国家。"

阿卜杜拉并没有说明所谓"海湾国家"是指哪些国家，但根据此前各方解密的文件，约旦、叙利亚、沙特、伊朗等国的某些个人和机构，都曾长期向基地组织提供金钱援助，用以支持组织的武装训练和袭击行动。高峰时期，每天都有不少外国武装人员携带大量资金和武器装备，从四面八方潜入伊拉克境内。而根据美方的统计，来自海湾国家的资金援助，曾担负了基地组织在伊拉克70%的运行成本。

不过，自2007年以后，由于基地组织一些滥杀无辜的行为逐渐引起部分海湾国家和伊拉克部族的强烈不满，再加上美伊军队的强力打击，固有的人力和资金供应链时不时中断。于是，基地组织转而依靠打劫石油、绑架勒索、收保护费等下三滥的黑社会式勾当来填补资金空缺。但武装力量的短缺，却一时得不到缓解。对此，阿卜杜拉间接予以证实。

"从2003年到2007年，每天都有差不多70名阿拉伯武装分子进入伊拉克。但2007年之后，到伊拉克的外国武装分子每个月才不过5人左右。所以你能发现，当时基地组织的武装反抗运动明显减少。"

话虽如此，但伊拉克的安全局势显然并没有因此得到根本好转。杀戮仍在持续，恐慌仍在蔓延。仅以2013年7月为例，伊拉克境内的各种暴力活动就导致了1057人死亡、2326人受伤。望着眼前这位早已"金盆洗手"，并做出深刻反省的前基地高层，我实在难以理解，为什么像他这样貌似本性善良的人，双手也会沾满无辜百姓的鲜血？

"你刚才说过，基地组织伊拉克分支的主要袭击目标是美军。但阿卜杜拉先生，你应该知道，在你效力基地组织期间，有无数平民被你们杀害。直到现在，基地还是不断在平民社区制造惨案，你对此作何解释？"

之所以问得如此直接，是因为我已经确信阿卜杜拉并无威胁，而且颇有修养，不会轻易动怒。

"基地有他们自己的作战方式，有自己独特的宗教信仰。他们的原则就是：你不是朋友就是敌人。他们不会刻意去伤害妇女和儿童，但他们也从不关心妇女和儿童，不关心人权。

"例如他们在袭击军事目标时，不会关心是否殃及无辜百姓。他们会把无辜者丧生看作是他们的命，即使基地自己的人赔上性命，也是命，这就是他们的理念。他们会说我们不是故意要杀害平民百姓，我们的目标是军事设施、异教徒或其他敌人。如果类似的袭击导致平民伤亡，他们不会在意。"

我注意到，在叙述基地组织的这些残暴行为时，阿卜杜拉悄悄改用第三人称"他们"来指称基地组织，以局外人的身份进行解释，似乎是刻意将自己抽离出来。

"可是美军几年前已经撤军了，为什么基地还要继续发动袭击？"

"因为基地组织的目标不同于其他武装组织，他们认为伊拉克应该掌握在逊尼派萨拉菲激进分子手中。即使是逊尼派的穆斯林兄弟会掌权，他们也不会答应，更不必说什叶派了。除了基地组织自己信奉的教义之外，其他任何教义都会遭到基地组织的反对。因此双方必然爆发冲突，直至一方消失：不是基地组织获胜，就是另一方笑到最后。"

"可是有观点认为，早在三五年前，基地组织就逐渐失去了凝聚力，它正在变得衰弱，你认同吗？"

"不会，至少在未来十年，基地组织都不会消失！"阿卜杜拉的回答很肯定，让我感到有些意外，"你曾听说过某种意识形态消失吗？基地组织就代表一种意识形态，它怎么可能消失？要消灭一种意识形态不是靠杀死它的信众，而是用另一种意识形态击溃它。"

"可是这些年，很多武装组织已经放下武器，有的甚至已经参与到政治游戏中。基地组织不会做出同样的选择吗？"我对阿卜杜拉的看法越来越感兴趣。

"不，这不可能。因为基地组织根本不会和这个异教徒政府做任何谈判，这点基于它独特的意识形态。"阿卜杜拉的口吻还是很坚决，并在不知不觉中又站到了替基地辩护的立场。

"我们知道，什叶派和逊尼派之间存在一种历史性的矛盾，有人认为这种矛盾是影响伊拉克安全局势的根本……"

"我不同意。基地组织的问题，与逊尼派和什叶派之间的矛盾没有关系。只是，它一直在利用这种矛盾，从而在逊尼派内部占据上风，获得支持。但逊尼派和什叶派之间的矛盾，其实与基地组织没什么直接关系。如果逊尼派和什叶派不支持它，它就会把所有逊尼派和什叶派视为敌人，一视同仁。"

一系列问答，不仅让我对基地组织有了更多的认识，也令我逐渐摸清了眼前这位基地元老的价值取向。显然，对这个他曾舍命效力过的极端组织，阿卜杜拉充满了爱恨交织的复杂情感。他认同基地组织的一些基本理念，包括对美军和伊拉克当局的反抗，但却并不支持殃及无辜的暴力行径；他鄙视基地组织煽动教派冲突的阴谋，却相信甚至希望基地组织能长期存在并坚持斗争。也许，正是这种模棱两可的是非判断，促使他在当年决定离开组织，如他所说"到大学校园寻求真理"。

但七年过去了，伊拉克局势仍然持续动荡，回归人群的阿卜杜拉对此感到颇为失望。

"从1991年海湾战争爆发以来，我就没有感到过安全或者正义，对我来说一切都没有改变。尽管个人生活有了很多变化，比如我结婚了，有了孩子，我父亲去世了，我姐姐结婚了，等等，这些都是很自然的改变，但安全和公平等真正的改变却一直没有实现。"

"阿卜杜拉先生，"我顿了顿，准备再度"挑衅"他敏感的神经，希望他能说出更多藏在内心深处的实话，"如今你已经过上了正常的生活，但无可否认，你曾经加入过极端组织，曾经杀害过无辜百姓。对于那段特殊的经历，你现在会怎么看？"

"我没做错任何事情。我做错什么了吗？"阿卜杜拉的回答还是没有丝毫的犹豫，但稍稍提高了音量，语气中出现了少有的激动，"我为我所做的感到骄傲！就像其他政治家为自己曾在萨达姆执政时期攻击过伊拉克军队而感到骄傲一样！现任政权的高官，大多曾经杀过伊拉克军人。也许有一天，我们也会赢得政权，那样的话，我们就会被视为英勇的反抗者并从中获益，就像现在那些高官所做的一样。有什么区别吗？

"库尔德人杀过伊拉克军人，什叶派杀过忠于萨达姆政权的伊拉克军人，但是现在他们成了伊拉克领导人。也许风水轮流转，有一天我们也会成为勇士，这没什么不同。

"我们所做的一切令我们感到自豪，至少我们自己这么认为。也许有一天，我们的抗争会被认为是件好事，然后我们会告诉人们发生在我们身上的故事，这有什么问题吗？"

"你会重新加入战斗吗？"望着他闪烁的眼神，我突然追问。

"我不知道。截至目前，我还不知道。"阿卜杜拉没有肯定，也没有否定。

"看来，你有这样的心理准备。"

"如果你来不及跑，如果你来不及确保自己安全，那么你只有两个选择。要么继续逃跑，要么就直面它。这是很自然的选择。"

二

伊拉克战争何时结束的？外界看法各异。有人以2010年8月18日最后一批美军作战部队撤出伊拉克为节点，有人认为2011年12月15日美军在巴格达举行的降旗仪式才标志着战争的结束，也有人倾向于把句号画在2011年12月18日——美军全面撤出伊拉克的那天。

但任何一种划分都没有意义，因为战争的结束并不意味着问题的解决和杀戮的停止。

而在一系列触目惊心的最新统计数字中，尤其引起我关注的是，由极端武装分子策划的炸弹爆炸仍然是主要的威胁。以2012年为例，伊拉克全国范围内共发生了961起爆炸，导致2813人死亡。爆炸事件占整体袭击事件的46.6%，因爆炸死亡的平民数量则占全年遇害人数的61.5%。与此同时，伊拉克暴力袭击与死亡的地区分布呈现出相当不均衡的态势，大多集中在巴格达地区。同样以2012年为例，罹难的4574名平民中，有1099人在巴格达丧生，占24%。

"情况一直如此。"莎拉耸耸肩，从餐桌上拿走一张刚刚烤热的馕，蘸了蘸一种像极了豆腐脑、名为"霍姆斯"的酱，放进嘴里，很不以为意，"巴格达有最多的检查站、最多的警察，但仍然是最危险的地区。没办法，谁让它是我们的首都呢。听说美军撤走后，基地的人都陆续回来了，所以最近的爆炸特别多。"

"既然爆炸事件集中发生在巴格达地区，那些回巢的基地分子应该都藏在附近吧？"

"没错，东南西北都有。你还记得我们上次在一座过街天桥上拍逊尼派聚集区的地点吗？那里就是其中一处。当时我没跟你说，怕你担心。另外，南部有个叫阿拉伯贾布尔（Arab Jabour）的地方，以前是基地分子的大本营，也是美军围剿基地分子的主战场，听说最近也不太平。"

"很好，那我们去看看吧。"

由于之前对阿卜杜拉的采访颇为顺利，加上成功探访了迈赫迪军和真主党旅的总部，我的采访"欲望"进一步膨胀，迫切希望能和传说中的恐怖分子有更为"亲密"的接触。

莎拉所说的阿拉伯贾布尔位于巴格达东南方向，距离巴格达仅15公里，是一个逊尼派村庄。从酒店到阿拉伯贾布尔的路程也不远，但一路的检查还是耽误了不少时间。当萨米的破车一路颠簸，好不容易驶出城外，眼看就要抵达目的地时，全副武装的安检人员又再次拦住了我们。经过半个多小时的沟通，我们才获准进入。但为了确保我们的安全，伊拉克安全部队特意派出了一辆装甲车为我们开道。

"最近基地分子很活跃吗？怎么安保这么严格？"上车前，我试图和一位戴着墨镜的安保人员聊几句，却只换来对方一个沉默的微笑，不知道是听不懂英文，还是不能泄露军机。

作为基地组织曾经的大本营，阿拉伯贾布尔有着得天独厚的地缘优势：郁郁葱葱的灌木、高耸的野草、成片的椰枣林、星罗棋布的池塘，还有许多隐形的沼泽地。这样的地形不仅能为基地分子提供绝佳的掩护，同时也能有效阻挡美军装甲部队的进攻和战斗机群的侦察视线，易守难攻。在很长一段时间，这里都是基地组织针对巴格达发动各类恐怖袭击的桥头堡。从林深处的民宅间，甚至还有一个专门制造汽车炸弹的工厂。

"这里大片的树林能提供很好的庇护，使基地分子能躲避美军的空袭。在晚上，基地分子甚至可以不必睡在自己住处，而是躺在果园或者其他地方。而且这片地区面积很大，如果美军从这头进入，基地分子就能从另一头开车逃跑。他们会派人监视美军。只要美军一有行动，方圆35公里内就会在顷刻间空无一人。

"当时这里一度驻扎了相当于五个旅的基地分子，他们当中有很多人来自其他阿拉伯国家。村里有人会接应他们，给他们提供食宿。当时，包括一些什叶派民众在内的很多村民因为害怕都跑了，他们的果园和房屋就被基地分子霸占了。"

在村口一座大宅院的草坪上，全副武装的穆斯塔法·卡米尔（Mustafa Kamel）向我们详细介绍了战争最激烈时，基地分子在当地的运作情况。在夕阳的照耀下，他眯着眼，语气平缓，嘴角始终保持着一丝微笑，挂在他身上的弹夹闪闪发光。

穆斯塔法曾是萨达姆统治时期的一名军官，参与过抵抗美军的战斗。2006年，他因无法容忍基地组织的暴行，在阿拉伯贾布尔召集了150多名逊尼派村民，组成"萨赫瓦"民兵组织，把枪口对准了同为逊尼派的基地组织。"萨赫瓦"意为"觉醒"，这支名为"萨赫瓦"的民兵队伍，连同各地倒戈相向的其他逊尼派武装一起，成为伊拉克"觉醒运动"的重要组成部分。

"基地组织就是一帮受外国势力操控的家伙，他们与叙利亚和伊朗勾结，无恶不作。他们杀害了很多接受过良好教育、致力于报效祖国的年轻人，他们摧毁了这里的基础设施，他们迫使很多百姓背井离乡、家破人亡，他们是罪犯！

"没错，他们是花了1分的力气去抵抗美军的入侵，但与此同时，他们花了101分的力气去残害我们的人民！正因如此，我们决定发起觉醒运动，誓言击溃他们！"

话虽如此，有关伊拉克觉醒运动的背景，外界还是有不少说法。对基地组织滥杀无辜的痛恨，固然是符合逻辑的一种推测，但很多人同时相信，逊尼派民兵突然掉转枪口瞄准逊尼派极端组织，背后少不了某种涉及金钱和权力的利益交换。

实际上，与其他地区的觉醒运动一样，穆斯塔法和他领导的萨赫瓦民兵组织并不是独立作战。一方面，他们获得了美军的大量援助，包括武器装备和运作经费的支持，甚至连每人每月300美元的薪水，也由美军独自支付；另一方面，他们的作战行动也由美军主导。由于对当地地形和基地组织的力量部署了如指掌，同时能充分动员当地部落，萨赫瓦在围剿基地的军事行动中发挥了积极作用，基地分子很快从阿拉伯贾布尔仓皇撤退。

对于那段并肩作战的历史，穆斯塔法极为自豪地称之为"事先没人相信会发生的奇迹"。实际上，采访一开始，他就甩开我的问题，主动介绍起他的身份和西方国家对他的评价。他说自己是伊拉克街知巷闻的反恐英雄，就连美国人也对他心服口服。

"当时彼得雷乌斯将军[1]就坐在你现在坐的位置，他凑上前来跟我说：你打败了我们，打败了恐怖主义。

"敌人的敌人，就是我们的朋友。基地组织是我们的敌人，美军是我们的敌人，但美军也是基地组织的敌人，所以他们可以成为我们的朋友。"

也许是为了避免被外界误解为"胳膊肘向外拐"，穆斯塔法试图用

---

[1] 前驻伊美军最高指挥官，后来曾担任美国中情局局长。

一种有点牵强的逻辑来解释自己当初的抉择。同时，为了防止被他人戴上"协助美军滥杀无辜"的罪名，他也相当明确地为美军的军事行动进行辩护。只是，这种略显绝对的口吻，反而使我半信半疑：

"每一次我们在搜索基地分子的时候，美军士兵总是会事先核实是否有妇女儿童在场。如果有，美军是绝对不会发动攻击的，这是我亲眼看见的情况。"

听上去，萨赫瓦与美军的合作颇为顺利，至少身为萨赫瓦领导人的穆斯塔法对那段合作关系很满意。但实际上，好景不长。2008年，美军将萨赫瓦民兵组织交由什叶派主导的伊拉克中央政府管辖，萨赫瓦成员的待遇一落千丈：不仅每月的报酬从300美元骤降至100美元，政府早前所做的"把20%萨赫瓦民兵纳入警察体系"的承诺，也迟迟没有兑现。

2010年，美军战斗部队撤出伊拉克之后，情况进一步变得复杂。萨赫瓦指责马利基政府打压逊尼派，没有向民兵组织提供进一步援助；伊拉克政府则批评萨赫瓦不再像过去那样配合政府军，导致反恐行动接连受挫。与此同时，卷土重来的基地组织则对萨赫瓦展开疯狂的复仇行动，胁迫萨赫瓦成员改旗易帜，和他们一起把枪口对准伊拉克当局。压力之下，萨赫瓦军心涣散，成员数量一下子从高峰时期的103000多人减少到2010年的38000人。

"与其像现在这样孤立无援又提心吊胆，还不如回到萨达姆统治时期。"

穆斯塔法说到这里刻意停了下来，示意莎拉翻译一下。他的语气仍然很平静，但却突然失去了笑容。萨赫瓦民兵组织已经成立七年，伊拉克战争也已经结束，但他长期保卫的阿拉伯贾布尔仍然危机四伏。出于安全考虑，他把他的妻子和儿女都送到了外地，自己一个人居住在杂草深处的大院，继续领导残余的民兵组织，抵抗随时准备反扑的基地分子。大院门口设了检查站，十多名不苟言笑、全副武装的士兵层层把守。

采访结束后，他带我走进他的书房，示意助手打开电脑，播放了一段交通监控视频。画面中，两辆汽车一前一后在马路上匀速行驶。突然，第三辆车从后方加速驶来，直冲向前面那辆车。就在相撞的那一瞬间，车子爆炸起火。另一段手机视频显示，仍在燃烧的第三辆车内，仰面躺着一具已经面目全非的男性尸体，瘦削的身材，穿着牛仔裤。

"那是几年前，我在开会途中遭遇的一次袭击。我就坐在前面那辆车上，这个人试图对我进行自杀式攻击。后来调查发现，他才16岁。"穆斯塔法指着画面，逐一向我解释，然后举起一只手，微笑着说，"我已经遭遇至少五次这样的袭击了，但每次我都安然无恙。"

"现在呢？他们（基地分子）已经回来了？就在阿拉伯贾布尔？"

"是的，他们有人已经回到这里。在一些教派的压力下，政府释放了一些基地分子。于是他们回来了，像恶魔一样。"

"他们还像以前那样活动吗？"

"是的，他们的所作所为跟过去一样。美军撤退之后，伊拉克政府剥夺了萨赫瓦的军事指挥权，掌控了一切，这就让基地分子有机可乘。虽然他们不像过去那样猖狂，但活跃程度至少恢复了5%。"

"所以，这里现在很危险？"

"我不会用危险这个词，但的确，如果我穆斯塔法走出这座院子，他们会想方设法用炸弹攻击我。"穆斯塔法摸了摸胸前的弹夹，然后背起双手，叹了口气，"这其实是一个巨大的政治阴谋。2003年以前，伊拉克根本没有什么逊尼派和什叶派的矛盾，我是逊尼派，我的妻子是什叶派，难道我要把她踢出家门吗？但是在2003年战争爆发之后，一切都变了。

"那些憎恨伊拉克、憎恨阿拉伯、憎恨穆斯林的国家，那些狡猾的政客和恶魔，他们不断策划和制造血腥的暴力事件，目的就是想让伊拉克陷入混乱，然后从中获益。其实所有爆炸都是受到境外势力的操控，基地分子如此，什叶派极端分子也是如此。但我们老百姓，逊尼派和什叶派老百姓之间，从来都是和睦共处。"

走出院子，天色渐暗，只剩下最后一道夕阳。陪同我们的萨赫瓦民兵不允许我们去村里走动，我们只能躲在杂草丛中拍摄。远处是一个池塘，平静的水面不时被风吹起皱褶。池塘边有几栋民宅，门窗紧闭，似乎无人居住。偶尔有一两个孩子和穿着黑色长袍的妇女沿着池塘走过，匆匆地，没有人说话。

在当地聘请的摄像师乔里突然弯着腰来到我这边，向我展示了他刚刚拍摄的画面。原来趁我们不注意，他悄悄潜入了一栋无人居住的民宅，拍了些空镜。屋内空空荡荡，仅有的桌椅也是东倒西歪，墙上挂满了蜘蛛网，弹痕依稀可见。

那些缓过劲来，正藏身各地等待指令，准备发动下一次袭击的恐怖分子，究竟处于怎样的一种生活状态？我知道，我必须争取一次和现役基地成员对话的机会。

三

随着十周年正日的临近，伊拉克的安全局势更加复杂。经常有极端分子出没、爆炸不断的逊尼派城市费卢杰，情况更是严峻。根据萨米打探到的消息，从费卢杰到巴格达的交通路段，又进一步加强了防范，闲杂人等很难顺利过关。我们申请到费卢杰拍摄的许可证，也还是杳无音信。那位正在费卢杰待命行动、原本答应接受采访的基地分子，看来是见不着了。

"电话采访呢？"我决定退而求其次，让萨米继续帮我打听。

功夫不负有心人。经过辗转的信息传递，对方终于传来肯定的答复，愿意接受电话采访，但就要求我以个人名义给他买一张手机卡。在伊拉克，任何人买手机卡都需要出示身份证或者护照。如果通话涉及敏感内容，安全部门就很容易追查到通话者的身份。对方这么要求，自然是为了避免暴露行踪。

于是，在萨米的陪同下，我去了趟电信营业厅，用我的护照办了张手机卡。尽管萨米警告我，一旦安全部门查到我头上，会很麻烦，但为了把握住这个难得的采访机会，我已经顾不了那么多了。

"大不了多花点时间解释呗。"我把手机卡装进一个信封，笑着交给萨米。

为了确保采访的真实性、强化采访的画面感，我们特意委托萨米在费卢杰的线人，于当地找了一位摄像师，协助我们拍摄对方接受电话采访的画面。那位摄像师经验丰富，曾多次在安全局势恶劣的情况下，帮半岛电视台拍过费卢杰的新闻。

"放心，他很有经验，拍完之后就会连夜把带子送到巴格达。"萨米拍了拍我的胳膊，胸有成竹，"对了，那位基地分子说，让你用他的化名阿卜杜拉。"

我看着萨米，哭笑不得："怎么又是阿卜杜拉？萨米，我已经采访了很多阿卜杜拉了，怎么你们伊拉克人这么喜欢阿卜杜拉这个名字？"

"没办法，Dan，这个名字很安全。"萨米耸了耸肩，"要不我让他改个名字，叫穆罕默德？"

"那也没必要，还是尊重他的意思，叫阿卜杜拉吧。"我想了想，觉得没什么不妥。

"还有，阿卜杜拉说，采访那天，我们在酒店等他电话就好，千万不要主动和他联络。"

"没问题。"我完全理解那位阿卜杜拉的处境，但突然想到了另一个问题，"等等，萨米，我希望使用座机，而不是手机，你知道座机的声音效果会好一些。但是，你确信他能打到我房间吗？"

别以为这个问题很愚蠢。在向酒店前台询问之后，我果然发现，如同我担心的那样，我们所下榻的这家号称巴格达最好的酒店，并没有电话转接服务。好在经过耐心的沟通，酒店最终答应提供一个可以转接到房间的办公室电话号码，在我们约定的时段找专人为我们提供临时服务。

当然，我们没有告知酒店我们真正的目的，只是谎称有一个跨国电话会议，因为不想支付昂贵的电话费，所以要麻烦对方打过来。

四

采访约在晚上8点进行。但让我感到惊喜的是，根据中间人提供的线索，费卢杰的摄像师提前抵达了阿卜杜拉的临时住所，并在征得他的同意后，拍了一些散镜头。

事后得到的画面显示，在一个封闭的房间，阿卜杜拉席地而坐。和我之前在电视上看到的大多数发表声明的恐怖分子一样，他也是裹着头巾、戴着墨镜，完全看不出真实的容貌。随后，他打开一个安装了Windows系统的笔记本电脑，点击桌面上的图像文件，逐一展示了他在过去所参与的多次武装行动的照片。其中印象最深的，是一张蒙着脸的照片，只露出一双眼睛，用力瞪着左侧方向。

我试图从画面中寻找一些无关痛痒，却能提供更多信息的生活细节，但一无所获。显然，房间经过了精心的布置，确保不会泄露行踪。

而与此同时，远在巴格达的我、杰森、莎拉和萨米，已经完成了机位、照明和收音等各个环节的测试，各就各位，就等阿卜杜拉的来电。

但在8点30分左右，我们突然收到阿卜杜拉传来的口信：为了防止手机被定位引来当局的追捕，他在采访期间必须每隔五分钟就暂停一次，然后换个地方继续访问。

这一要求倒也合乎情理。但我担心的是，如此反复拨打电话，若引起酒店方面的怀疑，恐怕会导致更大的麻烦。经过辗转的信息传递和协商，阿卜杜拉最终决定远离自己的住所，一边开车，一边接受采访。我们向他表示歉意，他回复说：没事，他已经习惯了东躲西藏。

当晚9点20分，在比原定时间晚了80分钟之后，我们终于听到了期待已久的电话铃声。

"你好，杀手先生，我是中央电视台的Dan，很高兴能直接和你通话。"

"你好，我是阿卜杜拉。"

"能不能简单介绍一下你自己？你在哪里出生？还有你的年龄？"

"我是伊拉克人，今年26岁，我出生在安巴尔省。"

听得出，阿卜杜拉有些拘谨。而根据事后得到的费卢杰部分的拍摄画面，阿卜杜拉在与我通话时，一直是左手开车，右手拿手机，并没有使用免提。摄像师则坐在后排拍摄，同时充当翻译的角色——由于阿卜杜拉不会说英语，我只能事先列出基本的问题提纲，转交给摄像师。每一次提问，摄像师会根据提纲顺序和经由手机大概听到的内容，向阿卜杜拉翻译我的问题。而每次阿卜杜拉回答完毕，坐在我身旁的莎拉也会做简短翻译。虽然过程有些复杂，但经过两三个来回，彼此就适应了对方的节奏，采访也颇为顺利。

电话中，阿卜杜拉直言不讳地承认，自己是基地组织伊拉克分支在费卢杰地区的负责人，手下有将近20位核心骨干。如今，他们正在等待上头的指令，随时准备发起新一轮袭击。和身为前基地高层、已经转投学界的那位阿卜杜拉相比，这位阿卜杜拉少了些理性和学究，多了份冲动和激情，采访刚开始，就迅速阐明了基地组织的斗争目标：

"我们不是为了任何政治权力而战，也不是为了消灭某个教派。我们扛起武器是为了反抗美国，美军撤走之后，我们开始反抗伊朗侵略者。我们为我们的信仰而战，以保护伊拉克和伊拉克人的尊严。"

"你曾经参与过什么袭击行动吗？如果有，是什么时候？在哪里？"

"我们的活动范围遍布伊拉克各地，我们的任务是攻击任何支持侵略势力的组织，攻击任何危及伊拉克的势力。"阿卜杜拉不愿正面回应我的这一题，打了个太极。

"那么现在，你是在等待老板的命令吗？会有什么大事发生吗？"我还是想知道更多不为人知的细节。

"我们每一个人都在等待命令，就像任何等待上前线的军人一样！我们就是等待将军一声令下的士兵！没错，我们现在正在等待发动各种行动的任何指令，这很正常，没有任何问题。"阿卜杜拉的语气十分坚定，似乎早已将生死置之度外。

"如果你的老板让你执行自杀式炸弹袭击，你会执行吗？你有这样的准备吗？"

"这点毫无疑问！基本上我们从事的工作，就是为斗争而牺牲。如果我们的斗争能保护伊拉克，毫无疑问我愿意牺牲自己！我的工作就是为了伊拉克，要为伊拉克献身，我义不容辞！"

阿卜杜拉的回答并没有出乎我的意料。人一旦有了某种强大的信仰，或者被彻底洗脑，就会如此毅然决然。如果认定了自己所做的事情事关国家存亡、民族兴衰，热血就会时不时涌上心头，死亡就会变得无足畏惧。但是，当我亲耳听到阿卜杜拉的回答时，我还是感到有些震撼和别扭。

"阿卜杜拉先生，通常来说，你们是怎样展开具体行动的？例如谁会向你下令？通过什么途径？发短信还是通过网络联系？"我转移了话题。

"我们从一位地方首领（Ameer）那里接受指令，根据他的指令，我会再进一步通知我的小组成员。我们就像一个工作组一样制订计划，讨论怎样用最小的牺牲执行指令。其他地区的组织也跟我们一样，从他们所在地区的首领那里接收指令。

"我们有不同的小组，有很多成员。我们分布在不同的地区，我无法准确告诉你我们有多少成员。但我可以向你透露的是，我们各小组都是独立展开工作。这样，一旦某个小组被敌人发现，就不至于令其他小组曝光，我们所有地区的工作都是这么展开的。"

原来如此。为了避免被一锅端，各小组之间互不知晓，互不联络，难怪当我问起采访前一天发生在巴格达的连环爆炸是否基地所为时，阿卜杜拉说并不知情。这种保密性极强的组织架构，其设计初衷显然意在破坏，而非建设。这让我想起前一位阿卜杜拉所说：基地组织虽然有自己的所谓管治理念，但至少在现阶段，它不过是个单纯的武装组织，就连起码的政治机构都算不上。

"你能用手提电话或者电脑吗？或者，有哪些事情你是不能做的？"我试图求证前一位阿卜杜拉有关基地组织不让使用手机的说法。

"我们偶尔会上网，但基本不用手机联络。你要知道，伊拉克政府和美国人会利用手机信号追踪我们的行动，所以我们使用别的联络方式。有时候，我们也会通过见面的方式，约定在某个地点讨论行动策略。至于其他的联络方式，的确有很多，但我不能告诉你，那是我们的机密。"

"可是，如果要做到绝对保密，岂不是连基本的家庭生活都无法享受？"

"是的。根据我的工作，我必须在各地四处穿梭藏身，有时候还要出国旅行躲避风声。因为我经常到处行动，所以我独自居住，我已经习惯了这种生活方式。我偶尔会和家人见面，但每次都只是见三两天，不会长久。"

"那你有朋友吗？他们知道你是基地的成员吗？"

"当然，我有很多朋友。有时候当我们行动受阻或失败时，我的名字会被列入官方的通缉名单，令我在当地备受瞩目。在那种情况下，我就会躲在朋友家中。我朋友都会随时准备帮助我、保护我，因为他们知道，我的抗争是为了伊拉克，为了伊拉克人民，所以他们会尽全力保护我。"

显然，前后两位阿卜杜拉都把自己的所作所为看作解放伊拉克且深得民心的英雄壮举。对此，我自然不会认同。但必须承认，基地组织打出"反抗美国入侵、反抗伊朗渗透"的大旗，确实在伊拉克，尤其在逊尼派穆斯林中赢得了一定的支持。只是，随着美军的撤退，以及近年来大量针对平民的暴力事件的发生，这种支持正在逐渐萎缩。

"你说你是为了伊拉克人民而战，可是坦白说，你们不仅袭击伊拉克安全部队和政府大楼，你们也袭击无辜的平民百姓，你对此作何解释？"

"我要强调的是，我们不会针对任何教派展开行动，我们拒绝对任何无辜的伊拉克人发起攻击。但是对于任何支持政府恶行的组织，我们会毫不留情地发起攻击，砍下他们的双手！我们的工作就是清除那些病毒，拯救伊拉克人民。当然，有时候当我们开展行动，的确会有无辜的百姓倒下。但是要解放，就需要有牺牲。所以有时候，我们在一些行动中会失去我们的兄弟姐妹。"

"我知道你是逊尼派的，那么你的袭击目标只是什叶派的人，还是说，你会攻击所有不遵从你们教义和命令的人？"

"我不针对任何教派，我只会向那些试图伤害伊拉克人民的人下手。我们的目标是要让伊拉克人幸福生活，这一目标比任何其他目的都重要。我会持续作战，直到实现我们的目标，让伊拉克人一起生活，像兄弟姐妹般相亲相爱。所以，我们必须赶走这届政府。我希望所有人都能明白这点：我们是为了伊拉克和伊拉克人民。"

阿卜杜拉开着车，一边慷慨陈词，一边畅通无阻地行驶在费卢杰的夜色中。摄像师偶尔把镜头转向车窗外，用零星的路灯和店铺简单勾勒出那个萧条而恐慌的城市。我不知道，伊拉克情报和安全部门在那时是否已经追踪到我们的谈话。也许早已察觉，也许正在定位，也许系统失灵了，也许安全人员开小差了，也许，他们根本不在乎。

奇怪的是，在戒备森严的费卢杰，按理说任何车辆如此长时间地兜圈，总会碰上几个检查站，但采访了半个多小时，阿卜杜拉一直没有受到任何干扰。我猜想，他对检查站的分布了如指掌，并早已计划好避开检查站的最佳行驶线路了吧。

如果真是这样，那么阿卜杜拉现在行驶的线路，也许就是他平常执行计划的线路吧？想到这里，我不由得小紧张了一下。

"我知道你已经被伊拉克当局列入了通缉名单，那你是怎样逃脱当局的搜查、保护自己的？"

"绝大多数组织成员都面临同样的问题，我们因为参与了一些针对政府的袭击行动而被列入黑名单，当局拿着名单四处通缉我们，甚至抄我们全家。我当年就曾被逮捕过一次，并在监狱里被关了三年。但我们立志为此献身，所以对这些毫不在意。而且正如我所说，我有很多朋友帮助我们，我会借他们的帮助来保护自己。"

为了自己的"革命理想"而东躲西藏，无法与家人团聚，无法享受正常的生活乐趣，甚至随时准备献出自己的生命，如此的人生，需要多么强大的信仰才能支撑？而这种信仰，除了复杂的宗教感染和某种极端意识形态的蛊惑，又是否掺杂了某些物质层面的诱因？我想起之前流传甚广的一个说法，即发动自杀式炸弹袭击的恐怖分子都相信，在他们牺牲后，会有72个美貌的处女在天堂等待他们，而他们留在人世的家人，也会获得大量金钱补贴。

"阿卜杜拉先生，我想问一个私人的问题。你和你的手下每个月能拿多少薪水？在政府的严密监控下，你们会通过怎样的方式，从谁那里拿到你们的薪水？"我试图用一种间接的方式，逐步切入我的问题。

"你这个问题的潜台词是认为，我们在从事一桩买卖！我告诉你，我们不在乎金钱，我们工作的目的远比赚钱更加崇高。我们把自己当作为革命献身的斗士，所以我不想回答这个问题！"

敏感的阿卜杜拉拒绝作答。也许，他真的不屑于钱财；也许，他只是不想泄密罢了。但无论如何；我不能激怒他。尽管我的直觉告诉我，他不是个冲动的杀手，但我必须防止一切意外的可能性，以保护我的摄像师的安全。于是，我迅速转移话题。

"阿卜杜拉先生，能和你直接通话，对我来说是个很好的机会。我想知道，你们是怎么看待媒体的？这几年你们似乎一直和媒体保持着联系，你们是怎么看待我们的？"

"当我们需要和媒体联络的时候，我们会主动联络他们。坦白说，我们不喜欢绝大多数媒体，但有些事情我们需要做出解释，我们必须向很多人做出解释，尤其是要向国际社会做出解释：当我们和美国人作战时，我们的目的是解放伊拉克。美国人抵达伊拉克的时候，乔治·布什也说他们是来解放伊拉克的，但随后他们把解放变成了占领。每一个被侵略的国家都有权和侵略者做斗争，解放自己的祖国。正因如此，我们拿起武器与美军作战，我们的目标就是解放伊拉克。

"但现在我们有了另外一个大的麻烦，我们被伊朗的代理人占领了。在我们和美国人作战、解放伊拉克之后，伊拉克人很不幸地被美国人像猎物一样，赏给了伊朗人。你可以看现政府做出的任何政治决定，那都是在伊朗人的压力之下所做的决定，这已经越来越明显，所以我们现在的斗争，其实是为了对抗伊朗势力的渗透，以保护我们的人民！

"所以我们必须向人民传递一些信息：第一，美国人来伊拉克不是解放而是占领；第二，现在我们正在遭受第二个侵略者的蹂躏。这就是我们希望通过媒体告诉全世界的信息。美国把伊拉克置于困境难以自拔，我们必须和每一个想毁掉伊拉克的人做斗争！"

对于伊拉克战争的性质和美军的角色，不论是伊拉克国内还是国际社会，都有着不同的评价。而随着时间的流逝和局势的演变，这些评价也在不断经历复杂的变化。由于萨达姆在位时期的独裁统治很不得人心，在伊战初期，大多数伊拉克人对于美军的军事干预和战争的结果都曾抱有幻想；但在大量平民伤亡、局势持续动荡、美国有关萨达姆制造大规模杀伤性武器的指控被推翻、美军在战争期间使用贫铀弹等违规武器、阿布格莱布监狱爆发虐囚丑闻等一系列负面事件及现象的冲击下，越来越多的伊拉克人开始质疑战争，并对美军产生强烈的抵触和厌恶情绪。

有意思的是，采访期间，一位当地记者告诉我，当初伊拉克人习惯把美国人称为"马赫瑞林"（Mharir），即"解放者"；但十年之后，大多数伊拉克人都喜欢使用"马赫特林"（Mhtari）一词，即"侵略者"。在阿拉伯语中，"马赫瑞林"和"马赫特林"的发音仅一字之差，但含义却是天壤之别。

所以，阿卜杜拉在电话中所表达出来的对美军的仇视，并不是基地组织特有的情绪。实际上，一个多月来，每次走上伊拉克街头采访，我们到处都能感受到那种强烈的反美情绪。

至于阿卜杜拉对伊朗的指责，则是以基地组织为代表的逊尼派极端武装组织，以及其他某些逊尼派人士所持有的观点。众所周知，20世纪80年代，持续八年的两伊战争使伊拉克和伊朗之间长期处于敌对关系。直到2003年美国出兵伊拉克推翻萨达姆政权之后，两伊关系才逐渐恢复正常并迅速升温。

不过，由于伊朗90%的人口是什叶派穆斯林，是全世界唯一的什叶派伊斯兰国家，而在伊拉克，什叶派也在战后执掌大权，因此，两国交好引发了伊拉克逊尼派的不安。再加上包括迈赫迪军在内的一些什叶派武装组织与伊朗有着千丝万缕的联系，不少逊尼派人士质疑，伊朗正试图或明或暗地操控伊拉克局势，把现任伊拉克政府视为其拓展影响力和势力范围的傀儡，而伊拉克政府也企图借助伊朗的支持来强化对伊拉克逊尼派的统治。

不管真实的意图是什么，这种对伊朗的敌视已经成为基地组织继续作战所标榜的理由。

"我希望所有伊拉克人都意识到，在政治交易背后所发生的一切，以及政治家所做的所有分裂伊拉克的动作。我们会继续作战到底，以捍卫伊拉克的尊严，哪怕只剩下一个伊拉克人！"

听阿卜杜拉说话，越来越觉得耳熟，就像是我们平常看战争电影或电视剧时所经常能听到的对白。只是，面对血淋淋的恐怖袭击和不断攀升的死亡数字，再慷慨的语气、再强硬的逻辑和再伟大的所谓理想，都显得如此苍白和虚伪。

"阿卜杜拉，你现在是武装分子，为基地效力。但如果你能重新选择，你会选择走另一条路，过一种正常的家庭生活吗？"

"我希望有一天我能摆脱所有战争。我拿起武器不是为了在政府谋求一官半职，而是想获得真正的自由，为我的家庭创造好的生活环境。作为一个有家庭的伊拉克人，我必须为家人提供生活所必需的一切，例如房子和其他必要设施。但不幸的是，那些跟着美军的狗腿子，他们现在正在窃取伊拉克人的一切，所以我必须砍下这些窃贼的双手！"

直至最后一轮问答，阿卜杜拉仍在黑暗的夜路上，描述他"光明"的梦想。但作为一名新闻记者，我所看到的，只是一个被"组织"洗脑和摆布的恐怖分子在跌宕起伏的历史变迁中所呈现出来的极端的情绪和扭曲的信仰，以及伊拉克这个好不容易获得喘息机会的中东国家仍然危机四伏的安全隐患。

长夜漫漫，路还很长。

后 记

我是最后一个离开巴格达的。

当同事们大箱小箱地装满一辆辆防弹车，赶赴巴格达国际机场之际，我背着相机，叫了辆出租车，去巴格达街头游走了一天。

在参观了一座清真寺之后，我坐在清真寺门口的一个烤鱼摊档，详细观摩了整个烤制过程，然后吃了条心心念念的底格里斯河鲤鱼，发了会儿呆。阳光照耀下，清真寺的塔尖很壮观，大街上熙熙攘攘，很热闹。

然后逛了几家便利店，看看伊拉克人平常都吃什么零食，又买了几张明信片。

午后，在酒店附近的一条小巷里，发现一家理发店。想起自己已经一个月没理发了，于是走了进去，体验了一把伊拉克托尼师傅的技术。其间，一个同来理发的小男孩带着强烈的好奇心，用他生涩的英语跟我东拉西扯了很久，还让我给他拍了几张照。

他看着相机显示屏上自己的模样，喜欢得不得了。

晚上，我请莎拉吃了顿饭。她感谢我给了她这个工作机会，让她第一次和中国媒体有了合作，而且还赚了一些钱。她说，这笔钱对她来说很重要，她要用这笔钱来重启她的出国计划。至于去哪儿，她说还没想好。

萨米因为有事要忙，没有来。倒是莎拉的大儿子意外现身了。十八九岁的年纪，浓眉大眼，穿着很时尚，但很腼腆。莎拉说他很快要上大学了，想出国念服装设计专业。

深夜回到酒店，突然感到肠胃不适，上吐下泻了很久。莎拉得知后发来短信：应该是那条烤鱼的问题，Dan，你的肠胃还没习惯伊拉克。

所幸，第二天起床后安然无恙。我收拾了行李，赶赴机场。途中，我委托司机帮忙寄几张明信片，并给了他50美元。那几年，我每次出差都会给朋友和自己寄些明信片。但遗憾的是，伊拉克的明信片，我和我的朋友一张都没收到。

回国后，偶尔还会跟莎拉和萨米联系，问问近况。尤其是每次听说伊拉克发生严重的恐怖袭击后，我都会问候一下，确认他们平安。

最近一次跟萨米联系，是2020年的2月，新冠疫情暴发后不久。他问我，中国的疫情怎么样了？我说还好，虽然病毒比子弹更狡猾，但口罩比防弹衣轻多了。他大笑，叮嘱我小心，然后说：很久不见了，有机会再来伊拉克转转吧。

至于莎拉，其实没过多久就带着两个孩子出国了，去了约旦。她实现了自己的梦想，重返大学念起了书，过上了充实而平静的生活。

看到她发来的信息，我的眼眶湿润了。

第二章　巴基斯坦

2005年10月8日，伊斯兰斋月的第三天。当地时间清晨8点52分，巴基斯坦西北边境省[1]和巴控克什米尔地区发生7.6级地震，造成至少9万人死亡，史称"南亚大地震"或"克什米尔大地震"。

地震发生后不到一个小时，我当时所在的凤凰卫视资讯台就发出了第一条新闻，并着手调派记者前往灾区采访。按照凤凰不成文的规矩，一有大事发生，当地或邻近国的驻站记者会首先赶赴现场采访；如果周边没有自己的记者，那么香港凤凰卫视总部就会直接从各部门抽调有经验的记者飞赴当地。巴基斯坦的情况，即属于后者。

那时的我，刚在凤凰工作一年，主要负责香港新闻的采访。虽说也去了趟新加坡，采访国际奥委会投票选举2012年夏季奥运会主办国一事，但采访经验仍十分欠缺。所以，当资讯台领导把我叫进办公室，下达采访指令时，我实在是感到有些意外。

"你英语怎样？"时任凤凰卫视资讯台台长钟大年抽着烟，看着我，表情严肃。

---

[1] 2010 年，巴基斯坦"西北边境省"正式更名为"开伯尔 - 普什图省"。

"应该……没问题吧。"虽然我一直渴望有机会采访大事，但等机会降临时，还是难免有些紧张。

"那就去吧，注意安全。"钟老师考虑片刻，最终拍了板。

就这样，我匆匆踏上了前往伊斯兰堡的航班，同行的还有女记者梁华和摄像雷（Ray）。坦白说，对于这次难得的采访机会，我当时信心满满，干劲十足。只是我并没有料到，那不过是我记者生涯中第一次巴基斯坦之行，在之后的五年间，我竟然会成为那个南亚国家的常客，历经"红色清真寺"事件、贝·布托遇刺等政局动荡。以至于很多年后，许多凤凰的同事都戏称：巴基斯坦是我的第二故乡。

第一节　克什米尔的废墟

因直航机票紧张，我们只能经迪拜和卡拉奇辗转前往伊斯兰堡。在迪拜转机时，遇到了大批在海外打工的巴基斯坦北部民众——地震后，因通信中断，他们在灾区的家人生死未卜，很多人匆匆辞掉工作，回家寻亲。

候机大厅内听不到哭泣，见不到眼泪，但气氛格外压抑。有人相互拥抱问候，打探灾区的消息；有人静坐一旁，默默沉思，神情哀伤；有人围在电视屏幕前，紧盯灾区新闻；也有人跪拜在大厅一角，虔诚地祈祷。

一位中年男子看到我们的摄像机，主动走上前来打听灾情。他在阿布扎比打工，老家在巴控克什米尔地区的穆扎法拉巴德，正是这次地震的震中。我们问起他家里的情况，他从钱包里掏出一张已经发皱的照片：

"这是我的儿子，还不到三岁……家里还有父母、姐姐、两个侄子、两个舅舅，还有其他成员，总共十多人。地震三天了，我不知道他们是否还活着，也许他们全都遇难了……我不知道……我不知道自己还能不能亲吻我的儿子……"

他一边语带哽咽，一边尽力克制地讲述触动了潜伏在机场大厅内的一根根敏感神经，越来越多的民众开始围上前来，向我们诉说他们的遭遇。那一张张哀伤、无助的脸庞，是我从未见过的绝望，令我不敢想象：遥远的克什米尔山区，究竟遭遇了怎样的重创？

一

在这场地震中，巴基斯坦首都伊斯兰堡震感强烈。但由于距离震中有100多公里，灾情并不严重。从机场到市区，沿途所见，一切正常。

偏偏有一栋十层高的楼房，在地震中莫名倒塌。根据巴基斯坦官方公布的资料，有40多人被埋。但来自现场救助站的消息却显示，截至10月10日晚，已经有150多位楼内居民的家属报称亲人失踪，寻求协助。

马不停蹄赶到出事地点，已经是深夜10点多。拨开层层围观的人群，眼前赫然出现一堆庞大的废墟。楼房一边的结构较为完整，另一边却是面目全非，满是支离破碎的水泥块。在照明灯强光的照耀下，来自英国的救援人员正协同巴基斯坦消防人员，穿梭在废墟的各个角落，用探测仪搜寻废墟内的生命迹象。

为了接收废墟内可能传来的求救声，现场要求保持绝对的安静。一旦救援人员怀疑某处有异动，并确定了挖掘方案，在废墟旁待命的几台挖掘机便开始隆隆作业，撬开坚硬的巨石，在废墟堆上挖出一个洞穴。随后，救援人员便会小心翼翼地钻入洞穴，展开进一步搜救。

"黄金48小时已经过了，您觉得还会有奇迹出现吗？"趁一位满脸泥垢的英国女救援人员走出废墟休息之际，我赶紧上前采访。

"我们9日抵达这里之后就一直在尽最大努力搜救，今天下午就救出了两位生还者。所以，虽然48小时已经过了，但我们不会放弃。"救援人员用疲惫的声音，坚定地回复。

但遗憾的是，在当晚我们坚守的近三个小时内，没有出现另一个奇迹。

现场的民众，有被困者的家属，有非政府组织成员，也有自发前来慰问救援人员的志愿者。他们在警戒线外搭起帐篷，准备彻夜守候。不少失踪者家属强忍悲痛，加入了救援人员行列。

在前线协调救援行动的非政府组织发言人阿米娜指着一位戴着眼镜和口罩的年轻男子告诉我们，他的母亲仍被埋在废墟中，他一赶到现场就加入了救援行列，跟豁出去了一样。

我们走上前，试图和他聊几句，却不料还没等我们打招呼，他就一边转过身来，一边扯下口罩，看着我：

"已经第三天了，接下来必须在废墟喷洒药水消毒，否则病菌就会扩散，酿成二次灾害。"

说完，他又重新戴上口罩，转身走向废墟。

"他不愿多说。"阿米娜在一旁解释，"像他这样的家属志愿者还有很多，他们太让人感动了。你知道，每当英国救援队的专家挖出洞穴之后，就靠这些志愿者爬进洞穴，把生还者或者死者的遗体背出来。那些洞穴只有2～3米长，很窄，很危险。他们真的太不可思议，太让人敬佩了。"

"当然，你现在看到的只是伊斯兰堡的灾情。如果你去北部，去克什米尔，去巴拉考特，你会发现，这次地震实在是……太可怕了。"阿米娜望着废墟，摇了摇头，眼神中掠过一丝恐惧和一丝哀伤。

二

从抵达伊斯兰堡的第二天开始，我们便兵分两路。梁华和Ray留守伊斯兰堡，我携带一部家用小DV，在当地一位华人朋友晓喆的陪同下驱车北上，前往100公里开外、灾情最严重的巴拉考特镇——消息显示，当地已经成为一片废墟，4万常住居民有上万人罹难。甚至有说法称，当地的死亡率高达70%。[1]

晓喆是一位旅居巴基斯坦多年的中国商人，在伊斯兰堡开了几家旅馆和餐厅，还做各种跨国贸易。由于平时经常看凤凰卫视，所以十分乐意跟我们合作。除了安排我们的住宿，他还成了我的向导和翻译。他说他平日里经常走南闯北，所以对灾区的地形十分熟悉。

但这次我们所面临的情况，显然比晓喆以往任何一次出行都要复杂。

由于地震在北部山区引发多处山泥倾泻，道路交通严重受阻。大批救援车队和灾民家属淤塞在狭窄而曲折的公路上，往往一塞就将近一个小时。短短100多公里，愣是需要五六个小时。如此往返，光在路上就要耗费十多个小时。

为了争取最佳的拍摄和采访时机，我和晓喆每次都是清晨6点多出发，争取在中午时分赶到巴拉考特；连续采访四个多小时后，又要赶在天黑前动身返回；等回到伊斯兰堡，往往已是子夜时分；紧接着，来不及吃饭，就要开始通宵赶稿，听采访同期，选取素材，然后用当地蜗牛爬行般的网速往香港凤凰卫视总部传画面。等到一切都搞定，已经是清晨5点多——又该准备新一天的采访行程了。

在当地采访的十天时间内，前后三次进入巴拉考特，均是如此反复。工作强度最大的一阵，连续三天没有睡觉，也没有正常用餐，只是靠途中的小憩和面包来支撑。直到第三天的深夜赶回伊斯兰堡之后，才在晓喆开的一家中餐厅内胡吃海塞了一番，一解饥寒交迫之苦。

由于伊斯兰堡和中国香港有三个小时时差，而凤凰卫视资讯台又

---

[1] 由于灾区通信中断，震后初期相关的消息都较为滞后，且说法不一。

处于24小时直播状态，所以对新闻的发片时机和发片效率有很高要求。偏偏灾区通信瘫痪，没有网络，每次采访结束都只能回伊斯兰堡传片，而当年巴基斯坦的网速又实在不敢恭维，于是我们每天都被迫和时间赛跑，看着电脑屏幕右下角所显示的每秒几K的网速抓狂。

若是碰上台里提出直播要求，工作难度就更是难上加难。由于当时没有携带海事卫星电话，若要做直播，就必须依靠美联社的卫星设备。而当时，美联社把灾区唯一的直播点设在了巴控克什米尔地区的首府穆扎法拉巴德——一个距离巴拉考特还有两个多小时路程的城市。这就意味着，如果台里要求做直播，我就必须花七个小时，从伊斯兰堡赶到穆扎法拉巴德，然后再花七个小时赶回伊斯兰堡，途中基本没有采访和休息时间。

10月12日中午时分，正当我和晓喆在赶往巴拉考特的途中利用塞车的空档抓紧时间补觉时，总部的一道指令让我们几乎抓狂：《全球连线》节目当天要做克什米尔地震的话题，我们必须在香港时间当晚10点30分之前，即巴基斯坦时间当晚7点30分之前，找一位派驻当地的中国国际救援队的专家，带着他一起赶到穆扎法拉巴德的直播点做现场连线。

算了一下时间，我们还有七个多小时。

若路途顺畅，倒也无妨。偏偏那天交通大阻塞，车辆只能以龟速前行。而即使我们能尽早赶到巴拉考特，也需要在茫茫人海中找到中国国际救援队的驻地，然后再跟对方沟通，找一位能出镜的专家。撇开救援队内部协商和向上级汇报的时间不算，即使能尽快找到专家，也需要再折转赶往穆扎法拉巴德——而对于前往这座陌生城市的道路交通，我、晓喆和临时聘请的巴基斯坦司机，都一无所知。

如此合计，要在节目开播前赶到直播点，几乎是不可能完成的任务。

接下来发生的事情，像极了好莱坞大片中常见的生死时速的桥段：

在向维持秩序的军方做了无数遍解释，甚至搬出了中巴友谊万岁的说辞之后，我们的车子得以享受军车的待遇，以最快的速度穿越一片又一片淤塞的车流，并在下午3点左右抵达巴拉考特。紧接着，又巧遇一位身着橘红色制服、正在路边执行任务的中国国际救援队队员。在他的指引下，我们七拐八拐，一路颠簸，终于找到了驻扎在某个河谷的中国国际救援队大本营。

由于救援队专家上电视必须经国内领导批准，所以在挑选专家的环节上，着实耗费了不少时间。等救援队敲定人选我们再度出发时，已是下午5点左右。

偏偏在这时，我们的巴基斯坦司机因一整天疲于奔命，又因处于斋月，日间一直没有进食，开始失去状态：不是心不在焉、放慢速度，就是一不小心开错了路。眼看天色越来越黑，穆扎法拉巴德仍远在天边。情急之下，我和晓喆站起身来，从车顶的天窗探出身子，给越来越迷糊的司机指路：若向左转，就猛敲车顶左侧；若向右转，就敲右侧；若要求加速，就两个人四只手同时大力敲打中间部位，阿拉伯语、英语、普通话、广东话不自觉地来回吆喝：来不及了！快点儿！快点儿！

当地时间7点30分整，《全球连线》已进入开播前的广告时段，可我们的车却才进入穆扎法拉巴德市区。就在节目组逐渐失去信心，试图和我做电话连线[1]之际，一位当地的乡亲如英雄般出现。他一边奔跑，一边指挥我们顺着他手指的方向开去。于是，在穿越一片片废墟之后，希望终于在夜色完全降临的那一刻出现在我们眼前。

跳下车，我带着专家直奔一顶白色帐篷——那是美联社在当地临时搭建的演播室。

---

[1] 虽然普通的手机没有信号，但我携带的卫星电话仍可在当地灾区使用。

"Phoenix（凤凰卫视）？"美联社的工作人员惊呼。

"Yes，Phoenix！"我一路小跑，一边忙着点头。

另一位摄像师赶紧将我一把拽向直播点，然后给我别上麦克风，戴上耳机。主持人胡一虎的声音立刻从遥远的中国香港传来：

"现在前方的信号已经接通了，我们的记者何润锋刚刚赶到位于穆扎法拉巴德的直播点，我们赶紧和他连线，请他告诉我们这次地震的最新情况！润锋你好……"

因为忙着赶路，来不及和节目组沟通，虎哥抛出来的问题都需要我临场反应，回答起来难免会有些磕巴，但也正因如此，这期节目颇具现场感，毫不做作。而在我之后上场的救援队专家的信息解读也是由浅入深，恰到好处。

节目结束后，我和晓喆笑着长叹一声，击掌庆祝，然后相继瘫坐在地，累积了一天的疲劳瞬间蔓延到全身。那位给我戴麦克风的美联社摄像——一个来自新加坡的华人哥们儿走过来，笑着说：

"太惊险了！我们以为你们肯定赶不到了！"

我苦笑着，无言以对。过了许久，才缓过劲来，起身走出帐篷。

夜已深，抬头看不见星星。周围一团漆黑，只有几团忽明忽暗的篝火在废墟中无力地闪烁。空气中弥漫着腐尸的气味，夹杂在寒冷的秋风里，一阵阵掠过。我尽量控制自己不去多想，戴上口罩，往篝火处走去，却差点一脚踩空，这才发现脚下全是还没来得及清理的砖块和瓦砾，高低不平。

城里的百姓大多去了救济所的帐篷过夜，废墟内一片死寂。摸黑靠近篝火，终于传来有人说话的声音，原来是驻扎在这里的外国救援队正在生火做饭。

"有什么进展吗？"我和一位德国的救援队员攀谈起来。

"很遗憾……从伊斯兰堡到这里的路太难走了，我们今天才赶到这里，所以错过了最佳救援时间。到目前为止，可以说……一无所获。"
他点了根烟，摇摇头，然后望向远方没有边际的黑夜，"太可怕了，到
处是粉碎性倒塌，所以……我从没见过这么严重的灾情。"

三

任何地震，灾区的景况都很类似。经历过唐山、汶川和玉树等多次
大地震的中国人，对于地震的破坏力或许都有了一定程度的了解，在此
我也不必赘述。但每次地震中灾民的表现，却往往因文化的差异而各不
相同。

晓喆聘请的司机，是一位40多岁的巴基斯坦大叔，名叫穆罕默德，
平日里沉默寡言。合作时，倒没觉得有别的缺点，就是性子太慢，行动
有些迟缓。每次我们碰上塞车，着急骂人的时候，他总是气定神闲，坐
等路况好转，绝不投机加塞。有时候我们赶时间，催他加速，他就会嘟
哝几句，嘱咐我们不要着急，说开快了容易出车祸。

穆罕默德只有小学文化，一生除了《古兰经》，基本没看过什么
书。因为语言的障碍，我和他交流不多，唯独有一次跟他聊起宗教，他
那双成天优哉游哉的眼神才突然亢奋起来，语调也高了不少：

"我们穆斯林都相信，任何天灾，包括地震，都是真主的安排。真
主对我们不满，就会通过地震来惩罚我们！"

"难道，你们觉得这是你们应得的报应吗？"我第一次听到这种说
法，感觉有些不可思议。

"当然，我们必须接受真主的安排！我们错了，真主不高兴，所以
就地震了！"

这并不是穆罕默德一个人的理解。随着采访的深入，我注意到，
许多被采访者都持相同观点。有些人即使在地震中失去了至亲，悲痛万
分，但只要一跟他聊宗教，他就会立刻变得虔诚而平和起来，对"地震

是真主的惩罚"这一说法没有丝毫异议。

或许正因如此，我在灾区印象最深的，不是撕心裂肺的痛哭和怨天尤人的愤怒，而是强忍眼泪的平和与默默求生的从容。

时至今日，每次回想起那次地震采访经历，最先浮现在脑海的，必是巴拉考特那个交通拥挤的河谷：头上缠着绷带的孩子在四处奔跑玩耍；幸存的成年男子则忙着修复家园；擦肩而过的路人，再行色匆匆也要相互拥抱、安抚一番；伤者躺在医疗所的帐篷里平静地输液；行动不便的老人则坐在路边，咀嚼着椰枣；救援人员在山边挖了一道约两米深的壕沟，然后把裹着遇难者遗体的白色麻袋扔进沟里安葬；另一边，一位长老带着一些村民，肃立在废墟旁，默默祈祷。

一次采访途中，天色已暗。一位缠着头巾、留着山羊胡的长者盘腿坐在路边，整理着几个塑料袋，身上的白色长袍已经满是污渍。我走上前，本想留一些干粮给他，却不料被他热情地拉在身旁坐下，然后他把一个个塑料袋解开，推到我的身旁。袋子里，装满了各种饮料、饼干，还有一袋热气腾腾的米饭。

"这是我刚从救济所领来的，米饭还热着呢。你们饿了吧？赶紧吃点！"

当晓喆把老人的原话逐字逐句翻译给我听时，我的眼眶一下子湿润了。

"您家人还好吗？"

"我家里大大小小19个人，死了11个，还有3个受了伤，正在医院医治。"老人掰着手指，平静地向我解释，然后抓起一把米饭，慢慢送到嘴里，"天意！这是真主的安排！"

我不忍继续采访，安慰了老人几句，就起身告辞。一转身，看到不远处，一位20多岁模样的年轻男子，攀上横跨在溪流中的一块巨大岩石，虔诚地肃立，默默祈祷，然后下跪，俯身叩拜。

那一刻，耳边仿佛传来悲凉的诵经声，在空旷的山谷荡漾。

想起中国国际救援队队员讲给我听的一个故事：在一堆废墟中，他们挖出过一具特殊的遗体。那是一位穆斯林女子，死时仍保持着祈祷的姿势。她的丈夫见到后，一点一点地拂去她身上的泥土，然后默默地抱起她离开。他的脸上，看不到一丝悲伤。

对于灾难和死亡，不同的宗教有不同的解释，且相互之间往往难以沟通。也许我们不认同，但却没有理由去质疑、嘲笑，甚至冒犯。当我面对这些失去了家园和至亲，被迫流离失所，但仍能保持平和心态的穆斯林灾民时，我唯一能感知的，是他们的善良和互助，以及面对灾难时的那份从容和豁达。

四

屋漏偏逢连夜雨。从14日深夜开始，巴基斯坦北部地区突然降温，且风雨交加，部分海拔较高的山区还下起了雪。本已无家可归，只能暂住在救济所的帐篷，甚至露宿街头的数百万灾民，处境更加艰难。

15日凌晨，阴雨绵绵，寒风凛冽，我和晓喆再次驱车北上。还没进入巴拉考特地区，就时不时见到路边一些废弃民宅的屋檐下，挤满了瑟瑟发抖的灾民。他们从克什米尔地区南下避难，却又无处可去，只能随机钻进一些无人居住的房屋遮风避雨。夜晚，大家在屋内相依取暖；白天，妇女儿童留守室内，丈夫则会到室外暂避，盼着救援人员来救济。

我们下了车，走进一栋民宅。约莫10平方米的空间里，30多位妇女和孩子席地而坐。看到我们的出现，他们立刻流露出惊恐的眼神，不知所措。晓喆用流利的乌尔都语解释了我们的身份后，他们才逐渐安静下来。

按照穆斯林的传统风俗，妇女一般不宜公开露面，更不能上电视，但这次，大家不仅没有抗拒，而且还主动围拥上来，告诉我们自己的遭遇。其中一位妇女把一个孩子推到镜头前，哽咽着说：

"帮帮他吧！求你们了！"

孩子才十岁，地震时曾被埋在废墟中一个多小时。尽管幸运获救，但头部受到撞击，至今仍缠着厚厚的绷带。我把他拉到门口稍亮的地方，发现他的眼球充满血丝，又红又肿。我担心他颅内受到了损伤，却苦于不是医生，无能为力，只能轻轻握着孩子的手，给他一些温暖。孩子很安静，没有哭泣，也没有吵闹。

"你现在最需要什么？"我望着孩子的眼睛，轻声地问。

"衣服。"孩子很快回答，不假思索。

严寒让孩子暂时忘却了头部的伤痛，他只希望能多一些温暖。

"政府的援助足够吗？"我转身问站在身边的父亲和丈夫们。

"政府？我们从来不指望他们！地震之后，他们就好像没有出现过！我们站在路边，等的是我们的兄弟姐妹，是那些志愿者，不是政府，也不是什么军队！"一位已经被雨水淋得湿透了的男子大声回答，满脸愤怒。

其实，能找到一处房屋暂时避难，已经是不幸中的万幸。更多的灾民，只能在路边搭个简易的帐篷，在风雨中飘摇，在绝望中等待希望。

在临近巴拉考特，一条盘山公路的拐弯口，我们就发现了三顶白色的帐篷。从帐篷上印刷的文字来看，那是联合国救援组织的救灾物资。让我们吃惊的是，每顶帐篷原本规定只能容纳六个人共同生活，但眼前的这三顶帐篷，却挤了男女老幼将近100人，层层叠叠，没有任何舒展肢体的空间。若要走出帐篷活动一下，就必须踩着他人的身体，连走带爬。

"为什么把帐篷扎在路边？这里很危险。"我不解地问一位年轻人。

"我们是故意这么做的，希望能引起路人的注意。没办法，我们的政府很无能，我们得不到任何有效的援助，只能出此下策，从路过的救援组织那里得到一些粮食、衣物和饮用水……"

一路北上，每次问及灾民对政府救灾的评价，都会听到类似的抱怨。

当时的巴基斯坦，仍由穆沙拉夫领导的军人政府掌权。面对这场世纪天灾，巴政府的确有些束手无策。耐人寻味的是，由于复杂的历史和政治原因，发生地震的巴控克什米尔地区仅是中央政府的一个松散辖区。这一地区的民众虽为巴基斯坦公民，持巴基斯坦护照，但却无权参与全国性的选举，是巴基斯坦政治意义上的"二等公民"。区内甚至存在分离主义倾向，时不时爆发独立运动。因此，巴控克什米尔与中央政府的关系一直较为疏离，缺乏默契和信任。面对大地震，双方自然很难展开有效的沟通与协调。

更何况，巴控克什米尔本身还分为阿扎德克什米尔（又称"自由克什米尔"）和吉尔吉特-巴尔蒂斯坦（又称"北部地区"）两个地区，存在两个同级别的地方政府。能力有限、经验不足的巴基斯坦中央政府在救灾行动中，须同时与这两个地方政府打交道，忙得晕头转向。不论是救灾行动的组织，还是救灾资源的分配，或者灾民的安顿，都是漏洞百出，招致民怨沸腾。若非各国政府、国际组织，以及巴基斯坦的一些非政府组织及时伸出援手，救灾行动恐怕早已失控。

正因如此，大批的灾民选择徒步南下，主动求生。车窗外，许多人背着从废墟里淘出来的仅有的家当，裹着单薄的衣裳和毛毯，弓着背，赶着牛羊，顶着风雨，举步维艰。

进入巴拉考特城区，风雨不减。救援人员仍在冒雨清理废墟，但和前两天相比，似乎进展不大。救济站前排起了长龙，人们焦急地等待着救援人员派发干粮和救援物资，解决一天的温饱。在一座倒塌的桥边，一些衣衫褴褛的灾民拨弄着遍地的垃圾，寻找有用的生活物资，就连废弃的塑料袋也成了宝贝，一层又一层裹在身上，增添若有若无的温暖。

晓喆说，地震前，这里是风景秀丽的旅游胜地，但此刻环顾四周，只剩下满眼的荒凉。

在当地人的指引下，我们找到了一所中学。地震中，校舍大面积坍塌，700多名孩子中，有400多人不幸遇难。废墟里散落着课本、书包、棒球帽，还有孩子们奔跑时脱落的鞋子。露天篮球场的一旁，有一排新堆的土丘，安葬了67名罹难的学生。因为没有父母来认领遗体——或者父母也已经遇难，当地人只能这么做。还有一些没来得及安葬的学生，则静静地躺在课桌上，瘦弱的身躯用一张张残缺的塑料板勉强遮盖着。桌子放在操场中央，任由风雨吹打。

一位身材瘦削、戴着眼镜的长者出现在校园。带路的人说，他是学校的老师，名叫萨义德，地震后每天都到现场参与救援。即使在政府停止搜救之后，他也坚持每天带领乡亲和幸存的学生，到学校挖掘失踪学生的遗体。

"地震的时候，孩子们刚刚开始上第一堂课……"

萨义德望着废墟，平静地回忆着那天的经历。采访期间，几位乡亲主动走上前，合力抬起一块厚重的木板，为他遮挡雨水。看得出，萨义德在当地颇受尊重。

"政府不应该停止搜救。他们有很多的设备和资源，能够给我们更多的帮助，但他们没有。"

类似的抱怨听得太多，我当时已经有些麻木。加上当年资历尚浅，并未由此对巴基斯坦的威权政府和民族特性做深入解读。直到三年后，在汶川大地震中亲眼看见中国政府和军队雷厉风行的救灾行动后，才深刻意识到，当局在面对天灾人祸时第一时间的组织动员能力是多么重要。

很多年后，在和一位巴基斯坦学者聊起这一话题时，对方同样对穆沙拉夫政府当时的救灾表现深感失望，不过却补充说道：

"当年克什米尔大地震，巴基斯坦的政府和军队的确救灾不力，但好在我们有比较多的非政府组织，他们在救灾行动中发挥了重要作用。

"政府不是万能的，也不应该是万能的。非政府组织很重要，它们是一个社会健康运转的必要条件。唯有如此，在政府机构因为种种原因无法有效运转的情况下，民众同样能应对各种危机。"

算下来，在迄今为止的职业生涯中，我曾深度参与过这四次地震的报道：2005年南亚大地震、2008年汶川大地震、2011年日本"3·11"大地震、2015年尼泊尔地震。基于前线第一手的观察，我曾对这四个国家的地震救援进行过简单的比较分析，聚焦政府、军队、媒体、非政府机构、民众在应对地震灾难时的不同表现。原本想在本书中加上这部分的内容，但碍于既定的结构设计，加上篇幅有限，只能作罢，待下次有机会再作分享吧。

第二节　误闯红色清真寺

2007年，巴基斯坦政局持续动荡。其中，最让总统穆沙拉夫感到头疼的，莫过于来自红色清真寺的挑战。

这座位于伊斯兰堡的清真寺始建于1965年，向来与境内外的恐怖组织保持着密切联系，被视为巴基斯坦极端宗教势力的大本营。自2007年2月以来，红色清真寺以道德整风为名，针对巴国的种种世俗化现象，组织信众发起了一连串袭击和绑架事件，并与巴基斯坦军警长期对峙。

同年5月底6月初，在时局最微妙之际，我再次赶赴巴基斯坦，并冒险摸进了红色清真寺，采访了清真寺的二号人物加齐；此外，我还走访了一些被视为"恐怖分子摇篮"的宗教学校，了解了巴基斯坦极端势力的缘起，及其背后复杂的宗教和政治因素。

7月上旬，穆沙拉夫采取强硬手段，下令军方强攻红色清真寺，加齐在清真寺的一处地道遭军方射杀。虽早有预感，但消息传来的那一刻，我还是有些错愕。回看一个多月前我采访加齐的影像资料，更是感慨不已。

一

红色清真寺，又名拉尔清真寺，位于伊斯兰堡市中心，占地约53公顷，因外墙为红色而得名。除供人祈祷外，清真寺还管辖着两所宗教学校，包括一所男校和一所女校，共招收了5000多名学生[1]。

长久以来，红色清真寺一直是伊斯兰激进分子的聚集地。20世纪80年代苏联入侵阿富汗期间，清真寺更为阿富汗的反苏组织培训和输送了大批圣战战士。在当时，红色清真寺的这一激进立场完全符合巴基斯坦政府"联美抗苏"战略的需求，因此并没有引起外界警惕。

红色清真寺的第一位伊玛目[2]是巴基斯坦知名宗教人士穆罕默德·阿卜杜拉。在任期间，阿卜杜拉对巴基斯坦世俗政府多有苛责，唯独对推崇伊斯兰律令的巴基斯坦第六任总统齐亚·哈克（1978—1988年在任）赞赏有加，两人私交甚密。阿卜杜拉的个人威望、红色清真寺在极端教派中的地位，以及齐亚·哈克的支持，令红色清真寺在很长一段时间享有超然地位，备受巴基斯坦政府和军方的庇护。

1998年，阿卜杜拉遇刺身亡，引发大批信众的不满。阿卜杜拉的两个儿子阿齐兹和加齐随即接掌红色清真寺，立场渐趋极端，矛头直指力推世俗化政策的巴基斯坦政府。

2001年，阿富汗战争爆发。刚刚上台的穆沙拉夫采取亲美路线，为美国人反恐提供支持，从而进一步加剧了红色清真寺对巴基斯坦政府的

---

[1] 数字为当时采访所得，不同于网上流传的说法。
[2] 伊斯兰教一种教职的称谓，意为领拜人、领袖。

不满。阿齐兹和加齐曾多次批评穆沙拉夫的亲美政策，并公然要求政府取消世俗的政治和法律体系，以伊斯兰教法作为巴基斯坦的管治基础，建立纯粹的宗教国家，推行塔利班式价值观。据称，红色清真寺当时与基地组织领导人本·拉登保持着密切联系。

一直对红色清真寺有所忌惮的巴基斯坦政府也开始采取强硬姿态。2007年年初，伊斯兰堡市政当局以非法建筑为由，勒令拆除市内的几座清真寺。由于这几座清真寺的伊玛目大多毕业于红色清真寺辖下的神学院，堪称红色清真寺的附属寺院，因此，消息引发红色清真寺的强烈反弹。在寺内教士的煽动下，红色清真寺附属宗教学校的女学生发起大规模抗议活动，不仅占领了一座儿童图书馆，而且拿着木棍爬上清真寺屋顶，紧守大门，威胁政府若敢动寺庙的一砖一瓦，就将发动圣战。

2007年4月，红色清真寺宣布在伊斯兰堡成立宗教法庭，并声称，若政府不在一个月内推行伊斯兰教法，关闭所有音像店和妓院，他们将发动自杀式炸弹袭击。与此同时，寺内学生开始暴力冲击伊斯兰堡的音像店，大规模收缴西方国家和印度[1]生产的音像制品，并在清真寺前焚毁。由于清真寺持有一定的武器装备，部分学生在暴力行动中有恃无恐，不仅打砸抢烧，甚至公然绑架普通市民。

巴基斯坦政府随即派出大批军警，驻守在红色清真寺周围，并拘捕了数百名闹事的学生。却不料，宗教学校学生不甘示弱，绑架了数名警察要挟政府，交换被捕学生。双方剑拔弩张，冲突一触即发。

正是在这样一种紧张的氛围下，我和摄像师阿强抵达了伊斯兰堡。

那时候的红色清真寺，仍是伊斯兰堡的是非之地，当地民众大多不敢接近。邻近清真寺的集市和商铺，虽仍在营业，但比往日冷清了不

---

[1] 由于复杂的历史原因和领土争端，印巴关系常年处于紧张对峙的状态。

少。许多店家告诉我们，每次清真寺的学生和教士闹事时，这里总是受到直接或间接的影响，损失惨重。

"他们滋扰我们的那些日子，外面的马路被封，我们失去了差不多所有的顾客，店铺只能关门。就算是现在，马路暂时解封了，顾客数量也比以前减少了一半。"

"我们只是卖一些五金产品，所以红色清真寺的人没有来捣乱。但尽管如此，顾客们也不敢接近这片地区，生意自然会差很多。"

不过，并不是所有受害者都敢向我们诉苦。

在当地人的指引下，我们找到了一家位于二楼的音像制品店。在不久前的一次骚乱中，店铺遭到寺内学生的破坏，所有涉外的影碟——尤其是那些好莱坞大片，被全部焚毁，当地媒体对此亦有报道。但面对镜头，心有余悸的店主因害怕惹祸上身，竟然一口咬定，影碟是他自己烧的：

"我跟你们说，那些都是我干的，不是红色清真寺的人烧的！因为店铺的生意一直不好，赚不了钱，我想换个行当做，所以干脆一把火，把店里的东西都烧了！"

我试图追问，店主摆摆手，不耐烦地下了逐客令。

实际上，这种对极端势力的恐惧自2007年初以来，就已经蔓延至整个伊斯兰堡。巴基斯坦一些敢言的媒体和社会人士，也早已敦促当局尽快解决问题，但向来强硬的穆沙拉夫军人政权却在很长一段时间内采取了克制和容忍的态度，派驻在红色清真寺周围的军队也是按兵不动，引来各方猜疑。

对此，巴基斯坦新闻部副部长塔利克在家中接受我们的采访时声称，这是出于人道的考虑：

"我们为什么不采取行动？因为他们手里控制着很多百姓，小到五岁的儿童，大到老人，很多不同年龄的人在宗教学校和清真寺里。如果我们强行使用武力，肯定会有人受伤。所以我们希望通过谈判解决问题，告诉他们这么做是错误而且违法的。更重要的是，要让他们明白，那不应该是伊斯兰的做法。"

不过，对于政府的解释，巴基斯坦舆论不置可否。很多人相信，政府之所以不敢武力平乱，是因为红色清真寺与政府的许多高级官员关系密切，任何对红色清真寺不利的做法都会面临不小的内部阻力。更重要的是，2007年是巴基斯坦的总统大选年，谋求连任的穆沙拉夫政权此前已经因为首席大法官乔杜里解职风波[1]等其他政治和社会问题而备受责难，因此在敏感的红色清真寺问题上，自然会更加谨慎，以免得罪部分教派。

坊间还流传着另一种说法，称那段时间的乱象不过是穆沙拉夫和红色清真寺自导自演的一出戏，目的是吸引公众视线，从而减少外界对乔杜里解职风波的关注，因为后者直接关系到穆沙拉夫政权的合法性问题。

二

在我的采访计划中，这次伊斯兰堡之行的第一步，便是去红色清真寺周边做一些采访和观察，即上文所描述的那些片段。但实际情况是，在那之前，我已经在一种毫无准备的情况下，阴差阳错地和这个恐怖组织有了一次零距离的接触。

事情发生得实在太突然。

早在飞抵伊斯兰堡之前，我就已经从巴基斯坦《黎明报》（*Dawn*）[2]常驻卡拉奇的一位资深记者手中拿到了红色清真寺二号人物加齐的手提电话号码。但因抵达伊斯兰堡时，已是星期四的深夜，而星期五又是穆

---

[1] 巴基斯坦最高法院首席大法官乔杜里在职期间经常与穆沙拉夫针锋相对、维护司法独立，穆沙拉夫曾在 2007 年将其解职、软禁，一度在全国各地引发抗议。
[2] 巴基斯坦影响力最大的英语日报之一。

斯林的祈祷日，料想红色清真寺会比较忙乱，所以我并没有着急拨打那个电话。

第二天上午，我决定先去一趟红色清真寺踩个点，到周边转一转，熟悉一下地形，拍一些空镜。

但让我措手不及的是，由于常年的合作搭档晓喆人在国外，新请的翻译未能及时到位，在酒店门口趴活的司机又听不太懂英文，出租车接上我们之后，竟然堂而皇之地驶到了红色清真寺的大门口。还没等我反应过来，就看到车窗外呼啦一下子围上来许多穿着长袍的年轻人，像看怪物一样向我们投来异样的眼神。

司机倒是很淡定，扭头跟我说："老板，到了。"语气之平静，让我有那么一瞬间怀疑他就是红色清真寺的人，专门在酒店"钓鱼"的。

怎么办？我和阿强面面相觑。本想叫司机开车走人，但车子早已被围住，有人开始用力敲打车窗，示意我们赶紧下车。无奈，我只能硬着头皮开门下车，但却故作镇定，满脸微笑：

"你们好！我们是来自中国的记者。"根据我的采访经验，巴基斯坦人大多对中国有着特殊的好感，料想眼前的这些年轻人也不会例外。

"中国？你们是中国人？"我的一番自我介绍，外加充满善意的笑容，果然令对方冷静了下来。一位略懂英文的男子走上前，打量了一下我们，转而盯着阿强手中的拍摄器材，"你们来这里做什么？"

"我们是凤凰卫视的记者，来这里采访。"趁着对方态度略有和缓，我决定临时改变计划，一步到位地把事情搞大，于是赶紧从包里掏出一张名片，"这是我的名片。我们想采访加齐先生，不知道他今天是否有空。"

对方接过名片，端详起来，然后递给身边一位貌似级别较高的男子，小声嘀咕了一阵。末了，他冲我招招手："跟我来！"

我估摸对方就是传说中那些闹事的宗教学校学生，虽有些忐忑，但也只能跟着走，心里不停地盘算：万一对方扣留我们怎么办？该找机会逃生，还是该配合对方争取信任？短短数十米的路，我把过去在战地培训课程上学到的技巧快速复习了一遍。突然想起一位来自英国海军陆战队的导师所传授的经验：如果你是在伊拉克被绑架，一定要冷静，因为对方多数是要赎金；如果你是在阿富汗遭劫持，那你还是找机会跑吧，对方要的就是你的命。

可现在是在巴基斯坦啊，这可咋办？我毫无头绪，只能保持冷静，以不变应万变。

"早知道就不该来这里。"阿强在一旁小声地自言自语，有些慌张，但同时也不忘打开镜头，拍下我们被"带走"的过程。

穿过一道红色的铁门，对方把我们带到一个院子，示意我们稍等，他们去请示加齐。我倒也不客气，找了张椅子坐下。一抬头，却发现阿强抱着摄像机站在门口，不愿进来。

"说好了，等一下如果有事，我们各走各的，我自己跑。"他严肃地看着我。说实话，当时听着有些心寒。但转念一想，他也没错。记者这个头衔，对有的人来说无比崇高，甘愿为之冒险；但对其他很多人——尤其是幕后工作者来说，只是一份普通的工作，犯不着为此丢了性命。阿强只是个摄像，能跟我来红色清真寺已经很够意思了，不能要求他付出更多。

等了大约十分钟，一名男子出来通报："可以进去了，采访没问题，但你们只有十分钟。"

既然对方答应接受采访，我们也就暂时安全了。我长舒一口气，招呼阿强进来，跟着那名男子走进了清真寺的办公楼。

三

在一间并不宽敞的办公室，我们见到了传说中的加齐。

一顶红色的小毡帽，帽檐下露着些许卷曲的头发，灰白色的络腮胡覆盖了整个鬓角和下巴，高挺的鼻梁上架了一副无框眼镜，配上一身白色长袍，颇有些知识分子的儒雅气质。

早就听说加齐受过高等教育，和他那位从未上过大学的哥哥相比，更有风度。但亲眼见到时，还是觉得有些愕然：怎么那位煽动信众打砸抢烧的极端组织领袖，竟如此斯文？

"你好，加齐先生。"

"你好！来自中国的记者，欢迎来到巴基斯坦。"加齐用流利的英文回复我，微笑着和我握了握手。

加齐的一生充满传奇。虽然贵为大教长阿卜杜拉之子，他早年却并不打算接受伊斯兰式的教育，更不打算子承父业，而是希望能过上世俗社会的自由生活。在伊斯兰堡完成大学学业，拿到国际关系硕士学位之后，加齐便到巴基斯坦教育部做起了公务员，同时也在联合国教科文组织工作。

但1998年，父亲遇刺身亡一事彻底改变了加齐的人生观，令他决定和哥哥阿齐兹一起入主红色清真寺，投身宗教事务。在兄弟二人的领导下，红色清真寺开始不断挑战巴基斯坦政府，尤其对政府的反恐政策进行了猛烈抨击。当军方武力镇压亲塔利班部落之际，加齐却以红色清真寺的名义下令，授予遇难的亲塔利班武装分子"烈士"称号。一系列根深蒂固的矛盾，令红色清真寺与穆沙拉夫政权彻底决裂。

"最近外界都很关注红色清真寺。你号召你的手下发起了一系列暴力运动，例如烧毁音像店，绑架平民甚至警察，为什么这么做？"只有十分钟的采访时间，我只能单刀直入。

"因为你知道，在巴基斯坦，现行机制只是服务于精英阶层和特权阶层，只有这些人才能从中获益，其他大多数民众都处于被剥削的状态，他们甚至没有足够的生活物资。

"所以我们可以看到，巴基斯坦的世俗化机制已经失效，现在到了取消这些机制的时候了，应该用伊斯兰式的制度来取代。因为只有伊斯兰教教义规定，一切应以民众福祉为依归。"

在加齐看来，世俗化是巴基斯坦一切社会问题产生的根源。以伊斯兰教宗教戒律为基础进行社会改造，才是正道。正是为了达到这一目的，红色清真寺采取了暴力方式，发起了一系列所谓整风运动，对一切偏离宗教要求的行为做出强行纠正。

"绑架只不过是一种回应，一种很温和的回应。而且这不是我们的初衷，不是我们喜欢这么做，我们只是被迫做出这样的反应而已。关键是要废除现行机制，在巴基斯坦建立伊斯兰体制。"

"很温和的回应"。加齐在说这些话的时候，脸上露出了不以为意的笑容。显然，这位号令四方的极端组织领袖对自己一手造成的乱局颇为得意。

"你知道，今年巴基斯坦要举行总统大选，穆沙拉夫有意参选，但却备受质疑。有人说，红色清真寺是在和穆沙拉夫演戏，为的是转移公众的注意力，减少人们对穆沙拉夫参选资格的质疑？"尽管我个人认为，这种猜测的可能性不大，但还是希望看一下加齐的反应。

"为什么他要和我演戏？我的意思是，他已经麻烦缠身了，怎么可能再制造另一个麻烦呢？不，这不是演戏。我们正在做我们想做的事情。"加齐盯着我，笑着摇了摇头。

环顾四周，加齐的办公室有些简陋。两三张办公桌，一台笨重的旧式电脑。没什么书，也没什么装饰性摆设。室内没有开灯，阳光从窗外照射进来，落在加齐的办公桌前。天花板上的吊扇不紧不慢地旋转着，带来丝丝凉意。

之前听说，红色清真寺藏匿了大批武器装备和遭巴基斯坦政府通缉的极端分子，但我在有限的视野内，并没有发现任何端倪。加齐身边，除了一两位助理模样的人士之外，甚至见不到安保人员。只是，办公室正对大门的那面墙壁，镶嵌着一块窄长的木板门，不知是普通的储物柜，还是逃生的通道。

"每个人都有自由表达意见的权利。如果我有自己的观点，如果我有自己的追求，我就应该有权利去实现我的这些想法。"他摊开双手，继续阐述。

话是没错，但显然，加齐高估了红色清真寺和他自己的影响力，同时又低估了巴基斯坦政府决意铲除国内极端势力的决心。毕竟，世俗化改革早已被巴基斯坦人广泛认可，塔利班式的价值观并无多大的认受性。而依靠政变上台、靠铁腕维系统治、靠反恐赢得国际支持的穆沙拉夫将军，又岂能容忍"红色清真寺"在他眼皮底下放肆？

十分钟太短，我和加齐的对话还没来得及深入展开，就被迫结束。遗憾自然有，但能够采访到他，也算是不虚此行了。

四

2007年6月23日，从巴基斯坦回到中国香港一个多月后的这个下午，我正在凤凰总部忙着做香港回归十周年的特别节目，突然收到中国驻巴基斯坦大使馆工作人员的电话，向我要加齐的手机号码。

原来，就在当天凌晨，红色清真寺的30多名宗教学生袭击了当地一家中医按摩诊所，以从事色情活动为由绑架了九人，其中包括六女一男七个中国人。使馆想联络加齐进行协商，故来电询问联络方式。

由于中巴两国长期建立起来的盟友关系，巴基斯坦人对中国人一直较为友好。尤其在首都伊斯兰堡，中国人不论是投资经商，还是日常生活，都会得到当地民众的特殊关照。因此，事件发生之后，在两国都引起了强烈震惊。

我不知道自己提供的手机号码有没有帮上忙，但很快，被绑架的中国人就获释了。不过，加齐在事后接受媒体访问时，仍做出了强硬表态：

"外国人来巴基斯坦，竟然以按摩为掩饰，诱惑我们的年轻人从事性交易，实在是无法容忍。即使是单纯的按摩，由女性为男性提供这样的服务，也是违背伊斯兰教义的！"

这一事件令"红色清真寺"与巴基斯坦政府的矛盾进一步激化，也促使穆沙拉夫下定决心，用军事手段解决问题。

6月27日，巴基斯坦政府派出600多名军警到红色清真寺周围驻扎，对清真寺人员进行监控。

6月29日，穆沙拉夫公开表示，根据已掌握的情报，与基地组织有关的一个伊斯兰激进派别的多名自杀式袭击者藏匿在红色清真寺内。外界揣测，穆沙拉夫此番表态，意味着即将对清真寺采取行动。

7月3日，红色清真寺150多名学生手持AK-47步枪，突袭驻守在清真寺附近的安全部队，双方在大街上展开激烈枪战，巴政府随即增派大批军警。

7月4日，当局宣布对红色清真寺所在区域实行宵禁，并发出劝降通牒，称投降者可获得金钱和受教育机会的奖励，其中妇孺更可获得额外的安全保护。随后，清真寺大批教士和学生宣布投降，但也有很多人选择抗争到底。当晚，清真寺最高领导人、加齐的哥哥阿齐兹试图男扮女装摸黑逃跑，遭军方抓获。他随后声称，有"朋友"暗中向清真寺提供武器，煽动抵抗，但他并未透露所谓"朋友"的真实身份。

7月6日，带领数百名宗教学生、挟持大批妇女儿童在寺内负隅顽抗的加齐透过电话对外宣称，他要和政府"谈条件"，否则将发动自杀式袭击。巴政府派出一些宗教领袖和政治人物与加齐谈判，促其投降。

7月9日，西北城市白沙瓦传来悲剧。当地四名中国工人遭到袭击，三死一伤。外界怀疑，那是红色清真寺的盟友采取的报复行动，旨在向政府施压。

7月10日凌晨，代表政府与加齐谈判的巴基斯坦前总理侯赛因宣告谈判破裂。巴基斯坦军方随即发起代号为"沉默行动"的军事行动，兵分三路强攻红色清真寺，冲突导致100多人死亡，其中包括84名武装分子和14位平民。

最后关头，藏匿在寺内地下通道的加齐致电当地一家电视台，通过一个现场直播的新闻节目，控诉政府欺骗了他：

"我十二万分真诚地恳请你们，一定要把我的话转达给世人，要让世人知道，政府是如何把我逼入绝境的。事实的真相就是，在今天凌晨的谈判中，他们一再向我施压，威胁我要强攻清真寺。所以我告诉他们，不要用这种方式跟我谈，不要以为事情已经尘埃落定……"

"大家都以为谈判很顺利，政府也已经答应了你的请求，会在事后送你回家，确保你能和你的母亲、你的妻子团聚，但为什么事情会变成现在这个样子？"节目主持人追问加齐。

"听着，他们在欺骗我！他们已经用这种方式欺骗了很多人，他们用和平的名义欺骗了很多部落长老，我分明感受到他们是在欺骗我！他们已经欺骗了那么多圣战者，欺骗了那么多老百姓，他们是不可信的！我的要求是一切都必须透明，但我知道，当我离开清真寺后，他们就会把武器偷偷放在寺内，然后向媒体炫耀……"

说到这里，主持人再次打断加齐，想追问一些别的问题，但加齐干脆挂断了电话，节目中只能听到"嘟嘟嘟"的忙音。

也许，这是加齐一生中最后一个电话。很快，巴基斯坦军方就宣布，局面基本受控，加齐因拒绝投降，在地道顽抗时遭到击毙。

五

然而，红色清真寺事件的平息并不意味着巴基斯坦的安宁。事实上，随着世俗化理念在巴基斯坦的生根发芽，与之截然对立的伊斯兰极端思潮也已经迅速蔓延，红色清真寺事件不过是其中一个较为典型的个案。在这股思潮的影响下，巴基斯坦的种族矛盾和宗教冲突也日趋严峻。

早在2007年5月初，巴基斯坦西北部恰尔萨达地区的几座基督教堂和几个基督徒家庭就先后收到匿名恐吓信，要求他们改信伊斯兰教，否则将遭到报复。事件在巴基斯坦非穆斯林地区引发极大恐慌。

"很担心，真的很担心。虽然现在看来，这里还算安全，保安也比较严密，但是我们还是很担心，因为不知道什么时候，他们就可能对我们发动恐怖袭击，例如自杀式炸弹袭击……没有人知道他们会做些什么，他们可以在任何时刻制造可怕的事情……"

28岁的哈桑，一位架着眼镜、文质彬彬的天主教徒，在伊斯兰堡郊区一座天主教堂的后花园接受我的采访时，显得忧心忡忡。他的身后，30多位教友正在为自己和教堂的安危祈祷。

"作为少数非穆斯林的一员，我在日常生活中经常受到歧视，不像其他穆斯林那样有那么多机会，包括学习和工作的机会。例如找工作的时候，我们这些非穆斯林必须有其他人推荐，否则就很难获得好的工作机会。

"如果有可能，我会选择离开巴基斯坦。这里对我们非穆斯林来说，麻烦太多了。我希望能去欧洲，那里有很多天主教堂和教友，我觉得在那里会自在一些……"

"这是你个人的想法？还是说，其他教友也有这样的顾虑？"我问哈桑。

"我知道大多数教友都面临着类似的问题和麻烦，他们和我一样，都希望能离开这里。"哈桑不假思索地回答。

彼时的巴基斯坦，在非穆斯林社区拍摄、采访很容易招惹不必要的关注和麻烦，所以我们不敢久留，也无法充分调查哈桑所言在巴基斯坦是否具有普遍性。但确实，在当时巴基斯坦约1.6亿人口中，穆斯林占了95%～98%，其他信仰基督教、印度教、锡克教等少数教派的非穆斯林民众只有2%～5%，他们只能低调而谨慎地生活在自己的社区。在极端势力日趋蔓延的威胁下，他们所承受的压力可想而知。

其实，这种来自极端宗教人士的威胁，我自己也曾经历过。

那是在采访完加齐后不久的一天，午后时分，我和晓喆出门溜达，迎面驶来一辆出租车。司机是一位30多岁模样的男子，他探出头，大声问我们是否打车："Taxi？"

晓喆摆了摆手，用乌尔都语回绝了他。没想到对方骂骂咧咧地掉转车头，提高音量，带着愤怒的表情扔下一句什么话，然后一个加速扬长而去。

"他说什么？"这是我在巴基斯坦第一次遭受陌生人的恶意，感到很好奇。

"他说我们是异教徒，在骂我们呢！"晓喆也怒了，"现在这种人越来越多，可横了。"

六

红色清真寺事件和同期发生的一系列宗教冲突都彰显出，巴基斯坦的极端主义思潮在2007年前后已经发展到了相当严重的程度。西方国家普遍认为，遍布巴基斯坦乃至整个伊斯兰世界的伊斯兰宗教学校（Madrasa），是这股思潮得以在巴基斯坦生根发芽的重要温床。

Madrasa一词在阿拉伯语中泛指"学校"或"教育机构"，不仅教学生宗教课，也教其他世俗的课程。但由于Madrasa不论是资金来源、办学理念，还是教学内容、教学目的，都与伊斯兰教密切相关，因此，外界逐渐以"伊斯兰宗教学校"来解释Madrasa。

有关宗教学校的起源，学术界仍存在不少争议[1]。但存在广泛共识的一点是，在近千年的历史中，宗教学校一直是阿拉伯世界主要的教育机构，在传播伊斯兰宗教知识与文化方面发挥了不可替代的作用。巴基斯坦也不例外。

根据巴基斯坦政府的统计，自巴基斯坦建国以来，其宗教学校的数量一直处于逐年增长的态势。1950年，全国宗教学校仅210所，到1960年增至472所，1971年则达到954所。1971—1977年间，先后出任巴基斯坦总统和总理的阿里·布托，虽代表世俗政党，但因政权根基不稳，只能刻意拉拢宗教势力维护统治，宗教学校得以继续发展。1977年齐亚·哈克将军发动政变上台后，更是大力推行伊斯兰化政策，宗教学校数量迅速增加。1979年，巴基斯坦共有宗教学校1745所，到1988年齐亚·哈克政权寿终正寝时，宗教学校数量达2891所。

1988—1999年间，贝·布托和谢里夫先后出任巴基斯坦总理。尽管作为世俗政党的代表，两人都试图控制宗教学校的膨胀，但在巴基斯坦军方的支持下，宗教学校的发展势头仍有增无减。2000年，巴基斯坦教育部保守估计，全国宗教学校数量已达6741所。

在1999—2008年间，穆沙拉夫因应国际社会的反恐需要，也曾对宗教学校实施了一定的限制措施，但此时的宗教学校，已经形成了一定的规模体系和巨大的发展惯性；而在巴基斯坦公立教育发展滞后的情况下，宗教学校又能提供免费教学，因此，不少贫困家庭仍以宗教学校作为首选；再加上个别国家出于自身的战略考量，向巴基斯坦宗教学校提供了不同程度的财政支持，因此，巴基斯坦宗教学校在进入21世纪后，仍不断增长。2003年，宗教学校数量突破一万大关，达到10430所。2007年，巴基斯坦政府的统计显示，宗教学校已增至13500所，而

---

[1] 其中比较主流的观点认为，宗教学校最早源自 11 世纪的伊拉克。

国际危机组织当年的估计是两万所。有学者甚至认为，早在2003年之前，巴基斯坦宗教学校就已经达到了约五万所。具体数字，迄今仍有很大争议[1]。

至于宗教学校的学生数量，同样没有定论。国际危机组织的调查认为，早在2002年，就有至少150万巴基斯坦学生只在宗教学校接受教育。美国学者罗伯特·威尔逊也认为，截至2003年，巴基斯坦宗教学校的学生数量有一两百万。

在卡拉奇，一位当地的中间人曾带我参观了一所宗教学校。学校位于一间清真寺内，主要招收小学年龄段的孩子。抵达时，我们看到三四十个孩子正席地而坐，摇头晃脑地背诵着课文，大厅内书声琅琅。尽管从表面看并无异样，在旁督课的一位教士也一口咬定，称这里只是学校，和极端组织并无瓜葛，但闲聊中，一个名叫瑟郎的孩子的话，却还是让我们心存疑虑。

"你在做什么？"

"背诵课文。"

"那是什么课本？"

"《古兰经》。"

"你在学校学到了什么？"

"老师教我们祈祷，教我们怎样为民族、为信仰牺牲自己。"

因年龄太小，瑟郎与我们的谈话并不多，但一句"为民族、为信仰牺牲自己"，却足以带给我们震撼。实际上，外界对巴基斯坦宗教学校诟病最多的，正是其煽动种族仇恨、宣扬极端情绪，为恐怖主义的蔓延和恐怖势力的增长埋下祸根，同时怀疑部分学校与恐怖组织有直接往来。

诚然，很多巴基斯坦宗教学校都是安分守己的教育机构，着力于宗

---

[1] 2015 年 7 月，巴基斯坦非政府组织 HIVE 发表研究报告，称巴基斯坦宗教学校数量已经超过 3.5 万所。

教知识和文化的传承，以及部分世俗课程的教授，但种种迹象显示，也有相当一部分宗教学校与恐怖主义存在密切关联。2004年，巴基斯坦内政部官员就曾透露，巴基斯坦宗教学校中，有大约一成与国际恐怖组织有关。

巴基斯坦宗教学校与恐怖主义和极端主义的关系，源自其长年信奉的萨拉菲主义[1]，以及由其衍生出来的反"异端"、反世俗、反政府、反西方等基本理念。

一方面，巴基斯坦教派林立，除了逊尼派和什叶派这两大教派之外，还有不少分别从属于这两大教派的支流派系。这些派别观点各异，且往往视自己为正宗流派，视他者为"异端"。经由各自管辖的宗教学校，这些派别将理念的差异和信仰的对立代代传承，导致派别之间关系恶化，进而演变成极端的教派冲突和恐怖袭击。以逊尼派德奥班迪学派和什叶派之间的冲突为例，仅在2001年，就有270人在武斗中丧生。更有一些宗教学校领导人，因常常发表攻击其他教派的激进言论，而成为袭击目标。

另一方面，巴基斯坦宗教学校——不论其属于哪个宗教流派，大多反对一些世俗的价值理念，因而在男女平等、战争与和平等许多重大的社会问题上表现得十分偏激。例如由巴基斯坦学者塔立克在2003年做的一份调查就显示，有超过77%的宗教学校学生反对男女平等；73%～82%的学生反对给予伊斯兰阿玛迪派（Ahmadis）、印度教徒和基督徒平等的权利；近60%的学生主张通过暴力方式收回印控克什米尔部分，只有33.8%的学生持和平立场。2004年10月，穆沙拉夫曾要求巴基斯坦伊斯兰教法委员会颁布法令，规定自杀式袭击不符合伊斯兰教义，但却遭到拒绝。

---

[1] 萨拉菲本意"祖先"，萨拉菲主义主张遵循原始的伊斯兰教义，实行伊斯兰教法，是一种极端保守的宗教激进主义。

对于世俗理念和普世价值的抵触，也就自然催生了宗教学校对世俗政府和西方国家的反感。尤其在穆沙拉夫上台后，因其推行一系列世俗化改革，在反恐问题上迎合美国的战略需求，宗教学校的反政府和反西方倾向进一步加深。

正是反"异端"、反世俗、反政府和反西方等极端思潮的传承、蔓延，令部分宗教学校逐渐走向极端，并与国内外的伊斯兰恐怖组织建立起了联系。一方面，这些恐怖组织为宗教学校提供资金支持；另一方面，宗教学校为这些恐怖组织输送"圣战"分子——不仅在巴基斯坦国内，甚至远赴国外参与"圣战"。2005年7月发动伦敦地铁大爆炸[1]的恐怖分子中，就有三人毕业于巴基斯坦宗教学校。

尽管如此，早期的宗教学校并未引起国际社会的担心。20世纪80年代苏联入侵阿富汗期间，美国甚至与巴基斯坦军方合作，提供大量资金和武器，培训和运送圣战者赴阿富汗打击苏军。根据美国《华盛顿邮报》在2002年的一篇报道，美国国际开发署当年还曾斥资5100万美元，授权内布拉斯加大学奥马哈分校阿富汗研究中心专门编写和出版教材，极力宣扬"任何穆斯林都有职责参与圣战"的思想。1984—1994年间，至少有1300万册此类教材在阿富汗难民营和巴基斯坦宗教学校免费分发。因此，巴基斯坦宗教学校的政治化、军事化和极端化，除了源自其信奉的极端理念之外，也与美国的支持密切相关。

但"九一一"事件彻底改变了国际社会，尤其是以美国为代表的西方国家对宗教学校的看法。宗教学校被普遍认为与恐怖主义存在某种关联，是宣扬极端主义和宗教激进主义的场所，也是反美、反西方恐怖分子聚集的窝点。2004年7月，美国"九一一"事件调查委员会公布的报告更明确把宗教学校称为"暴力恐怖主义的孵化器"。而有着特殊历史

---

[1] 2005年7月7日早高峰时间，伦敦接连发生至少七起爆炸，波及多个地铁站，共造成56人死亡。

和地缘背景的部分巴基斯坦宗教学校，更成为众矢之的。

红色清真寺事件让外界再度意识到巴基斯坦宗教学校的潜在威胁。实际上，红色清真寺辖下的两所宗教学校，就是巴基斯坦极端教士和武装分子的培训基地。以女校为例，学生大多来自与阿富汗接壤的联邦直辖部落地区和西北边境省的亲塔利班部落。在学校的教导下，这些女孩从小就立志成为自杀式炸弹袭击者未来的妻子和母亲。而在扰攘半年多的红色清真寺事件中，宗教学校的男女学生更是冲锋陷阵、打砸抢烧，在一系列暴力行动中扮演了关键角色。

尽管在穆沙拉夫武力镇压这股"红潮"之后，巴基斯坦国内局势一度出现了短暂的稳定，但显然，累积多年且仍在迅速蔓延的极端思潮已经很难彻底遏制。尤其在即将举行总统大选、各党派展开激烈角逐的2007年，巴基斯坦局势更是充满"爆点"。

很快，一件震惊国际社会的刺杀案，令巴基斯坦再度风起云涌。

第三节　贝·布托遇刺之谜

"极端分子自建王国，有个声音对我说：如果你不能应付他们，就交给我们来处理。兄弟姐妹们，为什么我们不能自己应付？为什么我们要看别人眼色行事？

"你们一定能对付这些极端分子！我会带领你们亲自瓦解他们！你们将拯救这个国家！我也将义不容辞！"

2007年12月27日，当地时间下午5点30分左右，巴基斯坦最大的反对党人民党领袖，曾两次出任巴基斯坦总理一职的贝娜齐尔·布托（通常简称"贝·布托"），在巴基斯坦拉瓦尔品第的利亚卡特·巴格公园发表了她的又一次公开演讲。

她穿着紫色长袍，披着白色头巾，戴着一副黑框眼镜。站在一张墨绿色的台前，她透过一支麦克风声嘶力竭地呐喊，说到激动处时而振臂高呼，时而双手拍案，头巾不时滑落下来。

两个多月前，头顶"腐败及滥用职权"罪名的贝·布托获得特赦，得以结束八年的流亡生涯，回到祖国。作为巴基斯坦最具影响力的女强人，她矢志带领人民党，在即将于1月举行的国会大选中从穆沙拉夫领导的执政党手中夺回政权。

演讲结束后，贝·布托微笑着、从容地向支持者挥了挥手，然后缓缓登上那辆由她自掏腰包购买的防弹车。狂热的人群簇拥着车子，不断高呼她的名字。她从天窗探出身来，向支持者挥手致意。这是她最习以为常的街头动员方式，但也成了她最后的告别动作。

"砰！砰砰砰！"

突如其来的四声枪响，紧接着一声巨大的爆炸，年仅54岁的贝·布托倒在了血泊中，"铁蝴蝶"传奇的一生戛然而止。

一

消息传开，整个巴基斯坦都陷入巨大的震惊、悲痛、混乱与愤怒之中。人们或围在电视机前紧盯新闻，或冲上街头抗议暴行，或干脆到处纵火泄愤。从27日晚间到28日下午，不到24小时的时间，巴基斯坦全国就有17人死于暴力冲突，包括三名警察。其中，贝·布托的家乡信德省骚乱最为严重。

而在宣布贝·布托死讯的拉瓦尔品第综合医院，支持者聚集在大门口，久久不肯离去，有人号啕大哭。

"我说不出话来……我的心已经彻底死了……"

"这不仅是悲伤的一天，这也是巴基斯坦历史上最黑暗的一天！"

"我们成了孤儿！我们被毁了！"

不论外界对贝·布托有怎样的评价，这位前总理的民望有目共睹。

更何况，她是伊斯兰世界首位女总理，是德高望重的老总统阿里·布托的女儿。28年前，阿里·布托惨遭独裁者齐亚·哈克绞刑处死；22年前，她最小的弟弟纳瓦兹·布托在法国疑似遭人毒杀；21年前，她的长弟穆塔扎·布托在卡拉奇遭到谋杀；而贝·布托本人，也在从政期间历经软禁、入狱、流亡之苦。布托家族的悲惨遭遇，令贝·布托遇刺事件更显悲情，也令外界不论是政敌还是盟友，都感到扼腕。

悲愤之余，大家都在追问一个相同的问题：凶手究竟是谁？

国际媒体很快整理出一份具体的嫌犯猜测名单，包括：以基地组织和塔利班为代表的恐怖势力；对贝·布托亲美路线极端仇视、曾扬言要"从肉体上消灭贝·布托"的巴基斯坦统一民族运动党；布托家族的世仇、齐亚·哈克将军的追随者；曾被贝·布托指称威胁杀害她的巴基斯坦情报局局长伊贾兹·沙；包括穆沙拉夫在内的，担心贝·布托抢班夺权的其他政敌。

在这一系列怀疑名单中，基地组织和塔利班无疑最具嫌疑。毕竟，贝·布托一直被视为华盛顿在巴基斯坦最信赖的利益代言人，其反恐主张也一直相当明确，如果由她领导的人民党在大选中获胜，势必会对基地和塔利班在巴基斯坦及阿富汗的行动部署造成更大阻力。实际上，早在贝·布托回国之前，她就曾公开透露收到了一份绝密情报，指出基地和塔利班已经派出四支刺杀小分队潜入巴基斯坦，准备随时向她下手。而在10月18日贝·布托回国后不久，她就已经在卡拉奇遭遇了两起大规模恐怖袭击，差点儿丧命。[1]

正因如此，刺杀事件发生后，舆论一边倒地认为，凶手不外乎某个恐怖组织。而巴基斯坦政府的说法，似乎也印证了外界的猜测。12月28日，事发不到24小时，巴基斯坦内政部发言人奇马就在记者会上宣告破

---

[1] 10月19日凌晨，人民党为欢迎贝·布托回国举行的游行活动遭遇两起炸弹爆炸，导致120多人死亡，320多人受伤。

案，指出是基地组织策划了暗杀行动：

"我们的情报显示，基地领导人马哈苏德策划了事件。就在今天早上，我们截获了马哈苏德的一通电话，他在电话中向他的手下表示祝贺。"

记者会上公布了一份据称是马哈苏德与一位基地分子的通话记录：

萨希布：头儿，你怎么样？

马哈苏德：我很好。

萨希布：祝贺你，我刚刚回来。

马哈苏德：也祝贺你，是我们的人干的吗？

萨希布：是，是我们的人。

马哈苏德：都是谁？

萨希布：萨义德、比拉，还有伊克拉姆拉赫。

马哈苏德：他们三个人做的吗？

萨希布：伊克拉姆拉赫和比拉干的。

马哈苏德：祝贺你们。

萨希布：你在哪里？我想见你。

马哈苏德：我在马克恩[1]，我住在安瓦尔·沙赫家里。

萨希布：好，我这就过去。

马哈苏德：不要告诉别人你的行踪。

萨希布：好的。

马哈苏德：这是一次巨大的胜利。那些勇敢的孩子杀死了她。

萨希布：是的，我会跟你详谈。

马哈苏德：我等着你。祝贺你们，再一次祝贺。

---

[1] 位于巴基斯坦联邦直辖部落地区南部，是南瓦济里斯坦的一个城镇。

萨希布：也祝贺你。

马哈苏德：我能为你们做什么吗？

萨希布：非常感谢。

被巴基斯坦政府点名的马哈苏德，全名贝图拉·马哈苏德，长期盘踞在巴基斯坦西北部与阿富汗接壤的山区，和基地组织及阿富汗塔利班之间关系密切。不过，对于他的真实头衔，外界一直不甚了解。就连奇马也在记者会上误称贝图拉·马哈苏德为"基地领导人"，但实际上，他应当是新成立的"巴基斯坦塔利班运动"的领导人。当然，由于马哈苏德当时的行动据称得到了基地组织的鼎力支持，因此称基地为元凶，倒也符合巴基斯坦当局的逻辑。

从表面上看，这一结论不仅合乎情理，而且有证有据。但奇怪的是，不论是基地还是塔利班都没有按照惯例，在网站上发表声明就事件负责。而在12月29日，马哈苏德本人通过其发言人直接对巴基斯坦政府的指控予以了强烈否认，并强调自己绝对不会对一个女人下手：

"我们族人有自己的习惯，我们不袭击女人……事实上，我们只反对美国，我们不会把巴基斯坦的政治家们当成敌人，贝·布托遇刺案与我们无关。"

实际上，马哈苏德与手下的通话内容，只是巴基斯坦政府单方面提供的文本记录，并无音频为证。而针对巴基斯坦政府的说法，人民党发言人巴巴尔也很快予以了否认，认为这是政府编造的谎言，目的是为了转移视线。他还透露，此前马哈苏德曾经派密使会见过贝·布托，澄清自己并没有策划10月19日发生在卡拉奇的袭击事件。基于此，人民党并不相信政府对马哈苏德的指控。

就在事情变得蹊跷之际，巴基斯坦舆论开始有越来越多的声音把矛头指向穆沙拉夫，怀疑是穆沙拉夫为了防止贝·布托抢班夺权，一手策划了袭击事件。尽管这一指责在当时还缺乏实质的证据，但在"乱"字当头的巴基斯坦社会仍引起了强烈反响，并获得了大批贝·布托支持者的认同。于是，大规模的反政府骚乱迅速席卷整个巴基斯坦。在示威现场，我们听到的最多一句话言简意赅：

"穆沙拉夫是狗！穆沙拉夫是狗！"

二

贝·布托返回巴基斯坦之后，我曾在卡拉奇的一次政治集会上近距离见到过她。但那次采访太仓促，没有对话的机会。此后，我曾通过各种渠道尝试申请对她做一个专访，却不料还没等到回复，便传来她的噩耗。而我的下一次巴基斯坦之行，竟是报道她遇刺的后续。

抵达伊斯兰堡之后，我和摄像师豪仔、技术工程师Gary（加里）稍做休整，便在老搭档晓喆的带领下直接驱车，奔赴西南方向大约10公里开外的拉瓦尔品第。

作为巴基斯坦陆军总部所在地，拉瓦尔品第一直以"巴基斯坦军事重镇"的身份为世人所熟知，身兼陆军总参谋长一职的总统穆沙拉夫的官邸也设在这里。多年来，由于极端组织或明或暗，屡屡向穆沙拉夫展开刺杀行动，拉瓦尔品第一直戒备森严。

而在贝·布托于当地遭到刺杀之后，巴基斯坦政府更进一步加强了这里的安全防卫工作。当我们赶到拉瓦尔品第时，当地局势已经基本恢复了平静，只有马路上被烧焦的轮胎、满地玻璃碎片的银行和大门紧闭的商铺，依稀彰显出被强行掩盖起来的愤怒。

时值严冬，稀薄的阳光无力地覆盖着这座历经动荡的城市，寒冷的空气中弥漫着紧张、不安和疑问。

巴格公园内，贝·布托生前发表最后一次演讲的主席台上，仍挂满了她和人民党的宣传海报。而公园大门口的爆炸现场，则早已被清洗干净。陆续有民众专程到公园悼念，随后三五成群聚在一起低声议论，发泄内心的悲伤和愤怒。

"这是个巨大的损失，不仅是一个党派的损失，更是我们国家的损失……她是位伟大的女性，非常伟大的女性，是个出色的领导人，发生这样的事情，实在让我们难以接受……"

令人感慨的是，28年前，贝·布托的父亲阿里·布托，正是在距离巴格公园不到两公里的一座监狱被齐亚·哈克下令绞死。谁也不承想，28年后，贝·布托会在同一座城市死于非命。

但凶手究竟是谁？巴基斯坦国内外舆论扰攘多时，这一问题仍是个难解之谜。不仅如此，就连贝·布托的直接死因也出现了不同的说法。

事发之后，人民党坚持认为，贝·布托死于枪击。在贝·布托遇刺当天，负责保护贝·布托人身安全、爆炸中受到轻伤的一位保镖，早在27日晚间躺在病床上接受巴基斯坦电视台采访时就明确表示，他"百分之百地肯定，枪击发生在爆炸之前"。随后，一位自称将贝·布托送到医院的人民党高层更进一步描述，"有两颗子弹打在脖子上，还有一颗击中头部"，而且"贝·布托中枪之后就立刻倒了下去"。而贝·布托的女助手、曾负责协助清洗贝·布托遗体的拉赫曼也向记者表示，"贝·布托的头部有明显的子弹伤，我们在给她清洗遗体时，看到了被子弹打伤的地方"。

但令人诧异的是，巴基斯坦内政部发言人奇马在28日举行的新闻发布会上却强调，尽管爆炸前，的确有证据显示有刺客混在人群中向贝·布托开枪，但检方在贝·布托身上并没有找到弹头或炸弹碎片，也没有任何枪伤的痕迹。他宣称，检方经检验后已经断定，贝·布托是在爆炸气浪的冲击下，不慎撞到了汽车零件而意外致死：

"当她试图躲进车内时，遭到爆炸气浪的强力冲击。很不幸的是，左边的一根支杆，就是车顶天窗上的支杆刺中了她，戳穿了她头部的右侧，在她头颅内造成了创伤。"

对于政府的"撞死说"，人民党自然无法接受，认为政府是在为没有提供足够的安全保障寻找借口。于是，围绕贝·布托的直接死因，双方又打起了口水仗，且各执一词，互不相让。

在这种情况下，事发当天负责抢救贝·布托的主治医生穆萨迪克，自然最具发言权。但奇怪的是，在接受媒体采访时，穆萨迪克一直闪烁其词，不愿就相关问题多做说明，甚至连有无枪伤和弹头也拒绝回应，只是含糊地表示"伤口很大，通常是因为受到较大物体的快速撞击之后造成的"。

而当天参与抢救的其他医生，也经由不同的媒体传递出不同的消息。一位医生说，她从贝·布托脖颈后部取出了一颗子弹，这颗子弹损伤了她的脊髓，射进她的脑袋，脊髓受损是贝·布托死亡主因。但另一名医生却说，贝·布托遗体上没有枪伤，她是被爆炸产生的弹片击中身亡。对于政府的"撞死说"，这两位不愿透露姓名的医生都表示不予认同。

那么，贝·布托身上究竟有没有枪伤？换句话说，备受外界质疑的巴基斯坦政府，究竟有没有说谎？而在这一问题上自相矛盾的医生们，又是谁在撒谎？如果有人撒谎，又是谁在指使他们撒谎？

对此，负责抢救贝·布托的拉瓦尔品第综合医院无疑是解开谜团的关键所在。但当我们赶到医院时却被院方主管告知：一切无可奉告。即使我们收起摄像机，表示可以不拍摄，对方也不愿与我们交谈。在医护人员慌张的眼神的提示下，我们环顾四周，这才发现，医院内外早已部署了大批保安和便衣警察，一切异动均在监控之下。

或许是我们中国记者的身份和死缠烂打、软磨硬泡的做法打动了对方，最终，还是有位工作人员鼓起勇气，把我们拉到相对隐蔽的楼梯口，悄悄向我们透露：当天参与抢救工作的医护人员，包括穆萨迪克医生在内，已经全部被勒令休假。

在这位不愿透露姓名的"线人"的指点下，我们转赴穆萨迪克就职的另一家医院。但不出我们所料，穆萨迪克的办公室大门紧锁。他的秘书，一位身穿黄夹克、架着金边眼镜的中年男子拒绝接受采访，并向我们坦言，自从政府发表贝·布托是被撞死的说法之后，穆萨迪克就一直没有上班，手机也长期处于关机的状态。

无奈之下，我们只能再次回到拉瓦尔品第综合医院打探消息，却不料有了意外收获：一位不愿意面对镜头的医生透露，根据医院方面内部发布的医疗报告和他当天亲眼所见，贝·布托的右脑有一个5厘米乘以3厘米、形状不规则的伤口。以他多年的行医经验来看，贝·布托遭受枪击的可能性较大，政府的"撞死说"缺乏理据。

采访期间，我们还听到了另外一种更让人震惊的说法：贝·布托抢救无效之后，巴基斯坦政府曾秘密派人到医院，对贝·布托遗体上的枪击伤口进行缝合、遮盖，试图毁灭她遭人枪击致死的证据。

尽管最后一种说法有些夸张，而且缺乏理据，但从医护人员被勒令集体休假，到主治医生四处躲避媒体，再到消息人士对贝·布托伤口的描述，种种迹象似乎都显示，政府若不是应对无方，就是在刻意隐瞒什么。

借着媒体对巴基斯坦政府越来越多的怀疑，人民党开始公开放话，形容政府的"撞死说"是一番危险的谎言，目的是尽可能推卸责任，甚至有其他更可怕的不可告人的秘密。党内有高层更向媒体报料，称政府曾三次偷偷地修改医疗报告。当然，这也只是人民党的一家之言，我们也无法从院方得到证实。而巴基斯坦政府就对此予以强烈否认，并强调掌握了确实的证据来支持"撞死说"，如果人民党不相信，可以选择开棺验尸的做法。

就在人民党和巴基斯坦政府之间相持不下之际，一段手机视频的公布令事件有了突破性进展。由目击者提供的这段画面虽然没有拍到枪手开枪的动作，但枪声响起之后，贝·布托的白头巾突然掀起，其身体随后向右侧倒下，之后才发生爆炸，显示贝·布托中枪在前，爆炸在后。这段视频很快令巴基斯坦政府陷入被动。

而与此同时，拉瓦尔品第综合医院董事会成员米纳拉哈突然公布了一份长达三页的医学报告和一封公开信。报告描述了贝·布托被送抵医院之后，历时41分钟的抢救过程，其中对伤口的描述部分，和之前那位匿名医生私下告诉我的完全一致，判断是枪击造成。不过公开信中提到"伤口内没有发现异物"，要确认贝·布托体内是否留有弹头或其他爆炸碎片，必须经过尸体解剖，只是"当院方提出这一要求后，当地警察部门不知为何予以了拒绝"。信中还透露，穆萨迪克医生曾对米纳拉哈说，他相信贝·布托死于枪伤，但他担心如果自己不支持政府的观点会遭到报复，因而选择沉默。

尽管最新公布的视频、医学报告和医院公开信都无法翔实说明贝·布托的死因，但显然，巴基斯坦政府在没有进行尸检的情况下仓促得出"撞死说"的结论，有些过于草率。在一片质疑声中，巴基斯坦内政部终于选择在新年第一天——2008年1月1日向外界正式道歉，并表示将等到进一步的调查结果出炉才会就贝·布托死因下最终结论。但在记者会上，内政部发言人奇马所发表的道歉声明低调而含糊，而且避重就轻，急于转移焦点：

"我想……我在之前所说的有关贝·布托的死因……的确不够成熟，但更重要的问题是，谁是杀害她的凶手？那才是关键所在。究竟是谁如此卑劣？我想我们一定要找到凶手。"

三

政府的妥协并没有平息有关贝·布托死因的争执。很快，焦点又回到"凶手是谁"这一最敏感的问题上。

2008年的第一天，刚刚参加完贝·布托葬礼，从卡拉奇返回伊斯兰堡的人民党外务委员会主席贝格在接受我专访时，出人意料地爆出惊人内幕，称贝·布托遇袭，其实是一份长达160页的机密文件所引发的血案，矛头直指政府：

"贝·布托准备揭露政府试图操控大选结果的阴谋。她本来打算在27日晚上公开有关的机密文件，把它转交给预计当晚到访的两位美国国会议员。但是就在此之前，她遭到了暗杀。"

贝格曾多次接受我的采访。每次去巴基斯坦采访政治局势，我都会和他联络。而作为人民党的外务委员会主席，他也乐于发表自己的观点，甚至曾在某个晚上冒着严寒，到我们的街头直播点担任连线嘉宾。或许正是因为这份交情，他才决定把如此爆炸性的猛料首先提供给我们。

几乎与此同时，人民党其他高层也开始集体呛声，向巴基斯坦政府，尤其是穆沙拉夫一手掌控的军队和情报机构提出质疑。有关巴基斯坦政府下令刺杀贝·布托的说法，开始从谨慎的怀疑变成言之凿凿的抨击。人民党地区领导人科萨在接受我采访时就显得格外激动：

"这是千真万确的事实。政府一直隐藏在她身后，他们试图铲除我们的这位民主之光，摧毁巴基斯坦贫苦大众的未来。很明显，他们想杀人灭口。"

对于人民党的指控，外界评价不一。一方面，贝·布托早在10月回国之前就已经和穆沙拉夫达成了分权协议，穆沙拉夫似乎没有必要痛下杀手。而作为美国在巴基斯坦的利益代言人，穆沙拉夫和贝·布托同属亲美派，即使两人存在利益冲突，也不至于在美国人眼皮底下动刀动枪。

但另一方面，贝·布托回国之后，已多次发动反政府游行，并公开呼吁穆沙拉夫下台，穆沙拉夫也两度以"违反紧急状态令"为由软禁贝·布托限制其行动，显示两人远未和解。而撇开其他复杂的变量不谈，贝·布托遇害事件的直接受益者，无疑是穆沙拉夫——在减少一个政治对手的同时，又将成为美国在巴基斯坦唯一的选择。从这一点看，穆沙拉夫下令干掉贝·布托，的确存在一定的可能性。

当然，不论真假，人民党的指控已经令事件出现戏剧性的转变，也把连日来民众对政府的怀疑推向了高潮，反政府示威游行再次遍及巴基斯坦全国各地。

巴基斯坦政府对这一指控予以了坚决的否认，并再度重申，是基地组织策划了这起暗杀行动。巴基斯坦新闻部部长梅蒙在接受我的专访时更进一步强调，他不知道所谓机密文件是否存在，但就算贝·布托真的是在公开机密文件前遇害，那也是纯属巧合，因为恐怖分子完全可以选择在任何时机发动袭击。

与此同时，备受抨击的穆沙拉夫本人也在1月3日举行新闻发布会，以强硬的口吻反驳了人民党的指控：

"回答这个问题降低我的身份，但我仍愿意回答。我出身于一个教养良好的家庭，我接受的教育是民主和宽容，我的价值观里没有杀人这个词。

"这是一起自杀式炸弹袭击事件，但是巴基斯坦的情报机构根本没有能力煽动老百姓去充当人肉炸弹。我不相信政府有任何人能唆使和鼓动他人发动自杀式炸弹袭击。

"在最近三个月，巴基斯坦共发生了19起自杀性恐怖袭击，而绝大多数恐怖袭击都是针对巴基斯坦军队和情报系统的。所以说，我们的军队和情报机构本身就是自杀性恐怖袭击的受害者。"

那么，这份所谓的绝密文件究竟是确有其事，还是人民党为了博得同情，进而赢得国会大选的选举策略？如果属实，为什么人民党要在事发五天之后才公布？归根结底，不论这份绝密文件是否存在，凶手究竟是谁，围绕这些问题，案件的后续调查工作再度成为外界关注的焦点。

但以当时巴基斯坦复杂微妙的政治生态来看，事件的调查谈何容易。尽管巴基斯坦政府此前曾明确表示，自己有能力独立完成调查，不需要借助国际社会的力量，但身为案件的嫌犯，由政府自己和完全被政府掌控的司法部门来调查案件，的确有失公允。在卡拉奇，贝·布托的丈夫扎尔达里曾明确提出，希望由联合国来主持公道。

"人民党已经决定致函联合国，要求由联合国主持调查工作，同时可以寻求英国方面的协助，并知会联合国所有成员国。"

压力之下，穆沙拉夫终于在发表全国电视讲话时做出妥协，表示将邀请英国警方协助调查，在全力破案的同时，也希望能尽快洗刷政府背负的冤屈。但令人民党感到不满的是，穆沙拉夫仍坚持拒绝联合国的介入，而英国警方也只是提供一些辅助性的技术支持，主导调查工作的仍是巴基斯坦政府辖下的调查机构。

四

确切地说，协助巴基斯坦调查案件的，是伦敦警察厅。当时，西方媒体在报道中频频使用"苏格兰场"这一称谓，曾令不少中国受众感到奇怪：怎么巴基斯坦会邀请毫不相干且没啥名气的苏格兰警方来帮忙？实际上，"苏格兰场"是英国人对伦敦警察厅的一个习惯性称呼，已经沿用了近两个世纪。当年，伦敦警察厅总部的一道门正对着一条名为"大苏格兰场"的街道，久而久之，人们就用"苏格兰场"来指代警察厅，与那个名叫苏格兰的地区毫无关系。

2008年1月4日，来自苏格兰场——伦敦警察厅反恐部门的五名工作人员先期抵达伊斯兰堡，拉开了巴英双方联合调查的序幕。

当天，调查人员集中检查了贝·布托遇刺时乘坐的防弹车；第二天，又赶往拉瓦尔品第的爆炸现场调查取证，对巴格公园附近的一些关键路段和制高点做了拍照与测量。在现场，约200名安全人员封锁了相关路段，设置了路障。

但问题是，在刺杀事件发生一个多星期、大量物证已经被破坏的情况下，英国的外援就算经验再丰富、技术再先进，又能有多大的收获？

实际上，爆炸发生几个小时后，事发现场就已经被冲洗干净。所以，不要说后到的英国警方难以调查取证，就连第一时间赶到的巴基斯坦警方恐怕也没有在现场提取到多少实质证据。按照穆沙拉夫3日在记者会上的解释，警方这么做并不是要隐藏或者销毁证据，而是因为当时他们"只想到要清理垃圾、恢复交通"，根本没有保护现场的概念。

更让人无奈的是，事发后，当地警方拒绝了拉瓦尔品第综合医院提出的尸检要求，贝·布托遗体早早入土为安，以至于连贝·布托的直接死因都存在很大争议。如今若要彻底调查事件，势必要开棺验尸，但贝·布托的家人及其支持者，又如何能接受这种为伊斯兰教所不容的做法？

单单这几点，就足以降低外界对英国警方的期望。更何况，英国人只是来帮个忙，主导调查的，是连穆沙拉夫也不得不承认"缺乏经验"的巴基斯坦警方。而在复杂的政治矛盾的影响下，贝·布托的家人和人民党一早就摆出对政府和英国警方不信任、不配合的姿态，只是一味自说自话，凭空断案，从而令英方的调查工作困难重重。

而就在英国警方抵达伊斯兰堡当天，巴基斯坦当地媒体播出了一段爆炸性的视频。画面显示，事发前贝·布托在演讲时，负责照顾贝·布托饮食起居的贴身随从、当时就站在贝·布托左侧位置的哈利德·萨哈恩沙，在自己的喉咙部位做了一个切喉的手势。

人民党负责安全事务的官员哈桑·鲁尼尔认为，这一举动很不正常，很可能是向人群中的恐怖分子发出行动指令的暗号。他进一步透露，根据人民党制定的安全惯例，每次在贝·布托结束活动准备离开时，萨哈恩沙应当是最后一个上车的人。如果坐车的人太多而空间不够，萨哈恩沙还要步行或者乘坐出租车回家。但让人感到可疑的是，贝·布托当天结束演讲后，萨哈恩沙竟然一反常态第一个登上了轿车。因此，哈桑·鲁尼尔认为，萨哈恩沙有可能参与了暗杀行动，即使没有，也极有可能对暗杀行动事先知情，否则这一切根本无法得到合理的解释。

此外，哈桑·鲁尼尔还透露，贝·布托遇害后，萨哈恩沙一直待在贝·布托位于伊斯兰堡的寓所内，整整两天没有公开露面。当人民党在信德省为贝·布托举行葬礼时，萨哈恩沙也同样没有参加，直到贝·布托死后的第三天，萨哈恩沙才前往墓地悼念。人民党高层怀疑萨哈恩沙有鬼，决定报警，但当警方准备传讯萨哈恩沙时，却发现他已经秘密出逃。

这一线索似乎为案件提供了新的调查方向。但同样令人不解的是：既然萨哈恩沙行踪可疑，而人民党又对萨哈恩沙早有怀疑，为什么不及时控制住他，反而让他有足足一个星期的喘息时间，进而从容出逃？人民党如果不是在撒谎，就是太过大意，又或者，对调查者太不信任，以至于错过良机——采访中，哈桑·鲁尼尔希望巴基斯坦警方能尽快找到萨哈恩沙，但也再次强调：不会与英国警方合作。

在上述种种因素的牵制下，外界对调查工作能否取得突破并不乐观。不过，一向对英国警方介入调查心怀芥蒂的巴基斯坦调查小组，倒是在1月7日先发制人，称已经确定发动袭击的只有一名嫌犯，并在现场找到了嫌犯被炸剩的头颅。警方找来医生还原了刺客的容貌，然后把照片刊登在两份全国性报纸上，悬赏1000万卢比[1]征集线索。1月8日，巴

---

[1] 按照当时的汇率，1000 万巴基斯坦卢比可兑换 154700 美元。

方调查小组继续向媒体报料，称已经确定嫌犯来自西北边境省的斯瓦比县，警方已经在当地逮捕了数名涉嫌参与行动的同伙。

另外，英国的专家小组也加快了调查进度。一方面，将搜集到的证据送往伦敦进行化验；另一方面，陆续有新的调查人员从伦敦赶赴伊斯兰堡增援。与此同时，专家小组正式向巴基斯坦政府提出对贝·布托进行尸检的请求。

对于英国调查小组的工作，巴基斯坦政府倒是予以了全力配合——至少从政府发表的各种言论，以及各方的反馈来看，英国人在调查行动中享有充分的自主权。对于尸检的请求，穆沙拉夫也在接受美国《新闻周刊》的专访时再度表示支持，说只要贝·布托家人同意即可。但他也不失时机地反将了人民党一军，说人民党显然不会同意这么做，因为他们知道，尸检的结果将会戳穿他们的谎言。

当然，尸检为的是确定贝·布托具体的死因，和侦缉凶手并无直接联系。1月14日，正当人民党再度呼吁联合国介入调查之际，英国调查小组率先披露了初步的调查结果，称贝·布托的确死于基地组织的暗杀。调查人员解释称，他们的调查依据主要是事发时拍摄的录像、现场遗留的枪支和子弹等。经过连续十天的调查取证，他们得出了上述结论。

而这一结论，与巴基斯坦政府最初的说法完全一致。

紧接着，此前对贝·布托遇刺事件一直三缄其口的美国中央情报局也打破沉默。1月18日，中情局局长海登向《华盛顿邮报》表示：美方掌握的情报显示，正是基地组织，以及巴基斯坦政府之前曾指称的基地盟友贝图拉·马哈苏德，联合策划了暗杀事件。

事件的调查工作突然变得顺利起来。

1月19日，巴基斯坦一名情报官员透露，当局已经在西北边境省的德拉伊斯梅尔汗抓获了一个名叫艾特扎兹·沙阿的15岁少年嫌犯。据沙阿供称，他们在贝图拉·马哈苏德的指示下，组建了一个五人刺杀小组，他本人即是其中一分子。五人中，一个叫比拉的成员负责枪击贝·布托，然后引爆身上的炸弹；另一个叫伊克拉姆拉赫的成员在现场协助比拉。如果比拉和伊克拉姆拉赫袭击失败，沙阿等其他三人将展开第二轮刺杀行动。外界注意到，沙阿的口供与巴基斯坦政府在事发后第二天的解释基本一致，就连他所提到的凶手的名字，也与巴基斯坦内政部最早公布的那个神秘电话中提到的名字一模一样。

当然，所有信息都是由巴基斯坦政府单方面公布。

根据沙阿提供的线索，巴基斯坦警方很快逮捕了数名涉嫌参与刺杀行动的凶手。而英国调查小组也于1月27日启程回国，就采集的证据做最后的化验、分析。2月8日，英国警方正式公布了一份长达70页的调查报告，继早前在凶手身份的判断上与巴基斯坦政府达成一致之后，这次又在没有开棺验尸的情况下，在贝·布托直接死因的问题上站在了穆沙拉夫这边：

"全部证据表明，一名嫌犯首先向贝·布托开枪，然后引爆了简易爆炸装置。爆炸产生的冲击力致使贝·布托头部和汽车的逃生舱口区域发生猛烈撞击，导致严重且致命的头部伤。"

扰攘一个多月后，"铁蝴蝶"遇刺之谜又回到原点。看来，问题的答案早在12月28日，即事发之后的第二天，就由巴基斯坦政府预先公布。而这一答案的最大受益者，显然是急于摆脱干系、证明自己清白的巴基斯坦政府。尽管外界存在诸多质疑，就连巴基斯坦政府也曾承认自己当初的论断太过草率，但结论却并没有改变。这究竟是巧合，还是在缺乏有效证据的情况下，各方妥协的结果，恐怕没有人知道答案。

实际上，自英国专家小组抵达伊斯兰堡，和巴基斯坦警方协作展开调查之后，包括我们在内的国际媒体就很难拓展报道的空间。除了转述巴基斯坦内政部官员提供的信息，以及询问朝野政党对调查进展的评价之外，我们更多的只能是等待。

但由始至终，我个人对当局所谓的调查一直缺乏信任：在事发现场早已被清洗干净，而人民党又拒绝对贝·布托进行尸检的情况下，调查人员如何能有效地确认凶手的身份和贝·布托的直接死因？正如前文所述，在采访初期，我通过各个渠道接触到了大量的信息，这当中有很多都与最终的调查结论相悖。我承认，肯定有一些受访者，尤其是个别憎恨政府的受访者存在夸大事实，甚至捏造事实的情况，但在几经梳理之后，我仍然觉得有充分的理由去质疑那份调查结论。时至此刻，当我结合自己的采访和其他媒体当时的报道再度进行推论之后，这种怀疑更加强烈。

想起人民党外务委员会主席贝格在接受我们采访时所发出的感叹。虽然作为人民党的高层和贝·布托的跟随者，他的观点总是有些偏激，但临近采访结束时所说的这段话倒也算中肯：

"历史告诉我们，类似的暗杀和袭击事件，人们永远不会知道真相，不会知道究竟谁该对事件负责。"

五

贝·布托遇刺事件的真相之所以扑朔迷离，归根结底还是因为事件牵涉到巴基斯坦复杂的政治斗争。

在袭击事件发生之前，巴基斯坦的政治角力通常被简化为穆沙拉夫、贝·布托和另一位前总理谢里夫这三个人之间的较量。其中贝·布托领导的人民党一直被视为反对党的中坚力量，有望赢得原定于1月8日举行的大选；贝·布托昔日政敌谢里夫领导的穆斯林联盟（谢里夫派），同样拥有广泛的群众支持；而由穆沙拉夫领导的执政党领袖派穆斯林联盟虽备受质疑，但仍凭借其对军事和行政资源的垄断享有庞大的影响力。但贝·布托遇袭身亡之后，人民党面临权力真空，选民的民心向背亦出现大幅波动。巴基斯坦的政治博弈结构随之改变，各方都想避免事件对自己造成的负面冲击，进而从中获利。而事件的调查结果，无疑将直接影响自身的民望、大选的结果，以及巴基斯坦未来的政局演变。

也正因如此，随着贝·布托死因之谜的持续延烧，大选能否如期举行，以及是否应该如期举行，成了另一个平行发酵的争执焦点。

袭击事件发生后，谢里夫曾公开表态，称穆斯林联盟（谢里夫派）将抵制大选。与此同时，一直忙于处理贝·布托后事的人民党则对选举事宜保持沉默。外界一度猜测，巴国选情将因此发生逆转，执政党很可能坐收渔翁之利。但12月29日，就在谢里夫南下人民党总部所在地信德省吊唁贝·布托，并与贝·布托丈夫扎尔达里举行秘密会晤之后，情况发生重大转变。

12月30日，人民党突然举行记者会，宣布由扎尔达里及其年仅19岁、仍在牛津大学上学的儿子比拉瓦尔，共同接任人民党党主席的职务。会上，扎尔达里正式表态：人民党将如期参加大选。随后，已经返回伊斯兰堡的谢里夫也改变立场，称穆斯林联盟（谢里夫派）将重新投入选战。

反对党的决定不难理解。贝·布托遇刺事件一方面加剧了老百姓对穆沙拉夫政权的不满；另一方面也使反对党，尤其是人民党获得了空前的同情和支持。若选举能在一周后如期举行，这种情感效应无疑将在很大程度上左右选情，力助反对党推翻穆沙拉夫政权。与此同时，不论是人民党还是穆斯林联盟（谢里夫派）都知道，纵使选情对他们有利，他们也未必能获得单独执政所必需的半数议席。要想变天，双方必须结盟，在选举问题上同进退。

对于执政党领袖派穆斯林联盟及其盟友来说，局面自然是十分不利。要巩固政权，他们必须想办法推迟大选，争取更多的喘息时间，缓解矛盾，化解民意。于是，多名亲政府的政党高层频频放话，称目前的形势不利于大选，选举应当延迟几周，甚至三四个月。围绕选举时间表，朝野双方展开新一轮口水战，互不相让。

为此，负责选举事务的巴基斯坦选举委员会（以下简称选委会）宣布进行紧急内部磋商，以决定是否延期大选。但谁都知道，在穆沙拉夫大权独揽的巴基斯坦，这个标榜独立、公正的机构其实不过是听命于执政者的傀儡。所谓的内部磋商还没结束，选委会秘书长迪拉沙提就四处放风：贝·布托遇刺之后，各地的骚乱严重阻挠、破坏了选举的筹备工作，大选很难如期举行。

"选举设施遭到破坏，整个选举体系都受到干扰，我们必须考虑所有这些因素，要在1月8日举行选举，将非常非常困难。"

绝无嘲讽之意，但迪拉沙提确实是我这次巴基斯坦之行中所遇到的最具喜感的官员。尤其是他那硕大的脑门，几乎占据了整个脸庞的二分之一，再配上梳得整整齐齐、油光发亮的大背头，总让人忍俊不禁。面对镜头，他总是微皱眉头、滔滔不绝，而且语带诚恳，但游移的眼神却往往透露出颇易察觉的狡黠。

1月2日下午，在经过连续三天的闭门磋商之后，选委会终于召开记者会，宣布将大选延后六个星期，至2月18日举行。面对上百家媒体的围追堵截，主持会议的选委会首席专员法鲁克只是照本宣科地念了一下声明，没有回答任何提问。

耐人寻味的是，发给媒体的通稿通篇都是打印文字，唯独最后一句"将大选推迟至2月18日举行"中的"2月18日"是手写字体。显然，选举委员会其实一早就已经决定推迟大选，只是在时间问题上有更多斟酌。

其实，这一结果并不出人意料，但外界不确定的是，之前强烈反对延期选举的反对党，是否会因此抵制大选？一旦反对党抵制，选委会将作何打算？记者会结束后，我找到迪拉沙提，抛出这一问题。如释重负的迪拉沙提斜靠在座椅上，语气轻松了很多，表情也更有戏剧张力：

"哦，不不不！绝对不会有什么人抵制选举！"他摇摇头，摆摆手，"谢里夫先生好不容易有机会回国参选，他不会抵制的。至于那个人民党，他们也一定会参加大选。也许明天你就会看到，各大报刊的头条都写着：人民党决定参选！而且是一边抗议一边参选！哈哈哈！哈哈哈！"说到这里，迪拉沙提突然猛拍了一下大腿，竟然狂笑起来。

就在我错愕之际，办公室的电话响起。迪拉沙提拿起电话，用乌尔都语交谈了一阵儿。坐在一旁的晓喆听了一会儿，不动声色地告诉我，是巴基斯坦政府当时的看守总理苏姆罗打来电话：

"苏姆罗祝贺他和选委会成功解决了难题。这哥们儿刚才回答说：放心，一切都在掌握之中。"

不出迪拉沙提所料，反对派阵营虽然对选委会的决定提出强烈谴责，但都表示不会抵制大选。令迪拉沙没有料到的是，尽管有了六个星期的缓冲期，执政党仍未能化解选民的愤怒和猜疑。在2月18日的国会选举中，人民党一举拿下342个议席中的120席，成为第一大党；穆斯林联盟（谢里夫派）也成功夺得90席；领袖派穆斯林联盟则仅仅获得52席，遭遇惨败。3月9日，人民党和穆斯林联盟（谢里夫派）宣布组建联合政府。3月25日，人民党选派的吉拉尼当选新一任巴基斯坦总理。五个月后，执政联盟成功弹劾了穆沙拉夫，扎尔达里接任总统一职。

客观来说，若贝·布托没有遇刺，巴基斯坦的这场大选鹿死谁手会很难预料。尽管人民党在民调中一直领先，但执政党绝不会甘心坐以待毙，穆沙拉夫及军方势力很可能采取种种措施来改变选情。而贝·布托遇刺，一方面，进一步扩大了人民党和反对派的民意优势；另一方面，则使穆沙拉夫政权忌惮于舆论压力，不敢做太多手脚。从这一意义上来说，贝·布托遇刺事件改变了巴基斯坦的政局走向。

当然，这一改变并没有像贝·布托生前承诺的那样给巴基斯坦人民带来和平与希望。实际上，政权易主，不过是新一轮动荡的开始。很快，人民党与穆斯林联盟（谢里夫派）之间，执政联盟与穆沙拉夫残余势力之间，政府与军方之间，世俗派和极端势力之间，都涌现出新的、层出不穷的问题和矛盾。扎尔达里和谢里夫这两位盟友兼政敌，也再度陷入此消彼长的权力斗争。当然，这是后话，此处不便赘述。

2008年3月15日，选后不到一个月，伊斯兰堡一家备受外国使馆工作人员青睐、名叫Luna Caprese的西餐厅遭遇炸弹袭击，导致至少两人死亡、11人受伤，死伤者中绝大多数都是外国人。我在香港地区得知这一消息时，不由得倒吸一口凉气：三个月前，新年第一天，正在伊斯兰堡采访贝·布托遇袭事件的我和其他两位同事，正是在那里用的晚餐。

更让我心有余悸的事情发生在2008年9月20日，位于伊斯兰堡市中心的万豪酒店遭遇严重的自杀式汽车炸弹袭击，导致53人死亡、266人受伤，酒店建筑几乎全部被毁。由于万豪的网速够快，我此前每次去巴基斯坦采访都会优先选择住在那里，或者去那里传片。爆炸发生时，我在采访中认识的一位前辈、《光明日报》驻当地记者周戎，正在酒店的一家日式餐厅用餐。由于餐厅位于地下，周戎老师躲过一劫。晚上和他通电话，听他形容如何从尘埃、粉屑、气浪和烟雾中爬出废墟，心中难免感慨。

后来，由于在央视的报道版图中，巴基斯坦被划在中东中心站管辖区域，因此自2010年9月加入央视亚太中心站之后，我便再也没有回过巴基斯坦。但这么久以来，每次巴基斯坦发生什么大事，我总会给予特别关注。因为在我心里，那个饱受天灾人祸摧残，在恐怖主义、贪官污吏和大国势力拉扯下向着世俗化、民主化的方向蹒跚前行的南亚大国，已经成了我的第二故乡。

第三章 利比亚

2011年2月中旬，受邻国"阿拉伯之春"浪潮的影响，北非国家利比亚开始爆发大规模的反政府示威活动。反对派的核心诉求是要求统治利比亚长达42年的领导人卡扎菲下台，并推进民主改革。但不出所料，这场最初以和平方式呈现的抗争运动很快遭到卡扎菲政权的武力镇压。反对派遂以东部城市班加西为大本营，建立起自己的临时政权[1]和军事力量，与据守的黎波里和西部地区的政府军展开对峙。

由于利比亚政府对外国媒体采取了严格的限制措施，大批记者被拒之关外，不得入内，再加上"阿拉伯之春"这一话题在国内的讨论氛围较为慎重，报道空间不大，所以在利比亚内乱初期，国内媒体的原创报道相对较少。

当时的我刚加入央视不久，常驻中国香港，隶属亚太中心站。按理说，发生在遥远的利比亚的事儿应该由中东中心站和非洲中心站负责，跟我没什么关系。但那时候，我对台里的区域管理制度了解不多，总觉

---

[1] 2011 年 2 月，利比亚反对派在班加西建立名为"全国过渡委员会"的临时政权，由利比亚前司法部长穆斯塔法 - 贾利勒担任主席。2012 年 8 月，"全国过渡委员会"将政权移交给利比亚国民议会，并宣布解散。

得发生了如此重大的国际事件，每个有抱负的记者都应该争取采访的机会。于是，我和另一位海外雇员蔡淑娴开始私下联络一些国际媒体的同行，研判进入利比亚的路线和可行性。幸运的是，我们的这种"不符合惯例"的做法得到了直属领导——亚太中心站站长高丽萍的支持。

3月10日，我给当时主管新闻的央视副台长孙玉胜发了封邮件，题为"请战利比亚"：

> 孙台：
>
> 您好！我是亚太中心站记者何润锋。
>
> 利比亚内战持续，地区局势日趋复杂。尽管本台记者已经从周边地区发回了很多报道，但我觉得我们有必要直接进入利比亚，零距离报道局势演变。作为央视国际突发事件快速反应部队的成员，我和另一位同事蔡淑娴一直在关注事态发展，并做了大量前期研究工作。
>
> 今晨，美联社同行表示愿意协助我们和利比亚政府联系，帮忙申请签证。据悉，世界各大媒体目前在当地都有记者驻守。利比亚政府也在考虑允许美联社开通SNG[1]信号，方便做现场直播。
>
> 所以，我们请战，去利比亚。
>
> 划时代的历史事件，央视记者不能缺席第一现场。我们还没有向其他部门或领导请示，斗胆直接给您写信，请孙台考虑。
>
> 谢谢！
>
> 何润锋
>
> 2011 年 3 月 10 日

---

[1] Satellite News Gathering，卫星新闻采集的英文简称，工作人员可将现场的信号通过卫星传到电视台，电视台从卫星接收信号播出。

让我始料不及的是，还没等到孙台的回复，日本便发生了堪称"世纪之灾"的"3·11"大地震。于是，我们不得不暂时放下利比亚，直接奔赴日本灾区。好在台里很快同意了我们请战利比亚的诉求，并开始着手安排我们的签证事宜。3月底，从日本灾区撤回中国香港后不久，我和史可为、黄耀祖，以及一位曾经在利比亚工作多年的翻译王洁女士，便踏上了奔赴利比亚的航班。

第一节　在炮火中被软禁的66天

战争初期，外国记者前往利比亚采访只有两种方式：或是经埃及边境进入由反对派控制的东部地区，在反对派相关的管理部门临时注册即可，无须签证；或是持利比亚政府颁发的记者签证，经突尼斯吉尔巴岛进入利比亚西部地区，再到的黎波里接受政府有关部门的统一管理。以前一种方式进入利比亚的记者，大多是为了采访反对派的活动，行动较为自由；而以后一种方式前往利比亚的记者，则必然要受制于政府的管控——包括行动上的监视和言论上的审查。

好不容易从利比亚驻华大使馆拿到签证，我们的任务自然是深入的黎波里。那段时间，班加西的声音经各国媒体的报道已经传遍国际社会，而的黎波里的真实状况却一直鲜为人知。于是，我们在飞抵吉尔巴岛之后，未做任何休整，便由机场直奔利突边境，并在黄昏时分抵达拉斯杰迪尔边境口岸。

本以为手持利比亚政府发布的记者签证能够通行无阻，却不料被驻守在边境关卡的利比亚军方当头泼了盆冷水。我们被告知：所有记者一旦踏足利比亚国土，就必须接受利比亚政府的统一管理，不得私自行动。有关部门会派专车到边境口岸接上记者，再把记者送到的黎波里指定的地点。但专车并非每天都有，基本上两三天才有一趟。我们抵达的时候，恰逢一辆专车刚刚离开。所以，我们必须在边境附近的小旅馆安顿下来，等待下一辆专车的到来。至于要等到什么时候，不知道。

分秒必争的行程，岂能如此浪费时间？于是，我们开始跟那些全副武装的士兵软磨硬泡，希望他们能网开一面，让我们过关，甚至上升到两国关系的层面，试图打动对方。

眼看利比亚大兵无动于衷，我们又翻出一大堆不知道有用没用的联系电话，挨个儿向利比亚驻华大使馆、利比亚政府、中国驻利比亚大使馆和美联路透等媒体同行求助。但忙了一大圈，仍然于事无补。边检站只是复印了我们的身份资料，然后就继续把我们晾在一边。

夜已深，但关口依旧灯火通明、人来人往。战争阴影下，不断有利比亚难民连夜向突尼斯方向逃亡，也有不少挂着利比亚牌照的车辆，满载着面粉和大米等生活物资从突尼斯返回家园。自爆发内乱以来，利比亚物资供应日趋紧张，许多生活在西部地区的民众都被迫到突尼斯购买食品。虽然看不到硝烟，也听不到枪炮声，这个距离的黎波里200多公里的西部关口仍牢牢掌控在政府军手中，但战争的气息却已经弥漫在四周，让人感到莫名的压抑和紧张，也让不得其门而入的我更加焦虑。

翻译王洁早已按捺不住。这位说得一口地道阿拉伯语的北京女孩儿性格有些火暴，说话做事直来直去，从不拐弯抹角。按照她的经验，利比亚人向来欺软怕硬，和他们打交道，态度一定要强硬。眼看那些边检人员拒不妥协，她干脆把我们拉到一边，自个儿走上前，开始连珠炮似的质问对方，而且嗓门越来越大，还伴随着各种气势磅礴的肢体语言，没过多久便脸红脖子粗了。

我怕惹恼对方，小声提醒王洁不要冲动，没想到这位姐姐一边继续开炮，一边安慰我："没事儿，阿拉伯语就这味儿，你听着像吵架，其实我是在跟他们讲道理。"

说来也怪，王洁这么闹腾，对方不仅没有生气，还跟我们说笑起来，语气缓和了许多。也许在他们眼中，盛气凌人的中国姑娘有一种特殊的魅力吧。甚至连一位负责人模样的军官也闻讯赶过来了解情况，随后又指示手下联络的黎波里的政府官员。但无奈，据说是担心我们在过关之后私自行动、擅自采访，的黎波里仍然拒绝我们当晚入境。

从黄昏到子夜，我们饿着肚子，磨破了嘴皮子，仍无法说服对方。筋疲力尽之下，我们几乎准备放弃。但幸运的是，就在那一刻，事情出现了转机。

大约凌晨1点，一位年轻的利比亚男子开着一辆空无一人的中型客车赶抵关口，准备从突尼斯返回利比亚。主动搭讪后，对方表示愿意拉我们去的黎波里，我们立刻兴奋起来，再次敲开边检站的办公室，展开最后的游说工作。或许是被我们的执着打动，抑或是怕了我们的死缠烂打，边检人员的态度开始出现松动。在仔细盘问了那位年轻司机的底细后，边检站再次拨通的黎波里有关部门的电话，请示是否放行。这一请示，又是一个多小时。

终于，经过七个多小时的漫长交涉和等待，在我们的体力和意志都濒临极限之际，"伟大"的卡扎菲政权这次终于"开恩"，答应放我们这些小记者过关，但必须直接前往的黎波里一家叫Rixos的酒店报到。我们欣喜若狂，凭着最后一点儿力气把行李和自己搬上客车，随即在夜色中一路向东，往的黎波里进发。

却不知，这一走，便是66天。

——

Rixos是一家由土耳其人投资的五星级酒店。早在战争爆发前，这里就是利比亚权贵招待宾客、举行宴会的指定场所。战争爆发后，许多亲政府的上流人士就经常在酒店大堂出没、打探消息，有的人干脆在酒店住了下来，其中不乏一些浓妆艳抹、身份神秘的官太太。

当然，Rixos之所以出名，是因为在战争爆发前后的数个月内，这里一直是利比亚政府集中管理和监控外国媒体、发布官方信息的主要场所。到的黎波里采访的记者，无一例外都会被勒令入住这家酒店——当然，住宿费必须自理。尽管这里的房费高达每晚459美元，相当于北京四季酒店当时一间大使套房的价格；餐厅都是自助模式，午餐每人55美元，晚餐70美元，酒水饮料还要另外收费。不论是住宿费还是餐费，都远远超出任何一家媒体的常规出差标准，但为了采访，媒体同行们也只能忍气吞声。

不过，由于来采访的记者太多，酒店内120个房间往往供不应求，所以部分记者会被安排到另一家远离市中心、条件较差的酒店，每天搭乘班车到Rixos和其他记者会合。

经常听一些西方媒体的记者抱怨说Rixos太贵，而且房间太少，但又不想被隔离到另一家酒店，所以只能和别人拼房，有的甚至三四个人挤一个单间。但说来也怪，在我所见证的两个多月时间里，除了国内某纸媒的两位记者曾短暂住在另一家酒店，其他包括央视和凤凰在内的中国媒体，从来没有遇到过类似的问题，而且都是一人住一间，很宽敞。不是凡尔赛，只是隐约觉得，房间的分配问题，多少能折射出利比亚政府当时的对华政策和外交状况。

长期驻扎在酒店媒体办公室的政府官员主要有两人：利比亚新闻部长、政府发言人穆萨·易卜拉欣，以及管理日常工作的阿依莎。易卜拉欣负责掌控大局；阿依莎主要负责记者的入住和签证，以及处理记者们提交的采访申请，给记者安排车辆和随行人员。两人手下有一大批跟班，负责安保、交通、翻译、文书、联络等，各司其职。闲着没事儿的时候，大伙儿都喜欢坐在大堂抽抽烟、喝喝咖啡。至于是否愿意和记者们聊天，就取决于他们的性格、心情和英语程度了。

按照规定，外国记者不得擅自外出。即使获得了易卜拉欣或阿依莎的批准，也必须有新闻官陪同才能走出酒店。平日里最大的出行自由，莫过于到酒店斜对面、距离酒店大门不足百米的一个小卖部买些饮用水或干粮，而且全程都在酒店保安近距离的监控之下。

至于日常的采访工作，不外乎三种形式：

1. 官方在酒店会议厅举行的新闻发布会，通常由外交部副部长卡伊姆或者易卜拉欣主持。

2. 官方组织的外出采访活动，例如在某个地点遭到北约轰炸之后，组织大家一起到现场拍摄，控诉北约暴行。有时候也会带我们到某些城镇参观，号召当地民众发起支持卡扎菲的游行，以此证明卡扎菲政权之稳固。

3. 记者也可以向媒体办公室提出书面申请，罗列自己想拍摄的场地和采访的人物。如果申请获得批准，办公室就会派出1～2名新闻官和一辆媒体用车，陪同记者前往采访。当然，说是陪同，其实不过是监视罢了。

显然，在Rixos酒店，记者的人身自由和采访自由都被严格限制，无异于被软禁的嫌犯。相比之下，记者们自然希望多采用第三种方式，找一些有意义的选题，做一些自己想做的、客观的报道。但众所周知，利比亚政府容不得任何批评的声音。所以，任何敏感的采访提案，尤其是那些可能牵涉到反对派的提案，都无法获得批准。有些看似中立，而且容易被政府操控的话题，例如采访某个家庭、某个商店或某个学校，倒也能够获得通过，但却要等上个五天十天，严重影响大家的采访进度。久而久之，很多媒体都放弃了幻想，除了约采一些重要的利比亚官员之外，都很少再提交书面的采访申请。

但成天在政府的安排和监视下做一些指定动作，很难做出什么好的报道。因此，包括我们在内的许多记者，起初都曾计划悄悄溜出酒店，到的黎波里街头自行采访——对于我们这些习惯了在危险地带活动的记者而言，这种与当权者相抗衡的"躲猫猫"游戏，并不陌生。但遗憾的是，由于我们处于被"集中软禁"的状态，酒店大堂内眼线众多，大门口又有重兵把守，要想突破防线实属不易。我曾先后两次把摄像机藏在背囊，试图以到小卖部买水为由，伺机从小卖部逃出警戒范围，但还没跨出酒店大门，就被敏感的守卫识破。几天后，我还尝试穿过酒店后面的小树林，从后门溜出去，但还没等进入小树林，就被藏匿在角落的士兵赶回了酒店。

后来我们得知，即使我们能成功溜出酒店，也没什么用。因为那时候的黎波里人心惶惶，卡扎菲政权为了防止反对派闹事，在城市的各个角落安插了大量的便衣和全副武装的军警，任何可疑人士都会遭遇"特殊关照"。像我们这种不论样貌着装还是行为方式，辨识度都比较高的外国记者，更是举步维艰。听一位曾经冒过险的同行说，只要在大街上一拿出机器，就会有人走上前来查证、盘问，然后拿出手机与某某部门联系。很快，Rixos就会派出专车把人带回去。情节轻微的，会进行严厉的批评教育；情节严重的，就干脆直接驱逐出境。

对于这些严格的监管机制，有些来自特定国家和地区的记者早已见怪不怪。不过对于那些习惯了我行我素、自由出入的西方记者来说，显然需要一些时间才能适应。一位曾在班加西地区采访过反对派、刚抵达的黎波里没多久的意大利记者就向我抱怨：

"利比亚政府的安排太糟糕了，我觉得他们应该更多地考虑我们的目的，还有我们的要求。他们的管理太强硬太死板，组织也很无序，我觉得在的黎波里很难工作，在其他地方反而容易一些，因为那里的人虽然在战争前线，但对记者却很友善。"

正因如此，驻守在Rixos的各国记者通常只能跟着利比亚政府的节奏，要么在酒店参加新闻发布会，要么跟着新闻官到一些指定地点采访一些指定的人，然后发布一些最新的"官方消息"和"官方声明"。

虽然记者们大多会根据自己的观察，对那些"消息"和"声明"提出质疑，或者援引来自班加西的反对派的声音，对报道进行平衡，但这么做的后果，往往是审查的进一步升级：易卜拉欣和阿依莎在得知媒体的"错误"报道后，会在公开或私下场合对涉事媒体进行严厉的"批评和教育"，责令"反省和改过"，甚至威胁剥夺其所有的采访权利。渐渐地，有些西方媒体干脆采取消极怠工的方式进行抗议：除非是重大事件，否则宁愿在酒店房间待着，也不愿配合利比亚政府的宣传工作。

　　幸运的是，在我驻守的黎波里的66天期间，并没有出现因为报道内容的问题而被"教育"的情况。当然，这绝不是因为我们在替利比亚政府说话——事实上，我自问在报道中一向恪守客观中立的原则，而且对卡扎菲政权的独裁统治、新闻部门粉饰太平的宣传伎俩、反对派的控诉等敏感话题，都做了实事求是的报道。之所以能躲过惩罚，原因其实很简单：

　　首先，利比亚的新闻官不懂中文，无法对我们的报道进行内容审查。远在北京的利比亚驻华大使馆倒是能够向利比亚政府反馈，但兵荒马乱的，两者的联系也未必畅通。其次，基于微妙的两国关系，利比亚政府对中国媒体，尤其是中央级媒体的信任度相对较高。最后，和BBC、CNN等西方媒体相比，中文媒体在利比亚问题上的国际影响力相对较小，本就无须关注太多。

　　正因如此，我们的报道空间要比其他外媒相对大一些。不论是官方的新闻发布会，还是探访遭北约空袭的建筑，我们都积极参与拍摄，保持很高的出勤率。反正最终怎么报道，还是取决于基本的事实，以及我们对事件真相的观察能力，不懂中文的新闻官们也拿我们没办法。有时候，我们还会申请做一些看似中立，甚至亲政府的选题，例如采访一些支持卡扎菲、抗议北约空袭的部落长老和平民百姓，但私下也会通过卫星电话采访那些隐藏在城市角落的反对派成员，尽量在报道中平衡各方声音。

当然，如果我们因为某些不可抗力，被要求减少对卡扎菲政权的批评，那就另当别论了。

有趣的是，在同一屋檐下朝夕相处，再敌对的双方也会接受一定程度的妥协——各国记者与新闻官之间便是如此。记者们会在闲暇时对新闻官保持基本的礼貌，甚至在大堂谈笑风生，顺便打探些线索；而新闻官也会偶尔收起戒备的眼神，尝试给记者们提供一些必要的便利。例如安排高官轮流接受各媒体的专访，组织大家前往战斗最激烈的米苏拉塔近距离观摩战事等。

但若要确保这种互动的持续，往往需要很大的耐性。因为包括我们在内的所有成长于"非伊斯兰"文化体系的记者，永远无法明白那些喜怒无常的阿拉伯新闻官那一刻心情如何、状态怎样。尤其是碰到一些紧急状况的时候，双方似乎总是处于不同的时空维度。例如有时候为了赶一些突发新闻，记者们必须尽快到附近的绿色广场拍点外景，采访些民众。按照事先的约定，碰到这种情况，大家可以跳过书面申请的烦琐程序，直接向办公室提出口头申请，但能否及时得到回复，谁也说不准；即便得到了肯定的答复，我们能否准时出发，也还是说不准。结果，我们总是被无情地晾在一边。

这倒未必是他们有意刁难记者，而是因为他们根本不明白：生活为什么要如此匆忙？实际上，在外人看来，尤其是在我们这些成天和时间赛跑的记者看来，阿拉伯人最让人无法接受的，就是他们淡漠至极的时间观念。多年的采访经验早已让我明白，不能轻易相信和阿拉伯人约定的见面时间，因为对方永远会迟到。驻守Rixos的新闻官们亦是如此。尽管我们每次都是三番五次地强调希望几点之前能出发，而对方也是不断拍拍胸脯向卡扎菲保证没问题，但到点那一刻，他们永远会告诉你：

等会儿，上面还没有安排；等会儿，他们还在联系；等会儿，车子还没回来。最让我崩溃的一个理由是：等会儿，我们先喝杯咖啡再说。

往往等到最后，当我们走出酒店才发现，太阳已经下山了。

到了5月底，随着北约炮火的持续和战事的胶着，的黎波里的石油供应日趋紧张。为了节约用油，办公室大幅减少了组织记者外出的活动，我们单方面提出的一些简单的拍摄要求也很难再得到"恩准"。被软禁的日子，也就更难熬了。

二

3月19日，法国率先派出包括8架"阵风"、12架"幻影2000"在内的20架战机进入利比亚领空。由此，北约部队展开了持续数个月的空袭。从我3月30日抵达利比亚的那一刻起，直至6月4日下午离开利比亚，整整66天的时间，空袭的阴影一直在头顶盘旋。

作为卡扎菲政权的大本营，的黎波里自然遭到了密集轰炸。其中，卡扎菲官邸阿齐齐亚兵营更是主要的袭击目标。尽管自利比亚革命一开始，卡扎菲就离开了阿齐齐亚，消失在公众视线之外，但作为卡扎菲政权曾经的权力枢纽，阿齐齐亚仍具有其他建筑难以比拟的象征意义，因此成为北约发动空袭削弱卡扎菲影响力的不二之选。

偏偏我们居住的Rixos酒店，与阿齐齐亚兵营只隔了一条马路。从酒店正门到兵营入口的行车距离仅约三公里，不到五分钟的车程。每当战机在肉眼无法看清的高度由远而近呼啸着掠过上空，耳边很快就会传来隆隆的轰炸声。还没等我们起身，空袭产生的强大的气浪冲击就会令整座酒店产生地震般的颤抖，酒店后门的庭院也在瞬间飞沙走石。餐桌上的酒杯发出嗡嗡的响声，桌布随风乱摆，门窗也犹如遭遇台风吹袭，哐哐作响，就连大堂内的吊灯也开始不安分地摇晃起来。

为了减小玻璃窗被震裂之后碎片四处飞散的危险，很多同行都在玻璃窗上交叉贴上了黑色胶布。这原本是很多人在家里防范台风的做法，在的黎波里却升级成了战地求生措施。

不过，危险还是会不期而至。5月的某个深夜，随着新一轮轰炸的开始，住在斜对面的同事李刚的房内出现异常动静。过去一打听，才发现他房内浴室的天花板被震裂，一大块水泥掉了下来，直接砸进了浴缸。好在当时没人洗澡，有惊无险。

起初总是担心，北约的战机会不会误炸酒店？毕竟，在人类的战争史上，误炸现象层出不穷。纵使现在的战机已经全面部署了精确制导技术，但技术的故障和人为的因素仍无法排除。更何况，北约的轰炸往往选择在夜间进行，从傍晚六七点至子夜一两点不等，误炸风险似乎更高。

但久而久之，随着轰炸越来越频繁，我们也逐渐习以为常了。几乎每个傍晚，北约战机通常来袭的那段时间，我们都会像赶场一样不约而同地坐到后院，三五成群地围坐在一起，一边吃饭聊天，一边坐等战机的轰鸣由远及近，以及第一声爆炸的响起，有时候还会根据爆炸声的强弱来判断轰炸地点，猜测有没有炸偏。

当然，如果空袭很猛烈，距离很近，我们就会第一时间放下刀叉，拿起身边的摄像机，在爆炸气浪的"助推"下，冲到酒店二楼的平台，寻找爆炸方位，捕捉弥漫的硝烟——因为在被禁止自由行动的情况下，如此具有视觉冲击力的画面对我们来说是极为难得的。有时候爆炸声震耳欲聋，酒店周围火光四射。说不担心那是蒙人，但没办法，还是得坚持站在楼上拍摄，有时候为了追求现场报道的效果，还得背对着火光做些出镜。

事后，很多看过我报道的朋友问我，为什么出镜的时候不穿防弹衣、不戴防弹头盔？其实，去利比亚的时候，台里的确给每人都配备了这些防身装备，但问题是，的黎波里的战斗大多不是普通的巷战，而是杀伤力极大的空袭。在导弹的强力轰炸下，说实话，防弹衣效果有限，顶多能防住一些被炸飞的石块或其他杂物。而且由于太过笨重，穿在身上还会严重影响大家逃生的效率。所以，在抵达的黎波里后不久，防弹衣就被我们塞到了角落，很少动用。不过，若当局组织我们外出采访，我们还是会带一件上路，一来以防万一，二来聊以自慰。

别看那些新闻官平日里毫无时间观念，但一旦有空袭发生，工作效率便会迅速提升。而且不论空袭在什么时候发生，哪怕是夜深人静的子夜，办公室都会立刻组织记者前往事发地点拍摄。一般不出意外，在空袭结束后的30分钟之内，酒店广播就会准时响起易卜拉欣那激昂而愤慨的声音：

"记者朋友们！记者朋友们！北约战机再一次袭击了我们，造成××人死亡、××人受伤。我们会在10分钟后带大家前往遇袭地点拍摄，请大家见证北约的暴行！10分钟之后，请大家在酒店大堂集合，不要迟到！10分钟之后，请大家在酒店大堂集合，不要迟到！"

类似这样的广播会反复播放。话音未落，酒店便会开始骚动。不一会儿，大家就全副武装地出现在大堂，在易卜拉欣的带领下登上媒体专用大巴，赶赴现场。后来，在摸清了媒体办公室的工作规律之后，我们都变得很自觉：晚上绝不轻易上床，空袭一结束，就拎着机器、揣着话筒到大堂等待易卜拉欣的通知。如果广播晚了几分钟，我们还会主动找上门去，问什么时候出发。

印象中动静最大的一次，是5月24日，史可为离开的黎波里的那个晚上。来自北约战机的袭击空前猛烈，不仅持续了大概一个小时，而且爆炸地点大多集中在和酒店相当接近的位置，震到整座酒店都有摇摇欲坠的感觉。几乎所有记者都戴上了头盔，套上了防弹衣，聚集在大堂——尽管谁都认为那不怎么管用，但在那一刻，强烈的不安已经扰乱了我们惯常的逻辑判断，而且谁也不知道接下来，的黎波里街头是否会发生进一步的混乱，我们是否会面临更复杂的环境。人群中，有记者开始讨论，室内和户外哪里比较安全；有记者拨通当地线人的电话，询问酒店外的局势；也有记者直接致电总部，告知安全局势正在迅速恶化，问是否有必要撤退，或强行离开酒店。

在一片嘈杂声中，我也给总部打了电话，汇报了一下情况，以及其他媒体的动向。

"好的，我知道了。我明天向某某主任和某某某主任汇报一下，你把你的情况写个报告发给我。"电话那头冷静地嘱咐了几句，收了线。

也许在很多人看来，这样的采访生活太危险。但实际上，在Rixos酒店采访的每一天，每一位记者，都是如此度过。而且，由于大家被严格限制行动，不得擅自前往战斗前线或街头巷尾自由采访，北约针对的黎波里的空袭不仅是我们客观的报道条件，更成了我们最重要的报道内容之一。

有人说，利比亚政府之所以把外国记者集中软禁在阿齐齐亚附近的Rixos酒店，实际上是为了拿我们做人质，令北约不敢轻易扩大袭击规模。而一旦酒店遭到误炸，进而造成外国记者伤亡，当局也能顺势占据舆论和道德的制高点，控诉西方各国滥杀平民。联想到每次空袭之后，利比亚政府就会忙着组织记者冒着二轮袭击的风险去现场拍摄，似乎也有同样的考虑。坊间更盛传，卡扎菲及其子女其实一直藏匿在Rixos酒店附近某个隐蔽的场所，我们这些削尖了脑袋往的黎波里跑的记者，早已成了老卡家族最有效的人肉盾牌。正因如此，明知道BBC、CNN这样的西方媒体从不说卡扎菲好话，利比亚政府也乐意接纳他们。一句话，外国记者，不过是利比亚政府抗衡北约的一个筹码而已。

这种阴谋论听上去很有道理，但对于我们来说，不过是茶余饭后自嘲的话题罢了。就算一切属实，只要北约的准星不出差错，只要卡扎菲允许我们待在的黎波里，我们就心甘情愿被他们利用，因为这是我们接近现场、挖掘真相的唯一方式。危险自然是免不了的，做好心理准备就可以了。

顺便介绍一下阿齐齐亚兵营。

在阿拉伯语中，"阿齐齐亚"意为"光荣之门"，单从这一名称上便能感觉到阿齐齐亚兵营的特殊地位。早在意大利殖民统治时期，这里便是一处重要的军事基地。二战后，兵营曾被英国短暂接管。到了1951年，利比亚进入伊德里斯王朝时期，时任国王伊德里斯一世对兵营进行了大规模扩建。1969年，卡扎菲发动革命推翻伊德里斯王朝，其后进驻兵营，并逐渐把兵营改造成军事指挥中心、办公地点，以及他和家人的住所。自那时候起，阿齐齐亚兵营便成为卡扎菲政权独一无二的权力枢纽和象征。

1986年，时任美国总统里根以打击国际恐怖主义为由，向利比亚发起军事行动，阿齐齐亚兵营遭到美军导弹攻击。在那场空袭中，卡扎菲躲过一劫，但他未成年的养女却未能幸免于难。[1]

在那之后，尽管卡扎菲搬离了阿齐齐亚兵营，但仍坚持把兵营作为其行政和军事指挥中心，同时下令进一步拓展和加固兵营，并在兵营内外增设了不少导弹防御系统和其他军事设施。而兵营内被美军炸成了废墟的几栋大楼，则被刻意保留下来，成为卡扎菲向民众宣扬反美理念、进行爱国主义教育的重要基地。

截至2011年3月末我们抵达的黎波里采访时，阿齐齐亚兵营的占地面积已经达到6平方公里，兵营四周耸立着约4米高、50厘米厚的浅绿色混凝土围墙。为了防止有狙击手居高临下向兵营内发动攻击，兵营周围方圆几公里都没有高层建筑，因此绵延的高墙颇为显眼。

---

[1] 1986年4月5日，利比亚特工在西德一家迪斯科舞厅制造恐怖袭击，导致三名美军士兵死亡，约260人受伤。4月15日，美军出动150多架战机，对的黎波里、班加西等地进行了18分钟的空袭，造成700多人死伤。

兵营究竟有几个入口，我们不得而知。但在几个主要的入口处，围墙总是显得格外厚实，墙上还配备了传感器、警报器、红外线探测仪等各种安保设备。在正对入口的方向，往往配有一堵独立的护墙，防止自杀式袭击。护墙背后，则部署了各种型号的装甲车，以及大批荷枪实弹、不苟言笑的武装士兵。

每次在利比亚政府的组织下进入兵营拍摄，我们都必须下车接受严格的安检。安检关卡一道又一道，层出不穷。由于记者们身上都携带了各种拍摄器材，加上语言不通，因此安检速度相当缓慢。而在种种安全禁令中最让我们感到不便的，是所有手提电话一律不得携带入内，据说是为了防止"敌人"通过手机信号定位目标，追踪卡扎菲及其他高官的行踪。

兵营内有大片的广场和草坪，其间散布着指挥所、办公楼和住宅楼等多个独立区域，当然还有许多标志性的绿色帐篷。出身游牧民族的卡扎菲对帐篷情有独钟，日常起居和办公，甚至接待外宾都在帐篷内进行，就连每次出访也要带个帐篷在身[1]。兵营内的帐篷大小各异，除了部分是士兵的宿舍之外，据说有不少是卡扎菲专属的"行宫"。个别帐篷的周边，还部署了载有地对空导弹发射架的皮卡，偶尔也能看到骆驼的身影。我们曾多次尝试拍摄这道独特的风景线，但却无一例外地遭到严厉拒绝和警告。虽然美国人的卫星早已将兵营的一草一木观察得清清楚楚，但卡扎菲政权仍不允许媒体曝光兵营内景，与其说这是出于安全考量，倒不如说是为了维护备受炮火攻击的权威和自尊罢了。

战争爆发前，阿齐齐亚兵营是普通百姓的禁区，唯有利比亚的权贵才能进出。但在战争爆发、卡扎菲被迫撤出兵营之后，这里便开始有限度地对公众开放。我们几次进兵营拍摄，都能看到成群结队的人群在镜

---

[1] 例如 2009 年，卡扎菲赴美出席联合国大会期间，便在纽约市郊租借了一片空地，搭建了一座帐篷，用于日常休闲。

头前穿梭。他们当中有男有女，有老有幼，唯一的共性是个个手持卡扎菲画像和绿色的利比亚国旗，兴高采烈地呼喊着支持卡扎菲的口号。我们一把镜头转向他们，就会招来他们排山倒海的欢呼，而且总会有几个穿着长袍、裹着头巾的中老年妇女仰起脖子，发出一种高频率的颤音，尖锐而持久。据说那是阿拉伯妇女特有的一种发声方式，旁人很难掌握。我曾捏着脖子憋了半天，结果完全不得要领。

不知从什么时候开始，在遭到美军空袭的一片废墟旁的广场上，搭起了一个舞台。从白天到深夜，几乎每天24小时不间断地，总有人登台演讲或者唱歌，向卡扎菲表忠心。利比亚国家电视台在舞台周围配了不少专业的灯光和音响，而且设了不少机位，时不时对"演出"盛况进行现场直播。

尽管北约战机隔三岔五就会对兵营进行轰炸，但面对这些手无寸铁的老百姓，自然会有些迟疑。于是，外界普遍相信，兵营内的老百姓，和我们这些外国记者一样，都是卡扎菲为了妨碍北约展开军事行动而精心组织的"人肉盾牌"：一来可以阻挡北约的攻势，二来也可以制造"误炸"的陷阱。

困境之下，卡扎菲政府采取如此毒辣的对策的确存在很大的可能性，但若要说这些老百姓都是被迫的，恐怕也并非事实。不管外界是否愿意相信，经过42年的独裁统治，卡扎菲早已在利比亚培养了一大批忠实的拥趸。当自己每天像神一样崇拜的国家元首突然陷入生死存亡的危急关头，他们当中自然会有人 —— 而且是很多人挺身而出，誓死效忠。和以往单纯的崇拜不同的是，在北约的军事干涉之下，这种牢固的忠君思想又融入了朴素的爱国热情，从而有了更强大的驱动力。

但可悲的是，当这些单纯的老百姓被动员起来，甘愿为他们的领袖做"人肉盾牌"之际，他们当中谁也不知道，卡扎菲究竟去了哪里。

自1986年遭遇美军轰炸而被迫搬离阿齐齐亚兵营之后，卡扎菲一度过起了"神龙见首不见尾"的隐蔽生活，但由于经常要回兵营办公开会，所以偶尔还是会住在兵营。不过这次北约开火后，卡扎菲就彻底躲了起来。至于躲到了哪里，人们说法不一。只是听说，为了确保自己和家人的安全，卡扎菲在的黎波里的城里城外设了很多居住或避难场所，甚至还修建了不少地下通道。

在兵营采访期间，身边到处是看管记者的保安，我们当然无法察觉任何有关地下通道的蛛丝马迹，但相关的传说倒是听了不少。例如地下通道是由原东德的专家承建，能抵御除了核武器之外任何武器的攻击；地道通往的黎波里的多个角落，以便在遇到危险时能有较多的逃生选择；还有一种说法称，就在国际社会纷纷猜测卡扎菲的藏身之处、媒体记者在兵营内四处观望拍摄之际，这位曾经的"草原雄狮"其实一直躲在地道深处。

战争结束后，这些传言大多得到了证实。反对派武装人员事后向外界声称，以阿齐齐亚兵营为中心，卡扎菲在地下修建了四通八达的逃生网络，累计长达30公里，大部分路段都有2米宽、2米高。地道内有办公室，配有电话等通信设施，还储存了大量的食物和饮用水。这样的设计，除了便于卡扎菲及其家人避难、逃生和转移物资之外，还能在关键时刻以最快速度将政府军士兵部署到城中。至于地道的出口，主要有三个：的黎波里国际机场、临近地中海沿岸的绿色广场，以及和我们居住的Rixos酒店毗邻的一座动物园。难怪在北约严密的监视下，我们还是能偶尔在电视上看到卡扎菲突然出现在的黎波里闹市区视察的画面，让人目瞪口呆。

有在战后探访过阿齐齐亚兵营的记者还透露，兵营内几乎每一栋建筑，都有隐蔽的紧急逃生通道，能直接通往散布在各个角落的兵营侧门。

一个叱咤风云、纵横江湖近半个世纪的枭雄，竟然有如此强烈的逃生意识，在生命的最后阶段还过着如此提心吊胆、狡兔三窟的生活，回想起来难免让人感慨。只是，四通八达的地下通道虽然一度让卡扎菲神不知鬼不觉地逃离了的黎波里，但最终还是没能保住他的性命。

三

在Rixos负责"接待"外国媒体的政府工作人员，算上个别临时聘请的司机和翻译，总共有大约30人。每天除了在房间休息和写稿，其余的时间几乎都要在他们眼皮底下度过。66天下来，我虽然无法记住他们所有人的名字，但对于每一张面孔所代表的身份、地位、语言、性格乃至政治倾向，倒也差不多心中有数了。

其中给我留下最深印象的，自然是媒体办公室的两位管家：穆萨·易卜拉欣和阿依莎。

对于穆萨·易卜拉欣，外界不会陌生。战争期间，这位不到40岁、头发稀疏的发言人被卡扎菲委以重任，主管外宣工作，不仅长期主持在Rixos召开的新闻发布会，而且经常带领外国记者到各地走访，因此频频出现在电视屏幕上，几乎成了卡扎菲政权唯一的消息来源。

在两个多月的采访期间，我参加了他所主持的每一场记者会，并曾对他做过两次专访。近距离观察，易卜拉欣总是一身西装，穿着体面，举止儒雅。由于曾在英国留学和生活了15年，念过政治学和媒体学，所以英文相当流利，而且说起话来头头是道。只是言谈中处处维护卡扎菲政权，俨然是一个"忠臣"的角色。尤其是在新闻发布会上，如果有记者对卡扎菲和利比亚政府提出质疑，他就会立刻提高嗓门，用滔滔不绝的排比和华丽的辞藻予以还击。

例如在4月5日深夜举行的记者会上，当有记者毫不忌讳地直接质问易卜拉欣，政府军为什么要滥杀平民时，易卜拉欣就发火了：

"我知道有些记者——个别人就在这个会场内——报道说政府军在

米苏拉塔残杀平民，但我们并没有攻击任何平民！我可以向你们保证！的确，米苏拉塔的老百姓这么说，而且声称他们有证据。但听我说，你们不能光听某些人打电话给你们说受到政府军袭击，就原封不动地报道。我知道有记者在米苏拉塔，包括CNN和BBC的记者，他们说他们看到了。但他们看到什么了？他们看到我们攻击平民了吗？他们没有！也许有人会问：那些拍摄到的画面怎么解释？有孩子被踩蹿了！听着，如果你看到一个孩子的尸体，实际上那有可能是反政府武装干的，为什么你们非要说是政府军做的？这是我要问你们的问题！"

说实话，在记者们被长期软禁、缺乏其他足够信息源的情况下，他那振振有词、抑扬顿挫的演讲的确很有欺骗性，一度让很多记者信以为真。但随着利比亚政府军杀害平民的事实经各国记者、反对派、国际组织乃至政府军自己逐一披露后，易卜拉欣的谎言被一个一个揭穿，他在Rixos的声誉也越来越糟糕。

有记者笑说：他每撒一次谎，就会掉一根头发，难怪头发快没了。

不过，或许是他的成长背景和处事方式与卡扎菲的其他臣子区别太大之故，总感觉他有些言不由衷，心怀鬼胎。例如，平日里他总是喜欢独处，和其他新闻官保持一定的距离。甚至有传闻，他和阿依莎之间有心结，两人曾吵过一架。心情好的时候，他也会和大家闲聊几句，但就偏爱和西方记者扎堆聊天，就连用餐时，也会刻意与西方记者坐在一桌。而每当与中国记者打交道时，就总是一副相敬如宾的应酬模样。在一次接受英国天空电视台的访问时，他毫不掩饰自己对英国的喜爱：

"我在伦敦生活了15年，我知道那里的每一条街道，我知道英国人有多绅士。"

实际上，早年的留学生涯早已使易卜拉欣这位从沙漠部落走出来的利比亚官员习惯了西式的生活，就连他的妻子也是上学期间结识的一位德国人。两人有一个貌似一两岁的儿子，还不会说话走路。平时，妻子和孩子都住在酒店，陪易卜拉欣一起工作。妻子经常坐在酒店大堂，但很少和记者们交流。儿子或躺在母亲怀里，或在地上乱爬，很少哭闹。易卜拉欣经过的时候，总会习惯性地亲吻一下儿子的额头，眼神颇为慈爱。

那时候我和很多同行都有一种感觉，认为易卜拉欣骨子里是亲西方的，只不过由于和卡扎菲来自同一部落，与现政权关系太过密切，再加上一些现实的利益因素，才装出誓死效忠卡扎菲的模样，关键时刻就会露出狐狸尾巴，倒向西方阵营。尤其是眼看着卡扎菲手下的高官一个个变节，这种预感变得越来越强烈。但没想到的是，直至卡扎菲政权倒台的最后一刻，这位受过西方高等教育、言谈举止早已西化的新闻发言人仍一直守护着卡扎菲。直至卡扎菲丧命，他也宁愿亡命天涯，拒绝投降。

现在想来，倒也不怎么奇怪。也许，所有曾经在海外留过学的人多少都会有这样的经验，即当自己身处异乡，或者与外国人相处时，总是特别爱国。如果有"非我族类"敢对自己的祖国出言不逊，就会觉得愤愤不平，进而反唇相讥——哪怕自己内心深处，对祖国也有不少的抱怨和不满。若表述得较为学术化一些，就是当自己生活的环境出现文化上的"他者"时，我们总是会下意识地产生抵触情绪，进而强化自己的身份认同。

易卜拉欣大概也是如此。早年的留学生涯让他对西方和阿拉伯世界的异同多少有所了解，即使他对西方的生活方式心存向往甚至刻意模仿，但当来自西方的观念和价值对抚养他长大的阿拉伯文明产生强烈冲击时，他与生俱来的文化基因就会产生无数倔强的抗体。更何况，作为卡扎菲的同乡和利比亚权贵的宠儿，他对阿拉伯文明的信仰原本就比其他普通人多了许多利益的黏合。

相比之下，易卜拉欣的副手阿依莎更难相处。

阿依莎是个不苟言笑的中年妇女，50岁上下，身高不到160厘米，拖着一条长长的麻花辫，穿着相当朴素。由于不会英文，所以外国记者很少和她直接沟通。但作为媒体办公室的二把手，阿依莎实际上掌管着所有外国记者的采访自由和行程安排。每次在酒店大堂等待采访机会时，我们总是能看见她风尘仆仆的身影，不时穿梭在酒店的各个角落。

印象中，几乎没有见过阿依莎休息的时候。哪怕是坐在酒店大堂喝咖啡，她也是一本正经、神情严肃，或者跟手下交代些什么，或者翻阅一些文件。她声音不大，但语调平稳，铿锵有力，配上充满威逼感的眼神，容不得任何辩驳。

某个礼拜五的中午，我们申请到中国华为公司驻当地的办事处做客。或许是华为名气较大，而且与政府方面有业务合作之故，新闻办罕见地答应了我们的请求，并派一位新闻官开车送我们过去。路上很顺利，只是在途经一个环岛时，有警员截停车子盘问了一阵。好在经过沟通，很快予以放行。

却不料，等我们回到酒店，立刻被阿依莎叫到了办公室。尽管有我们的翻译王洁在场，她还是坚持叫来一位精通英语的手下为她翻译。看她阴沉着脸，我们感觉不妙，但又不知道发生了什么。

"你们刚才是去了那家中国公司吗？去做了什么？"

"是啊，去吃饭，都是中国人。"我感到莫名其妙。

"既然是去做客，为什么要去苏克朱马（Suk El Juma）那里？你们拍了什么吗？"

"哪里？我们去了吗？"我更奇怪了。

"警方已经给我们打过电话了，你们走了×××路，经过了苏克朱马。你们为什么要去那里？如果去那里，为什么不跟我们申请？"阿依莎越说越严厉。

经过两个翻译的来回解释，我终于明白，原来阿依莎口中的苏克朱马，别名星期五市场，就是我们被警察盘问的那个环岛。早前的黎波里反动派发起反政府聚会和游行时，那里曾是一个据点，并曾爆发过小规模冲突。卡扎菲政权控制局势后，那里就成了敏感地带，不允许任何记者拍摄。而我们当时因为找不着路，误打误撞经过了那里，以至于引起了误会。

这倒是一个不错的报道点。我心中暗喜，但嘴上还是不停地解释，说我们根本不知道有这么个地方，路过那里纯属偶然。不料阿依莎根本不听我的解释，眼神瞪着我，矛头却指向了王洁：

"我知道这不关你的事，一切都是你们翻译的主意。我知道她对的黎波里很熟，从她来到这里，就很不安分。她平时对我们的态度也很不友善。你知道，中国和利比亚有着很好的关系，我们对你们前来采访也表示欢迎，但是你们，尤其是你们的翻译，必须遵守我们的规定。过去我们一直在容忍，但是今天，你们的行为让我们很失望。"

阿依莎的话越来越刺耳，她的翻译也跟着提高了嗓门。我静静地听着，脑中飞快地盘算着对策。脾气向来火暴的王洁已经涨红了脸，开始用中文小声地咒骂。我示意她安静，听完阿依莎最后的决定。

"所以，我们决定驱逐你们的翻译王洁小姐，请她立刻回国。至于你们，可以继续留在利比亚采访。"阿依莎说完，做了个手势，让我们做出回应。

此时的王洁早已按捺不住，气鼓鼓地咒骂着阿依莎，说对方摆明了就是针对她，既然要她回去，她就回去，反正这破酒店就是个监狱，她还巴不得早点儿走云云。我本是个急性子，特别不爱受人威胁。但在那种场合，我知道只能顾全大局，否则不仅报道完不成，而且连性命也难保。

"很抱歉，阿依莎。我知道今天的事情让你们感到很不愉快。我刚才已经解释了，这的确是误会。但无论如何，我们今后会避免再次出现这样的误会。至于王洁，我承认她的态度有时候不是很好，但请您相信我，她只是说话的方式有问题，对你们完全没有恶意。我会好好劝她，也请您收回刚才的决定，我们的报道离不开她。"

就在我忙着解释、阿依莎的助手忙着翻译的同时，王洁的鼻子一直在哼哼，哼得我心惊肉跳。但我相信，阿依莎只是在吓唬我们，向我们发出警告，只要我们态度诚恳，她还是会收回驱逐令的。毕竟，对于日趋孤立的卡扎菲政权来说，中国政府已经是他们剩下的为数不多的沟通管道了。若真的驱逐王洁，恐怕会引起国际舆论的关注，对利比亚政府也未必有利。果然，在听完我"诚恳"的道歉后，阿依莎很快改变了主意。

"好吧，这次我们就原谅她，但是，下不为例。"

阿依莎的眼神和语气强硬依旧，只是面色有了些许缓和。我千恩万谢，并承诺会尽快把之后几天的采访计划交给她，让她审阅。终于，在离开办公室之前，她的脸上露出了一丝难得的胜利者的笑容。可我心底，却已经气得濒临爆炸。一回房间，便和王洁一起咒骂了半天"那个老顽固"。

不过，平日不苟言笑的阿依莎也有激情澎湃的时刻。

4月底，我们在阿依莎的带领下前往泰尔胡奈南部的一个部落，参观当地民兵组织的武装训练。面对镜头，那些刚刚接受军事培训的部落年轻人雄赳赳、气昂昂，不停地朝天开枪，炫耀武力，但战斗技巧之生疏，却着实让人汗颜。

其间，有人突然冲上一辆装甲车，扳动一部高射机枪，来了个360度扫射。由于没有调整好高度，子弹几乎是平行飞射，嗖嗖地从记者头顶穿过，吓得我们立刻蹲下身子。有人试图表演肩扛式榴弹炮，但换了几个人，试了几次都未成功。好不容易射了出去，却几乎是贴着地面飞行，在二三十米处爆炸，看得我们心惊肉跳。

但那些业余的战士却玩得不亦乐乎。在打了一轮又一轮的空靶之后，大伙儿开始围在一起，一边朝天开枪，一边高呼口号："真主！卡扎菲！利比亚！真主！卡扎菲！利比亚！"

拍摄的间隙，我突然发现，那个成天板着脸、和众人保持距离的阿依莎，竟然挤在了人群中，随着大家一起又跳又叫，长长的麻花辫在身后有节奏地甩动，脸上绽放出令人难以置信的热情奔放的笑容，让我想起了某些影视剧中充满斗志的革命女战士的模样。

那一刻，竟有些恍惚。

如前所说，传闻这位保守的利比亚妇女干部和举止西化的易卜拉欣一直不和，鲜有交流。在我离开的黎波里后不久，听当地的同行说，阿依莎和易卜拉欣吵了一架，一怒之下，辞职不干了。至于后来去了哪里，是否依然效忠卡扎菲残余势力，就不得而知了。

四

自从我们抵达的黎波里后，利比亚战争就成了央视新闻的主打内容，也成了全国人民茶余饭后津津乐道的话题。借用朋友的话说，几乎每天都能在电视上看到我那张晒得乌漆麻黑的脸，听我说今天北约炸哪儿了，反对派打哪儿了，谁谁谁叛变了，卡扎菲露面了……

在的黎波里的66天，工作强度之大超乎想象。白天不是追着政府官员问东问西，就是拍一些自己策划的独家报道，同时还要留意各种突发新闻，承担各频道的连线任务；到了晚上则要一边做研究，一边等待北约战机的到来，然后跟着易卜拉欣前往轰炸点拍摄，等回到酒店就立刻开始写稿、编片、配音、出镜、传片。通常不到凌晨4点，根本不可能休息。睡到差不多上午九十点，又要开始新的忙碌的一天。

所幸，曾经在被戏称"女人当男人用，男人当牲口用"的凤凰卫视锻炼过六年，早已进化成一头不怕苦、不怕累的"牲口"，个中辛苦倒也压不垮我。更何况，在北约的炮火下和卡扎菲政权斗智斗勇，身为记者的那种"大事发生、我在现场"的责任感和"为大历史存证、为小人物立言"的理想主义激情空前高涨，以至于总是忽略了身体的疲惫。两个多月下来，除了和其他记者交接的那几天，我几乎每天都要往北京传送至少两条片子，做两个以上的直播连线。

实际上，对于生活在Rixos的记者来说，真正的困难是对新闻真实性的判断。一方面，利比亚政府以"便于管理"为由把我们软禁在酒店，刻意切断了我们与外界的联系，从而堵塞了我们探寻事实真相的通道；另一方面，易卜拉欣和阿依莎们又千方百计把我们纳入他们的宣传轨道，有选择性地向我们展示一些经过精心设计和粉饰的事件、现象及社会情感，例如利比亚人民对卡扎菲的拥戴和对北约的仇恨等。这当中，究竟有几分真相、几分谎言，恐怕至今也无从考证。而在缺乏行动自由和客观资讯的那段日子，我们所能做的，只能是小心、小心、再小心，利用各种渠道来对接收的信息进行判断、过滤和平衡，避免做出任何武断的结论。

好在利比亚政府为了塑造自己开通豁达的形象，没有关闭西方电视台的信号，也没有屏蔽那些"政治不正确"的网站和社交媒体。所以，我房间的电视机几乎一天24小时处于开启状态，并锁定BBC、CNN、半岛、利比亚国家电视台等几个主要的频道，电脑上也收藏了国内外数十个权威的新闻网站。这么做一来能随时更新和补充利比亚资讯，尤其是来自班加西的声音，避免被卡扎菲单方面的信息所误导；二来，能及时掌握Rixos其他记者的动向，防止漏报一些重大的新闻事件。

不了解媒体工作惯例的读者可能会觉得不以为然：全世界几乎所有主要的新闻媒体都有记者在Rixos，而且大家同是天涯沦落人，又朝夕相对身处同一屋檐下，相互之间共享一下信息不就行了，又何必透过电视和网络来了解隔壁屋那几个家伙今天做了什么报道？

这是一个很复杂的问题。媒体之间的竞争向来很激烈，为了争取独家采访，比别的记者早一分钟发出报道，大家早已习惯了"留一手"的工作方式。虽然在谈及无关痛痒的问题时大家可以敞开心扉，但谁的心里都有一条底线，守着自己的小秘密。尤其是在一些势均力敌的竞争对手之间，这种戒备心态更加明显。所以，你很难想象，CNN的记者会和BBC的记者交换情报、核对信息。

利比亚战争是一场悲剧，但客观地说，却是媒体和记者大展拳脚，证明自己实力的好机会。尤其是在全程被软禁的的黎波里Rixos酒店，找到一些独家的信息、克服种种困难第一个发布相关信息，成了许多记者的首要工作目标。所以，所谓信息共享，只是外界对Rixos媒体生态的乌托邦式设想罢了。实际上，即使在8月底，数十名记者被困酒店随时面临杀身之祸的最后关头，媒体之间的竞争也并未完全消失。

不过，在信息封锁、人身安全得不到保障的情况下，我们之间也的确有一些特殊的沟通渠道。自4月开始，有记者就在Facebook上开了一个封闭式的群组，并直接命名为Rixos Lobby Correspondents。知道这个群组的人原则上仅限于在的黎波里采访的外国记者，申请加入群组也必须获得其他成员的推荐和批准。群组讨论的话题大多是一些已经证实并被报道过的信息，以及利比亚政府的一些采访安排，当中免不了对Rixos新闻官们的冷嘲热讽。但不知道从什么时候开始，个别身处的黎波里之外的记者也加入到群组当中，并且非常仗义地向大家提供一些来自反对派阵营的信息。

虽然Rixos酒店有一个颇为宽敞的大堂和后花园，可供大家交流，但利比亚政府的眼线实在太多，我们并不怎么敢在那里高谈阔论，所以线上群组的人气一度很高。毕竟，在言论极不自由的利比亚政府管辖范围，公开发表任何敏感的言论都有可能产生难以预料的后果。后来随着利比亚战争的结束，群组开始乏人问津，但却一直没有关闭。作为那段软禁遭遇的一部分，群组已经成为我们这些Rixos记者共同的回忆，舍不得删除。2021年4月，利比亚战争结束十年后，群组里仍有246位成员。

其实，若不去考虑危险的工作环境和繁重的报道压力，Rixos绝对是一个结识各国记者、观察各国媒体的绝佳场所。不同的职业习惯、不同的工作方式、不同的价值理念，在大伙儿身上有着鲜明的体现。

例如西方媒体派到的黎波里的，大多是一些长年驻扎在中东、北非地区的资深记者，在当地有着广泛的人脉，能掌握到不少独家消息。尤其是美联、路透、CNN、BBC、《华尔街日报》《纽约时报》等知名媒体，当时的报道重心几乎全是利比亚，在利比亚多个地区及周边国家设立了报道点，并投入了大量人力物力，因此他们在的黎波里的记者往往足不出户，也能从总部收到不少猛料。

虽说和利比亚政府关系不佳，但得益于强大的国际影响力，西方媒体总是能顺利拿到利比亚外交部发出的记者签证。因此，它们的记者也往往是一拨接一拨，轮流派驻。平均而言，每拨记者的派驻时间大约是三周。以BBC为例，在我驻守的两个多月时间内，就出现过四批不同的面孔。

有趣的是，除了记者、摄像师、工程师和制作人，BBC的团队中还有一位长相凶狠、身材魁梧的成员。当别的工作人员轮流派驻之际，此君却长期驻扎Rixos。起初，我以为他是摄像师或工程师，但每次外出拍摄，都只见他负责扛机器，或者在一旁待命。平日里也不见他和别的记者交流，总是一个人默默地坐在大堂一角，或者在健身房狂举杠铃，反复练习他那块已经有我大腿般粗壮的肱二头肌。后来大家普遍猜测，这位肌肉男应当是BBC专门请来的贴身保镖，只不过以工作人员的名义掩人耳目罢了。

基于众所周知的政治立场及一贯的我行我素的办事作风，许多西方媒体在和新闻官打交道时都带着点抵触情绪。例如开记者会的时候，若发现新闻官有意掩盖事实，就会故意提一些刁钻的问题，让新闻官下不了台；若媒体办公室组织一些毫无意义的宣传之旅，他们就会以各种理由拒绝出席。不过，在和其他记者同行——包括我们这些中国记者相处时，他们倒显得颇为礼貌、友善，绝无耍大牌的作风。

略感遗憾的是，我们在Rixos没有见到半岛电视台的身影。作为阿拉伯世界唯一的世界级媒体，半岛早在2011年的2月就因为一些敏感的报道而得罪了卡扎菲政权，遭到利比亚政府的驱逐。至于其他一些阿拉伯国家的媒体，虽然得益于语言和宗教信仰的相通性，能够很快与新闻官打成一片，并在当地迅速建立起人脉网络，但由于媒体本身不那么专业，对新闻官又过于言听计从，因此在的黎波里的报道并不突出。

除了央视和凤凰，酒店内几乎看不到其他亚洲媒体的身影，即使有，也是短暂停留个十天八天。而自3月底开始，央视和凤凰就长期驻扎在Rixos，直到卡扎菲政权倒台。派驻的记者通常一待就是一两个月，相比西方媒体顶多两三周就换一拨人的频率，要"稳定"得多。当然，这种所谓"稳定"的背后，实在是有太多的无奈：利比亚大使馆颁发签证的效率低下，台里有战地报道经验的记者不多，等等。

作为央视的先头部队，和自己的老东家凤凰在的黎波里相遇，是件很兴奋的事情。尽管在此之前，已经和凤凰的旧同事们有过多次类似的相遇，但每次都能让我这个跳槽的"叛徒"产生强烈的"思乡"情绪。更何况，这次碰面的，是我的好战友、曾经同为凤凰卫视"特稿组"组员的周轶君和蒋晓峰。我们三人在凤凰共事的时候就长期分工合作，私下感情很好，这次在炮火纷飞的的黎波里相见，而且同时沦为卡扎菲的"阶下囚"，自然少不了感慨一番。

当然，在利比亚政府看来，划分外国记者的标准并不是国别和地域，而是在利比亚问题上的政治立场。那些亲反对派的媒体，自然被划归成一类，做重点监控；至于其他媒体，则多属于"统战"对象。其中，由于中国、俄罗斯、委内瑞拉和个别阿拉伯国家在利比亚问题上采取了较为慎重的立场，被利比亚政府视为可争取的朋友，因此这些国家的记者也往往受到"特殊对待"。

例如新闻官会经常组织一些仅限上述所谓"友好国家"的记者参与的活动：利比亚部落大会，去某某高官家做客，跟着某某高官去地方体察民情，等等，不外乎是一些刻意歌颂卡扎菲的宣传活动。利比亚政府这么做，不过是希望借我们来宣扬卡扎菲的威望、利比亚的稳定罢了。对于这样的活动，虽然我们心里老大不乐意，但与其被晾在酒店大堂无所事事，不如出去散个步。而且出席这样的活动，也能给新闻官留点好的印象，关键时刻要申请出去拍什么重要的东西也就方便很多。更重要的是，新闻官宣传他的，我报道我的，反正他们也看不懂。所以，只要有这样的机会，我们大多会跟着出去。

不过，也许是我们有时候的提问过于尖锐，再加上偶尔会提出一些不太受他们欢迎的采访申请，因此以阿依莎为代表的部分新闻官对我们并没有"好朋友"的感觉。相比之下，伊拉克和委内瑞拉的记者倒是得到了极为密切的关照。

尤其是那位伊拉克光头记者——一位身材高大、虎背熊腰、留着络腮胡子、眼神充满杀气的哥们儿，更是经常被利比亚政府"借用"，帮忙拍摄一些秘密的官方活动，俨然成了Rixos的官方摄像师。由于性格比较沉闷，加上不会说英语，他平常话不多，但每次见面总是会热情地挥手致意，并露出一脸和他长相不太相符的朴实的笑容，偶尔还会跟我们打闹一下。

据说，利比亚政府对他极为器重，甚至免去了他的住宿费。驻守在酒店的几乎所有利比亚官员，以及负责安保的利比亚军警，都和他建立了很好的关系，这也为数个月后的黎波里局势的发展奠定了基础——

危急关头，据说正是这位光头记者和CNN一位制作人与留守酒店的利比亚政府军进行谈判，才确保了被困酒店的记者能顺利脱困，政府军也随后缴械投降。

由于委内瑞拉政府对卡扎菲采取了旗帜鲜明的支持态度，来自委内瑞拉国家电视台的报道团队，包括一名记者和一名摄像，也都受到了热情款待。那位记者个子不高，有着南美人特有的热情和幽默，每次见到我都会跟我握手寒暄：

"有新消息吗？"

"没有，你呢？"

"没有，无聊死了！"

有时候在酒店大堂见到他行色匆匆，问他去了哪儿，他还会一本正经地抛来一个得意的媚眼：

"卡扎菲！独家专访！"

不得不提的，还有一位名叫列文的土耳其记者。列文身高接近190厘米，虎背熊腰，是土耳其国家电视台的资深战地记者，常年在南亚、中东和俄罗斯等地采访。在2008年俄罗斯与格鲁吉亚的军事冲突中，列文的报道拿到了土耳其最高新闻奖项，但他本人却在采访中受了重伤，导致右眼和左腿都留下疾患，行动略有不便。

起初，列文住在另一家酒店，每天都要坐班车到Rixos等消息。和那些喜欢独处、不露声色的西方记者相比，列文要随和许多。再加上说得一口还算流利的英文，我们很快就成了大堂的"聊伴"，彼此分享各自有趣的战地采访经历。印象最深的是每次见面，他都会给我一个热情的拥抱——由于体积相差甚多，那绝对是个很容易让人窒息的熊抱。

闲谈中得知，原来这位经验丰富的战地记者患有较为严重的情绪病，容易激动，血压也高，为此还特意接受过一段时间的治疗。很难想象，这位从里到外满身是病的记者，要有多大的意志和勇气才能完成一次又一次的战地报道？

作为北约唯一的穆斯林国家，土耳其和卡扎菲政权一直保持着密切的联系。土耳其政府也多次表明，反对北约空袭利比亚，并试图促成利比亚的政治和解。4月初，卡扎菲还派出特使访问了土耳其。也许是因为这一背景，列文对利比亚媒体办公室把他安排在另一家酒店颇为不满，认为凭借土耳其和利比亚的关系，怎么着也应该对他有所照顾。不过，随着土耳其态度变得渐渐模糊，甚至释放出倒戈信号之后，列文也就不再抱怨什么了。

8月底第二次报道利比亚战事时，我从利比亚撤到突尼斯的吉尔巴岛，曾意外地在入住酒店再度见到列文。只可惜，在一个久违的熊抱之后，我们都忙着赶路，没有多聊就告别了。

第二节　真相与谎言

利比亚位于地中海南岸、北非中部，与埃及、苏丹、乍得、尼日尔、突尼斯、阿尔及利亚等国相邻，绵延1900多公里的海岸线与欧洲大陆隔海相望。这里不仅是海洋与陆地、欧洲与非洲的隔离带，更是两种文明体系的交汇处。独特的地理位置赋予利比亚重要的战略地位，也令这个沙漠国家自古以来就屡屡受到外部列强的侵犯。

公元前2世纪，古罗马帝国占领利比亚；公元7世纪，阿拉伯帝国接手利比亚；16世纪中叶开始，利比亚沦为奥斯曼帝国的附庸；1912年，意大利战胜奥斯曼帝国，把利比亚纳入自己的殖民版图；二战爆发后，利比亚成为英国与意、德两国的战场；直到1951年年底，利比亚才在联合国的调停下，获得独立。

正是这一特殊的历史背景，令2011年的这场战争有了多元的解读视角。起初，人们习惯于把利比亚局势的动荡看作反对派与利比亚政府之间的较量，是"自由民主的信仰者"与"卡扎菲政权的支持者"之间的博弈。而当北约的战机进入利比亚领空展开持续空袭，试图助反对派一臂之力之后，很多人开始相信，这是西方国家对利比亚发动的侵略战争，反对派则是美国和北约致力栽培的代理人。而对独立的珍视和对侵略者的仇恨，正是卡扎菲政权对内凝聚民意、对外博取同情的强有力武器。几乎在每一场记者会上，利比亚政府官员都会引述利比亚被西方列强蹂躏的历史，来抨击北约利用反对派，再次侵犯利比亚领土的险恶用心。

和若干年前发生在伊拉克、叙利亚的战事一样，利比亚战争在不同人眼中有着不同的解读。即使是理论上应当保持客观、中立原则的新闻媒体，也难免会受到主观价值取向的影响。那么，我们呢？

坦白说，在的黎波里驻守的两个多月期间，我并没有在这个问题上做太多纠结。我无法保证自己的每一则报道都能做到绝对的不偏不倚，但我会尽量用我所看到的、听到的事实说话，并且兼顾政府和反对派双方的观点。在我看来，既然是一场战争，就没有哪一方能够确保自己不犯错、不越界。当政府军滥杀无辜之际，北约的炮火同样造成了相当数量的平民伤亡；当我们强调领土完整和主权独立的必要性之际，自由与安全同样是每一位利比亚人应有的权利。作为记者，我们的首要职责不是对这场复杂战争的孰对孰错做主观的判断，进而把自己的观点强加给观众，而是告诉观众每一天的动态，尽可能客观地还原每一个新闻事件的真相，还原战争之残酷及其对每一个普通个体权益的践踏，从而为后人总结这场战争、避免重蹈覆辙提供翔实的参考。

然而，由于众所周知的原因，中国老百姓对卡扎菲政权有着某种特殊的想象。一部分关心利比亚局势的国人，往往会根据自己的价值取向，对利比亚战争做出先入为主的是非判断。而我们的报道，就成了大家茶余饭后的谈资。被关注自然是件好事，但遗憾的是，在任何讨论都容易被"极化"（polarization）的互联网时代，我们的报道再怎么拿捏，也容易引发各种不必要的误会和谩骂式的争论。

一

四五月份的的黎波里，已经不再是兵荒马乱的状态。反对派在政府军的强力镇压下，暂时偃旗息鼓、销声匿迹。大批百姓背井离乡，经突尼斯逃往海外。在当地投资、经商和务工的外国人，也悉数撤离。在经过一个多月的狂风暴雨之后，的黎波里这座原有110万人口、充满地中海风情的国际化都市，陷入一片死寂。

生产停滞，贸易瘫痪，物资匮乏，物价飞涨。尤其是战前主要依靠外国进口的一些生活必需品，例如粮食、蔬菜、水果等，都面临短缺。就连平日里从不稀罕的汽油，也因为产油设施遭严重破坏而供不应求。因担心局势进一步恶化，留守的民众大量抢购生活物资，囤积在家。更有不少人长途跋涉，驱车赶赴突尼斯扫货。

由于和富庶的欧洲大陆隔海相望，交通便利，再加上近年来利比亚经济发展迅速，富裕阶层涌现，消费力普遍提升，的黎波里街头开了不少售卖名贵烟酒、电子器材、香水服饰等非必需品的商店。但在战后，这些店铺大多已经关门。即使偶尔在节假日的午后开个门透个气，也是门可罗雀。Rixos酒店大门左侧，倒是有几家专门售卖纪念品和进口服装的店铺仍在坚持营业——不知道是因为我们的到来给他们带来了希望，还是在政府的要求下，被迫在外国媒体面前作秀，粉饰太平。

和萧条的市场相比，政府的高压政策更让人感到恐惧。在暂时平定内乱之后，卡扎菲政权派出大批军警，在的黎波里城内大肆抓捕曾参与抗议活动的反对派成员，个别地区更是挨家挨户展开地毯式搜查。街头三步一岗，五步一哨，全副武装的士兵和行踪诡秘的便衣对过往的行人车辆进行严密盘查。大楼顶部，不明数量的狙击手潜伏在窗后，用枪口监视着楼下的一举一动，防止反对派发起冲击。

由于媒体办公室禁止我们拍摄军警和一切军用设施，我们无法用镜头还原的黎波里的恐怖氛围。偶尔坐媒体大巴外出时，大伙儿会偷偷用手机拍摄窗外的风景。但一来画质粗糙，二来新闻官眼神太过犀利，终究还是不了了之。

为了防止散落在各地的反对派成员串联闹事，同时杜绝班加西方面散布不利信息，利比亚政府一方面在的黎波里乃至整个西部地区采取了严密的通信监管措施。以电话服务为例，除了对通话内容，尤其是国际长途电话加强监听之外，东西部之间的通话服务——不论是固话还是手机，都全面遭到关闭[1]。同时，政府还勒令所有电信运营商屏蔽了手机短信功能，民众只能被动接受利比亚政府发送的短信，而无法收发任何私人短信——在那个年代，智能电话尚未普及，手机短信仍是普通百姓主要的联络方式。另一方面，的黎波里的网络服务也已经大面积中断。除了国际媒体所居住的两家酒店和少数政府部门之外，当局不再提供任何网络信号。老百姓即使能通过技术手段勉强连接上网，也只能上一些以".ly"[2]结尾、受利比亚当局直接监管的网站，所有"政治不正确"的网站，包括谷歌在内，都受到屏蔽。

这种强力控制手段无疑发挥了作用。4月下旬，一位反对派成员在接受我们卫星电话采访时透露，由于缺乏必要的通信条件，一些运动领袖无法号召、联络足够的成员，更无法组织起大规模的示威活动，原本计划中的一些抗争只能不了了之。

与此同时，利比亚政府的宣传机构也开始火力全开。

---

[1] 我们使用的便携式卫星电话可以躲避监控，因此成为我们和外界，尤其是和反对派联系的主要工具。

[2] 利比亚英文 Libya 的缩写。

由政府直接掌控的利比亚官方电视台——民众国广播公司承担了主要的宣传任务。除了发布官方信息之外，电视台还以各种方式歌颂卡扎菲的丰功伟绩，展现民众对卡扎菲的无限忠诚，同时对北约和西方国家进行猛烈抨击。有趣的是，电视台利用大量新闻素材，配上或雄壮或悠扬的音乐，制作了许多精美而煽情的MV。例如先用血淋淋的画面呈现战争的残酷，转而聚焦一位据称在北约轰炸中失去了孩子的母亲，用她的呐喊和眼泪来控诉北约与反对派，最后卡扎菲从容现身，向欢呼的民众挥手致意。这些MV往往在新闻节目的间隙播出，到了夜深人静时，更会循环播放。

因为太煽情，每次看到都忍不住想转台。无奈，利比亚政府的最新决策，以及卡扎菲的最新动向，大多会在民众国电视台首播，所以还得时不时盯一下。当然，由于电视台以阿拉伯语播出，我也只能看看画面，相关工作更多还是由翻译王洁完成。

电视台的实际宣传效果有多大，我们不得而知。但显然，在信息封锁的情况下，这种单方面自上而下的信息灌输，能够在很大程度上凝聚民意、煽动民情。而在任何一场内乱或者外战中，对宣传机构的争夺总显得至关重要。于是，北约坐不住了。4月30日凌晨，正当民众国电视台在直播卡扎菲的最新演说之际，北约战机对电视台的一个播放中心发动了两次空袭，导致大楼严重受损、多人伤亡。只是，卡扎菲当时并非在电视台发表演说，躲过一劫。

除了电视，利比亚的官方电台和报纸同样不遗余力，展开宣传攻势。利比亚报纸种类不多，主要有《太阳报》《新黎明报》《绿色进军报》《民众国报》等，都是阿拉伯语日报，唯一的英文报纸《的黎波里邮报》是周报，发行量有限。在Rixos酒店大堂，媒体办公室几乎每天都会在入口处的一张小桌子上摆放十几份报纸，供外国记者免费阅读。

报纸的文字不像电视那么煽情，但意图也很明显。例如4月23日，

《太阳报》刊登了一篇经济报告。文中罗列了利比亚政府在2006—2010年间，住房、电力、交通、医疗、教育等各个领域的开支。根据这份报告，利比亚政府在这五年间，总共投入了999亿第纳尔，相当于人民币5388亿元，用于基础设施建设和各项民生工程。作者没有喊口号，但大量的官方数字似乎更容易让人相信：没有卡扎菲，就没有新生活。

手机短信是另一种宣传途径。自3月起，利比亚政府强行勒令各大电信运营商以短信形式，向旗下的手机用户群发宣传信息。我们临时购买的利比亚手机号也未能幸免，隔三岔五就会收到一些类似的短信，而且往往是在深更半夜，正在酣睡之际发来，搅人清梦。短信大多是一些华而不实、鼓舞士气的口号，没什么实质内容。例如在4月22日凌晨5点30分左右，许多的黎波里民众都收到了这样一条短信："坚强的利比亚人民，我们正面临邪恶势力的威胁，但导弹不会摧毁我们，谣言更不会麻痹我们！"虽说有些老土，但在智能电话尚未普及的2011年，群发短信倒也不失为一种成本低、覆盖广、渗透强的宣传方式。

不过，千万不能低估了利比亚宣传干部的创新能力。

4月末的一个午后，我到市区拍摄街景。路过一座立交桥时，看到几个打扮时髦的年轻人正斜靠着摩托车，抽着烟，在桥下休息。摩托车上的音箱放着一首节奏强劲的阿拉伯摇滚乐。年轻人和着歌声扭动身躯，时而说唱，时而呐喊，满脸的陶醉。我以为是利比亚一般的流行音乐，没当回事，却不料身边的王洁扑哧一声笑了出来：

"这什么歌儿啊，太逗了！你知道歌词说什么吗？什么'北约在说谎，卡扎菲是我们的领袖，我们以卡扎菲为荣'之类的，这都谁写的啊？"

王洁的吐槽让我大感好奇。第二天，我以"了解利比亚爱国青年的文化生活"为由，临时申请去了一家音像店。在那里，我惊讶地发现，货架上除了一般的音乐CD之外，还放着许多不同版本的"爱国CD"。

这些CD的封面大多是卡扎菲的画像，包装略为粗糙，看着像是临时赶制的手工作品。音像店老板介绍说，战争爆发前，欧美的说唱摇滚在利比亚刚刚兴起，颇受年轻人的喜爱。战争爆发后，利比亚政府就找当地的音乐人创作了一批充满摇滚和饶舌风格的爱国歌曲，并赶制了大量CD，提供给各个音像店公开发售。虽然没有确切的销售记录，但老板说，这批CD卖得还不错，买家大多是年轻人。

我买了几张，回酒店细听。音乐风格颇为类似，大多是激情四射的爱国主义歌词，搭配当时风靡全球的说唱元素。其中，我们在街头听到的那首歌，歌词大致如下：

卡扎菲是我们的领袖

他给我们带来胜利

班加西人是半岛的受害者

那些电视台整天说谎

北约也在说谎

利比亚人热爱自由

我们要用我们的热血捍卫卡扎菲

我们以卡扎菲为荣

没有卡扎菲

我们就会失去方向

迎合潮流，改变传统，利比亚政府采用了这么一种看上去更亲民的方式歌颂卡扎菲，抨击"敌对势力"，也算是蛮拼的。由于大部分时间都被限制在酒店活动，我们不知道这些融合了时尚元素的爱国音乐究竟有多大的传唱度。但偶尔上街的时候，我们的确会看到一些手持卡扎菲画像的亲政府人士，在路边随着汽车喇叭播放的爱国音乐舞动身体。至于他们是发自内心，还是奉命作秀，就不得而知了。

正是利用上述层出不穷的宣传策略，利比亚政府展开了大规模的统战运动，"团结一切可以团结的人"，支持卡扎菲，反对西方列强和"非法的"班加西政权。在这场运动中，散布在利比亚各地的百余个部落成了卡扎菲政权竭力争取的对象。

部落是利比亚社会基本的组成单位，也是利比亚民众最根本的情感归属，每一个利比亚人都隶属于某一个特定的部落。尽管随着社会的变迁，部落之间不断分化组合，到2011年，利比亚具有一定规模的部落数量已经减少至140个，但部落的影响力依然存在，部落长老的个人威望，仍能在一定程度上左右族人的个人选择。

值得注意的是，20世纪上半叶，意大利曾两度入侵利比亚，遭到利比亚人民的顽强抵抗。其中，自发组建的部落武装正是参加抵抗运动的主力军。因此，抵抗外族入侵，一直是利比亚各部落引以为傲的传统和信念，传承至今。或许正是看中了这一点，利比亚政府开始极力拉拢部落势力，并刻意淡化政府与反对派之间的内部矛盾，转而把这场战争形容为西方列强及其班加西代言人对利比亚的又一次侵略，从而唤起久远的殖民记忆，激发各部落"一致对外"的斗争意识。

4月22日，正当政府军和反对派仍在米苏拉塔激烈交战之际，利比亚副外长卡伊姆突然宣布政府军将从米苏拉塔撤军，由当地部落出面，与反对派交涉。4月24日，易卜拉欣再次重申，米苏拉塔的未来应交由部落长老决定，如果反对派拒绝谈判，"强大的"部落武装将投入战斗。随后，多个部落相继宣布支持卡扎菲，并在政府的支持下，对部落成员进行武装培训。5月5日，亲卡扎菲部落在的黎波里举行"利比亚全国部落大会"，强调利比亚不容外部势力干预，并对卡扎菲表示支持。5月10日，利比亚政府释放部分曾参与反政府示威的政治犯，若干德高望重的部落长老应邀到场，劝喻大家加强团结、一致对外。5月11日，久未亮相的卡扎菲亲自会见部落长老。5月13日，利比亚政府指责北约空袭炸死10多名宗教人士，20多位部落长老召开记者会，扬言复仇。5月17日，利比亚部落委员会主席艾华勒接受我专访时否认卡扎菲通过权钱交易来换取部落支持，同时再次呼吁利比亚人民通过内部对话解决分歧，反对西方国家的武力干涉。5月25日，30多位部落长老齐集的黎波里，宣布将派代表赶赴布鲁塞尔，与北约进行谈判。

客观而言，利比亚政府和亲卡扎菲部落的一唱一和，确实让很多民众激情澎湃。在距离米苏拉塔大约160公里的泰尔胡奈地区，我们见到了许多从偏远部落地区赶来参加军事培训的年轻人。为了"反抗侵略、保家卫国"，有人抛妻弃子，决意赌上性命。人群中，甚至还有一位91岁高龄的老妇，浑身穿戴着与国旗同色的绿色长袍和头巾，手持长枪，步履蹒跚，要求学习枪械组装。照她的话说，她要像父辈抵抗意大利殖民者那样，捍卫利比亚领土。更让我们感到诧异的是，就连当地的部落小学也被动员起来。每天中午，所有小学一至九年级的孩子都要到操场参加升国旗仪式，并高喊"支持卡扎菲、打倒萨科齐[1]"的口号，然后回到教室学习基本的武器常识和开枪技巧。

当然，这并不是全部的事实。就在利比亚政府宣称要让部落去"解决"反对派时，一些反对卡扎菲的部落也同样站了出来。4月27日，61个部落首领在班加西发表联合声明，指责卡扎菲挑起部落冲突、滥杀无辜，要求卡扎菲离开利比亚。有部落长老更表示，利比亚大多数部落都希望卡扎菲下台，那些支持卡扎菲的，无非是被政府用金钱收买了而已。

亲卡扎菲部落和反卡扎菲部落究竟孰强孰弱，我们无从考证。在彼时的利比亚，部落只是一种松散的组织形式，谁能代表部落发声，往往

---

[1] 时任法国总统，2007年5月至2012年5月在任，战争期间率先对利比亚发动空袭。

存在争议。但毋庸置疑，对于利比亚的百余个部落，卡扎菲完全没有绝对的掌控力。

分析认为，卡扎菲自1969年上台后，采取了一系列措施削弱部落的影响力，以巩固自己的世俗统治。例如他到处安插眼线监视部落活动，禁止部落拥有自己的武装，在政府用人方面任人唯亲，为自己的"老乡"安排要职，排斥异族。这些措施早已让很多部落长老感到不满，对卡扎菲失去信心。在二三月的"倒卡"运动中，不少部落都加入了反对派阵营。

更何况，随着利比亚经济的发展、社会的转型，尤其是城市化进程的推进，传统的部落格局早已开始衰落。很多人走出部落，到大城市工作、生活，建立起新的社会关系。他们与部落之间的联系，不可避免地会逐渐淡漠。对于他们来说，部落和部落长老已经成了纯粹的象征符号，仅存在微弱的情感和道德影响，对他们的个人选择——尤其是政治选择，并无实际意义。因此，卡扎菲搬出久违的"部落"概念来抵抗西方国家和反对派的民主理念，维系自己的统治，似乎有些不合时宜。

从咄咄逼人的宣传策略，到精心部署的统战工作，利比亚政府竭尽全力，试图延续卡扎菲王朝的寿命。但不论卡扎菲本人是否意识到，经过他42年的铁腕统治，利比亚早已不再是当初的利比亚，利比亚人对他的情感也早已两极分化。

支持者自然有，而且还不少。毕竟，撇开别的不说，利比亚经济在卡扎菲政权的治理下，取得了长足进展。尤其是自2003年卡扎菲实行私有化经济改革，并向西方国家抛出橄榄枝之后，国际社会纷纷取消对利比亚的制裁，大量外国资本涌入利比亚，再加上丰富的石油和天然气资源，利比亚经济迅猛增长。2002年，利比亚的GDP不到200亿美元，人均GDP仅3700美元。到了2008年，利比亚GDP已经超过930亿美元，人均GDP也大幅增长至15800美元。尽管此后，受到全球金融危机的影响，利比亚经济一度疲软，但在战争爆发前的2010年，仍获得近750亿美元的GDP，在世界经济排行榜上稳居60多位；人均GDP更是超过12000美元，名列第48位，跻身中等发达国家集团。受惠于经济的增长，卡扎菲还在全国范围内推行免费医疗和免费教育制度，对粮食等生活必需品实行价格补贴，甚至以近似免费的价格为老百姓提供保障性住房。如此亮眼的经济表现和惠民政策，自然能为卡扎菲赢得一定的信任和支持。

正因如此，在的黎波里西郊的一座工业小镇上，1000多名炼油厂的工人自发武装起来，24小时轮流站岗，防止反对派的攻击；在的黎波里街头，一位穿着黑色长袍的中年女教师，旁若无人地翻开宣扬"卡扎菲思想"的《绿皮书》，主动为我朗诵了一段她最喜欢的论述；在绿色广场，一位老者走上前来，对着镜头痛斥反对派剥夺了他们美好的生活。我相信，在此起彼伏的支持卡扎菲的呐喊声中，有很多都是发自内心的。

当然，反对者也不少，而且越来越多。很多人抱怨，利比亚迅速增长的财富并没有实现合理分配。以卡扎菲九个子女为代表的西部权贵阶层垄断了石油、天然气、建筑、通信等多个行业，官商勾结，腐败成风，导致贫富差距日趋扩大。其中，占据利比亚大部分石油资源的东部地区，虽然为利比亚政府创造了巨大收益，却并没有获得相应的回报。社会财富迅速向西转移，东西部地区的发展严重失衡。换言之，利比亚的经济发展存在严重的地区差异和阶级差异，少数人赚得盆满钵满，大多数普通百姓却未能真正受益。

这种质疑在战争爆发后得到了进一步证实。2011年2月下旬，美国宣布冻结卡扎菲政府在美国的资产。随后，白宫的报告显示，卡扎菲及其子女，连同利比亚政府，在美国的资产累计超过297亿美元，几乎是利比亚2009年GDP总量的一半。一直以简朴形象示人的卡扎菲，敛财能力着实令人咋舌。

更重要的是，在长达42年的独裁统治中，卡扎菲一直以暴力方式维系着个人威望和政权稳定，令利比亚社会长期笼罩在白色恐怖的氛围中。例如他派出大批秘密警察，在全国范围内抓捕不同政见者，并将他们送往的黎波里近郊的阿布·萨利姆监狱集中关押。一些"犯罪情节严重"的异议者，会被处以绞刑，行刑过程甚至会经电视台现场直播。1996年，阿布·萨利姆监狱的1270名政治犯因抗议狱方的不人道待遇，惨遭集体屠杀[1]，震惊国际社会。

正是在这一背景下，利比亚社会的情感结构逐渐发生变化。普罗大众对卡扎菲政权的仇恨，以及对自由、民主、公平、正义的渴望，都迅速累积，并最终引发了一场颠覆历史的革命。但对于这场酝酿已久的巨变，习惯了高高在上的卡扎菲一直不明所以，想不通为什么会有人反对他。在一次透过电话发表的公开演讲中，他曾质问反对派：生活在利比亚，大家可以低息贷款，可以买便宜的住房，为什么你们还要造反？后来，他甚至怀疑，那些走上街头的年轻人是因为服用了基地组织散发的毒品，才会对他不敬。

当然，四五月份的的黎波里，看不到亲政府与反政府之间那种势均力敌的角力。在卡扎菲的铁腕镇压下，反对派或逃往别处，或藏匿于城市的角落。计划中的抗议活动，包括每周五例行的集会，都被迫取消。只是偶尔会有个别反对派成员，以"快闪"的方式发起小规模的破坏活动。4月末，一位留守在的黎波里的反对派成员在卫星电话中告诉我：

---

[1] 屠杀事件虽遭当局掩盖，但仍导致利比亚民间对卡扎菲政权积怨多年，也间接推动了 2011 年 2 月利比亚爆发大规模游行示威。2011 年 9 月，利比亚"全国过渡委员会"宣布发现一处埋有 1270 多具遗骸的尸坑，事件得到进一步证实。

"我们并没有停止抗争，只是在政府的围追堵截下，我们的活动变得有些分散。例如我们会在半夜，到某些令人瞩目的地方悄悄升起我们的旗帜，等警察发现，就已经是第二天了。我们还会埋伏在一些重要路段，向运送士兵的军用大巴开枪，阻挠他们的军事部署，然后乘乱溜走。我们现在很难发动大规模的抗争，但我们想用这种方式告诉政府，我们还在的黎波里，他们永远无法让我们沉默！"

只是，在信息闭塞、行动受限的那段时间，没有人看得清的黎波里真实的面貌，更没有人敢预测，卡扎菲辛苦经营了42年的家族王朝，会在即将到来的那个夏天毫无抵抗地分崩离析。暴风雨前的的黎波里充满了暴力和谎言，迷雾重重，我们的采访工作也变得极其困难。

二

在很长一段时间，利比亚战局都呈现东西对峙的格局。政府军以的黎波里为大本营，牢牢控制着中西部地区；反政府军则扎根东部城市班加西，向西部推进。双方僵持最久的战场，包括东部的艾季达比耶和中部港口城市米苏拉塔。在武器装备上占有优势的政府军一度压得反政府军喘不过气来，但在北约的支持下，由非专业人士组成的反政府军很快稳住阵脚，与政府军展开周旋，直至8月发起反扑。

对于这场战争，西方主流媒体从一开始就采取了明确的立场，即站在卡扎菲的对立面，为反对派发声。暂且不论其合理性，这种先入为主的立场取态的确在很大程度上影响了国际社会对利比亚战争的解读。正是在这一背景下，利比亚政府在的黎波里迅速成立封闭式的外媒驻地，开辟第二战场，加强外宣攻势，以争夺舆论主导权。宣传重点不外乎两个：一是歌颂卡扎菲；二是痛斥北约。

只是，刻意的宣传往往弄巧成拙，欲盖弥彰。

例如尽管利比亚政府几乎在每次空袭之后都会立刻公布具体的平民

伤亡数字，并迅速带我们赶赴现场控诉北约暴行，但每当我们抵达遇袭地点，却总也看不见伤亡者的身影。面对我们的质疑，易卜拉欣一直强调：尸体已经被处理，伤者也已经转送医院。这样的说法一次两次倒也算合理，但若一直这么解释，就很难不让人产生怀疑了。

于是，在某个遇袭的深夜，易卜拉欣特意安排大家去了趟医院。镜头所见，伤者大多是年轻男子，死者则已经完全被烧焦，分辨不出模样。表面上没有任何异样，但有观察入微的记者私下提出两点质疑：既然声称遇袭的是平民，包括妇女儿童，为什么现场只有青壮年男子？既然是刚刚发生的空袭，为什么站在被烧焦的尸体旁，感觉不到一点温度或者异样的气味？

当然，北约的空袭肯定会造成平民伤亡，对此，稍有常识的人都不会质疑。但作为记者，我们必须根据拍摄或者采访到的事实说话，不能完全依赖推论。只是，利比亚政府一直没有为我们提供足够的有关平民伤亡的证据。这不禁让人怀疑，要么是袭击目标太过敏感，死伤者身份不宜公开，不能让我们这些喜欢刨根究底的记者知道太多；要么是利比亚政府夸大事实。

不过相比之下，Rixos的新闻官们似乎更热衷在我们这些"老外"面前营造卡扎菲的统治威望。从国旗飘飘的绿色广场，到有着两千多年历史的古罗马遗迹，从不断遭遇炮火袭击的阿齐齐亚兵营，到远离的黎波里的西部城镇，我们每次参加官方组织的外拍活动，几乎都能见到手持卡扎菲画像，高喊口号的亲政府民众。巧合的是，游行队伍的出现时间和我们抵达现场的时间往往惊人地一致。有时候车还没停稳，就会有一大批狂热的民众从四面八方涌来，扒着车窗冲我们呼喊，让人无法不怀疑，一切都是利比亚政府的刻意安排。

5月中旬的一天，我们被带到了某个濒临地中海的小镇。在一片奢华的别墅群中，出现了许多衣衫褴褛的百姓。带队的政府官员声称，北约的炮火让很多人流离失所，因此，政府特意为这些难民提供了免费的住所。采访中，入住者大多表示自己来自米苏拉塔等战区，并对卡扎菲千恩万谢，很多人差点感动得哭出声来。

随后，是政府高官的视察环节。一位穿着白色长袍的长者乘坐专车抵达别墅群，下车后就满面笑容地向等候他的民众挥手致意，然后逐一和大家握手寒暄，见到小孩儿就抱起来亲一口，见到老人就俯下身子安慰两句。嘘寒问暖之后，领导登上一辆敞篷轿车，驶入邻近的一个小镇。镇上的老百姓早已站在路旁夹道欢迎，热烈欢呼。有狂热的支持者和兴奋的小孩儿还追着车子狂奔，一路高喊支持卡扎菲的口号。而那位领导，就稳稳地站在车头，微笑着，优雅地向民众挥手。

如前所述，在外界看来罪孽深重、臭名昭著的卡扎菲于利比亚的确拥有大量的铁粉，不然卡扎菲政权也不会持续数十年之久。那些手拿卡扎菲画像、呼唤口号的民众，倒也未必全是心灵扭曲的群众演员，他们当中的一些人很可能是出自真心、发自肺腑，或者是没什么主见的盲从者。但利比亚政府不断安排类似的场合，并要求外国媒体配合采访，实在是让人反感。渐渐地，越来越多的媒体开始拒绝参与类似的报道。

由于采访行程受到严格限制，每一个镜头、每一段访谈都有新闻官在旁监视，我们很难对这些刻意的安排做翔实的调查。但4月初的一趟扎维耶之行，还是让我们逮到了机会。

扎维耶是位于利比亚西部的一座石油重镇，距离的黎波里只有40多公里，政府军和反政府军曾多次在这里激烈交火。4月6日，阿依莎及一众新闻官带领近百名记者，浩浩荡荡驶入扎维耶。第一个参观点，是一座医院。

那里据称是扎维耶最大的一家医院。尽管院内院外看不到任何遭到破坏的痕迹，但负责接待媒体的工作人员说，一个月前，医院曾经爆发过激烈冲突。反政府军一度占领医院，并驱赶了所有支持卡扎菲的医生和护士，就连卡扎菲的支持者到这家医院求医，也一律不予治疗。直到政府军收复扎维耶，医院秩序才逐渐恢复。

"任何一位受伤的政府军士兵，都无法接受医院的治疗。除非医生提前让士兵换上平民的衣服，这样反对派就无法察觉他的真实身份了。"人群中，一位裹着黑头巾、化着浓妆的中年妇女来回穿梭于各个媒体之间，在镜头和录音笔前控诉着同样的内容。她自称是一个女性活动机构的负责人，名叫弗兹，曾亲眼看见反政府军的种种暴行。

由于记者太多，新闻官难以管控，场面迅速乱成一团。许多媒体开始追着现场的医生不断发问，并提出种种质疑。起初，医生们还镇定自若，但很快就难以招架，开始推脱。

"这家医院曾被反对派占领吗？"

"是的。"

"他们做了什么？"

"他们……不让支持卡扎菲的病患接受治疗……"

"你亲眼见到他们这么做了吗？"

"我没有亲眼见到，但这是事实，大家都知道。"

"为什么你相信这就是事实？请问你在这家医院工作多久了？"

"我……来了一个月吧，不到一个月。"

"不到一个月？可是刚才你们的人说冲突发生在一个月前。"

"…………"

"请问你是医生吗？你之前在哪里工作？"

"…………"

趁着混乱之际，我和摄像师撇开新闻官，悄悄潜入了一间病房。一位80多岁的老太太半躺在病床上，她的女儿阿伊达陪伴在一旁。对于我们的到来，母女俩很诧异，但很快热情地与我们攀谈起来。阿伊达说，她们家就在扎维耶市区，局势动荡的那些天，她每周都要带母亲来医院看病。当我问及有关反政府军占领医院的说法时，她一脸愕然地予以了否认：

"没有，没有发生过这种事，反对派从来没占领过这家医院。感谢真主，他们没能占领这里。所以那时候，我经常带妈妈来看病，医生也会给她诊断，医院里一切都很正常。"

"真主！卡扎菲！利比亚！"

身为卡扎菲的支持者，阿伊达和她的母亲兴奋地对着镜头喊起了口号。她们对病房外正在上演的戏码一无所知，还以为自己在外国记者面前维护了卡扎菲的尊严，却并不知道，她们其实和自己衷心拥护的政府唱起了反调，抖出了一个不能说的秘密。

很快，几乎所有的媒体都通过自己的方式掌握了利比亚政府试图捏造"反政府军占领医院、虐待医护、筛选病患"等谎言的证据。于是，在随后的记者会上，大家齐心协力，不断向医院方面提出质疑，不少记者语带揶揄和嘲讽。在酒店长期被新闻官们任意摆布所累积下来的种种愤怒和不满，都在这一刻得到尽情宣泄。医院负责人拉满丹起初还避重就轻地试图招架，说自己对某些事实并不知情，但最终还是抵挡不住记者们刨根究底的追问，不得不承认反政府武装并没有占领过医院，没有从医院强行带走过任何人，更没阻止过医院救治政府军士兵和支持卡扎菲的民众。

显然，事态的发展完全出乎利比亚政府的意料，于是记者会草草结束。不过，一直守候在场外的弗兹仍然坚持自己的说法，并向我们暗示，医生在撒谎：

"我注意到有些医生没跟你们说实情，因为某些事实是残酷的。当时的确有反对派武装进入医院，实际上扎维耶任何一个角落都有反政府武装。"

当然，事情已经很清楚，弗兹不过是新闻官们安插在现场的一个

"托儿"，因此没有人理会她的辩解。有趣的是，就在大家收拾设备准备走人之际，医院门口突然出现了一大批清一色的女性示威者。和每一位我们所见过的卡扎菲支持者一样，她们手持卡扎菲画像，高喊着口号。新闻官说，她们是医院的护士。但有护士却在一旁小声嘀咕：怎么从没在医院见过她们？

离开扎维耶之前，在大家的强烈要求下，新闻官安排电视记者到一片空旷的广场做出镜。就在新闻官的眼皮底下，大家用不同的语言诉说着这段曲折离奇的采访行程，暗讽利比亚政府的宣传伎俩如何拙劣。不知道新闻官听懂了没有，但看得出，他们很尴尬。

三

奥马尔·穆阿迈尔·卡扎菲，1942年出生于利比亚南部沙漠地区一个普通的牧民家庭。1969年，他领导"自由军官组织"发动"九一革命"，推翻伊德里斯王朝，建立阿拉伯利比亚共和国，由此展开长达42年的独裁统治。执政期间，因其强硬的反美路线与西方国家交恶。支持者赞其生活简朴、作风亲民，敢于和西方霸权抗争，为利比亚经济的发展和人民生活的改善贡献良多；反对者则斥其贪腐成性、独断专行、迫害无辜、打压异己，并最终于2011年2月揭竿起义。自那时起，卡扎菲便销声匿迹，鲜有公开露面。

抵达的黎波里之后，我们在第一时间表达了希望能专访卡扎菲的想法。当然，这不仅仅是我们的想法。实际上，几乎所有入住Rixos的媒体都向利比亚政府提交了相同的采访申请。不少新闻官在和我们闲聊时也都证实了这点。毕竟，对于报道利比亚战事的记者而言，这是最有价值的选题之一。

当然，这也是难度最大、最有挑战的奢望。自从2月28日，卡扎菲接受了BBC专访之后，就再也没有任何一家媒体成功约访到这位神龙见首不见尾的领导人。其间，我们除了多次提出正式的书面申请之外，还通过各种渠道私下向卡扎菲身边的人传话，希望能有个哪怕十分钟的短暂专访机会，但都杳无音信。

有一次，媒体办公室临时召集大家去另一家酒店参加新闻发布会。起初大家还纳闷，为什么不在Rixos开？直到当晚看了利比亚国家电视台的新闻才恍然大悟：原来就在我们被支走参加记者会的那段时间，卡扎菲在Rixos会见了一些外国来宾。有了这个教训，之后凡是当局突然组织我们去别的地方参观或者拍摄，我们都会再三考虑，打听会不会又是个调虎离山之计。

4月10日，由非洲联盟派遣的利比亚问题协调小组抵达的黎波里进行外交斡旋。久未露面的卡扎菲料定北约不敢挑这个时候发动空袭，于是率领文武百官在阿齐齐亚兵营高调亮相，接见了来访成员。Rixos的媒体办公室也紧张地行动起来，一大早便组织大家前往拍摄。

经过一道道比以往更加严格的安检程序，又在北非炙热的阳光下没遮没挡、没吃没喝地等了四五个小时，我们终于在午后得以靠近卡扎菲那顶专门用来开会和接见外宾的阿拉伯式帐篷，并见到了卡扎菲的真容。

透过警戒线望去，二三十米开外的卡扎菲身穿标志性的驼色长袍，身材高大，腰板笔直。在众人的簇拥下，他神情自若，时不时与旁人交流。约百米外的不远处，数百位被组织到现场的民众高举着卡扎菲画像，掀起一阵又一阵的欢呼。喊到高潮时，卡扎菲会迤迤然望向人群，冲他们微笑挥手，从而换来新一轮更激昂的欢呼。

但只亮相了不到三分钟，卡扎菲便匆匆登上座驾，准备离开。正当同行们纷纷抱怨拍摄时间太短之际，行踪不定的老卡突然示意司机把车子开到人群前，随后从车顶的敞篷探出身子，如同检阅军队的首长般，向支持者挥手致意。刹那间，兵营里沸腾了。民众激动自不必说，就连所有的记者和摄像师也冲了过去，从各种角度捕捉这一难得的瞬间。在现场维持秩序的安保和新闻官显然没有料到卡扎菲这一"任性"的举动，一度手足无措，现场一片混乱。

这是我在的黎波里第一次亲眼见到卡扎菲，却不承想，也是最后一次。

其实在4月，阿依莎和其他新闻官曾先后向我们透露，卡扎菲有可能会考虑接受我们的专访，至少我们的机会比其他大部分媒体要多。这也不难理解，在局面日趋僵持的情况下，卡扎菲自然希望通过接受中国官方媒体的采访，来证明自己和中国政府的特殊关系，同时向中国政府传递信息。但就在一切变得充满希望之际，北约在4月30日的一次空袭中炸死了卡扎菲的小儿子赛义夫·阿拉伯·卡扎菲和三个小孙子。这一事件让的黎波里的局势变得更加紧张，也让我们采访卡扎菲的希望化为泡影。

空袭发生在当晚8点多。和往常一样，当北约的战机呼啸而过，远处传来沉闷的炸弹爆炸声后，我们便收拾好设备，等待易卜拉欣的召集。出人意料的是，那晚等了许久，都不见媒体办公室发出指令。临近子夜时分，酒店大堂内突然传来急促的脚步声，伴随着个别新闻官放声地痛哭。我们察觉到出了什么大事，赶紧出门打听。

起初，消息有些混乱。有人说是卡扎菲最得力的二儿子赛义夫·伊斯兰·卡扎菲遇袭身亡，也有人小声嘀咕，说听到了卡扎菲的名字。直到易卜拉欣在酒店广播中悲愤地发出公告，我们才搞清楚，死者是卡扎菲最小的儿子赛义夫·阿拉伯·卡扎菲。因为名字有点复杂，以至于让人误会死了不少大人物。

从那天晚上开始，利比亚政府带着记者分批去了很多次现场。那是位于的黎波里市中心的一栋民宅，卡扎菲小儿子的住所，也是卡扎菲一家在的黎波里的数个藏身点之一。墙体建筑在四枚导弹的轰炸下已经变成一片废墟。裸露的钢筋水泥、深达数米的弹坑，还有难以辨认的家私和衣物，都彰显出爆炸的巨大威力。客厅略显完整，但也是一片狼藉。沙发上散落着几本儿童漫画，应是卡扎菲孙子平日的读物。一侧的厨房落满尘埃，灶台上还放着没有下锅的蔬菜、刚做好的意大利面，满桌的锅碗瓢盆。看上去，那是一顿正在进行中的晚餐。

现场已经做了一些清理，看不到血迹。只有一枚来不及爆炸的导弹横躺在地面，不知道该如何处理。那天，刚在现场给央视四套做完连线，张召忠将军就托人打来电话，详细询问那枚导弹的尺寸和外观，以确认导弹的真假。因为在那时候，很多人不相信卡扎菲家族的安保系统这么脆弱，怀疑利比亚政府是在"制造"悲剧，博取外界的同情。

当然，事实证明，这不是作秀。按照利比亚政府的说法，卡扎菲当时正协同他的妻子，和赛义夫·阿拉伯·卡扎菲及其他家人举行家庭聚会，却不料遭此横祸。卡扎菲夫妇躲过一劫，他们的小儿子和三个年幼的孙子则当场丧命。

问题是，在这样的一个敏感时期，卡扎菲的家庭聚会按理说应该经过周密的部署，是一个绝密的消息，为什么北约方面能在一个精准的时间，发动如此精准的打击？联想到利比亚政府不断有高官变节出逃，我当时猜测，是不是有"内鬼"向北约方面提供情报，出卖卡扎菲。不过对于我的这番"不和谐"的言论，一直在废墟内痛骂北约的易卜拉欣没有正面回应：

"我们不知道他们是如何获取情报，怎么知道卡扎菲和他妻子当时在场的。大家都知道这不过是他儿子的家，但是他们掌握了情报。也许他们是通过卫星追踪技术，或者是收买情报，我们不知道。但看起来他们掌握了线索，他们知道卡扎菲和他的妻子，还有其他家人在这里，所以才发动直接打击。是否有内鬼？我们还不能做这样的推测。"

北约方面并不讳言自己发动了这场空袭，但却耐人寻味地强调，被摧毁的是一栋军事建筑。不过在现场，我们并没有拍摄到任何军事设施的痕迹。为了驳斥北约的说法，易卜拉欣还罕见地允许我们在附近自由采访，并带我们逐一走访邻近的住宅。我们随机采访到的民众也告诉我们，这里是的黎波里一个普通的住宅区，周围的建筑大多是民宅和学校，卡扎菲的家人住在这里也并不是什么秘密。

没有人知道北约当时究竟掌握了怎样的证据。若仅以我们在现场的调查来看，所谓"打击军事目标"这一理由似乎过于牵强——除非北约把所有卡扎菲出现的地方都当作利比亚政府军的临时作战指挥部。但另一方面，同样让我们感到困惑的是，在这次强力轰炸中，为什么卡扎菲和他的妻子能够安然无恙？既然卡扎菲夫妇没有受伤，利比亚政府为何不彻底隐瞒消息？公然承认卡扎菲就在爆炸现场，不就让北约得以明确其情报的准确性了吗？若进一步提出质疑：卡扎菲和他的妻子，当时真的在现场吗？这究竟是确有其事，还是利比亚政府混淆视听的障眼法呢？

废墟内外，疑点重重。

不管怎样，这次事件几乎彻底打消了一众媒体专访卡扎菲的想法。于是，大家把目标转向了卡扎菲的家人，包括他的二儿子赛义夫·伊斯兰·卡扎菲，以及卡扎菲唯一的女儿阿伊莎。

其中，赛义夫曾在欧洲留学多年，并握有伦敦政治经济学院的博士文凭，一直被视为卡扎菲内定的接班人。由于其深受西方生活方式的影响，甚至还和美国前国务卿赖斯传过绯闻，所以一度受到西方国家的期待和追捧。但利比亚爆发革命后，赛义夫在镇压反对派的问题上采取了和他父亲如出一辙的强硬立场，并亲自率领政府军打击反对派，从而令西方国家大失所望。

和易卜拉欣一样，赛义夫也更喜欢和敌对的西方媒体打交道。在我逗留期间，他曾几次出入Rixos酒店接受外媒访问，但可惜都未能捕捉到他的身影。

某个晚上，酒店大堂突然传来一片嘈杂，一打听才知道赛义夫要来接受某家媒体的专访。于是，几乎所有媒体都扛起摄像机、拿起纸笔冲了出去。访问在二楼闭门进行，整个楼层都被临时封锁。大家集中在二楼楼梯口，希望能等到赛义夫结束专访之后，出来跟大家打个招呼，或者说两句话。为了防止赛义夫从秘密通道闪人，大家还特意分工合作，在酒店的各个出口布置了人马，并锁定了赛义夫停在大堂外的专车。

但尽管如此，赛义夫还是神不知鬼不觉地消失了。失望之余，大家再度提起那个流传了很久的说法：Rixos有秘密通道，其实卡扎菲和赛义夫有时候就住在酒店，只不过大家都不知道具体位置罢了。就算被发现了，美国和北约也不敢轻举妄动——同住酒店的我们，就是最好的人肉盾牌。

和行事低调的赛义夫相比，卡扎菲的女儿阿伊莎就"大方"得多了。这位面容姣好、身材惹火的第一公主因长相酷似美国超模辛迪·克劳馥，被阿拉伯媒体形容为"北非的辛迪·克劳馥"，不仅是卡扎菲最宠爱的孩子，而且也颇受利比亚民众的喜爱。和卡扎菲一样，阿伊莎的性格也颇为刚烈。2004年，拥有法学博士学位的她还主动为伊拉克被俘总统萨达姆担任辩护律师，引发不小的轰动。利比亚战争爆发后，阿伊莎更多次参与群众集会，号召民众效忠她的父亲，与北约作战到底。

4月15日，当局组织记者参加了在阿齐齐亚兵营举行的纪念美国空袭利比亚25周年的群众集会，我们也因此与这位传奇女子有了一面之缘。但与她靓丽的外表相比，更让我们印象深刻的，是她充满暴力的言语，例如：

"我父亲说，如果人民不要我，我就不值得活着。利比亚人民应该用一个声音回答他：谁不支持卡扎菲，谁就不值得活着！"

印象中，阿伊莎在集会上说了很多煽动暴力的话，以至于我们在发稿时，不得不做出慎重筛选。上述这段言辞，还算是比较温和的。看着她在台上挥舞着拳头声嘶力竭地呐喊，我相信她对她父亲有着如同被洗脑般的支持，绝不会向西方国家妥协。正因如此，当事后某一天，台里有编辑告诉我说，西方媒体的消息称阿依莎变了节，带着家人逃离了的黎波里，让我去查证一下，我很肯定地回复：不可能。

6月初离开的黎波里回国续签利比亚签证之前，我曾向媒体办公室的那位阿依莎表示，如果卡扎菲愿意接受专访，我会第一时间赶回的黎波里。阿依莎详细打听了我的行程安排，并承诺一旦有了消息，会立刻通知我。我虽料到，那很可能是一张空头支票，却不承想，等再次回到的黎波里，已是兵荒马乱，就连Rixos酒店也成了战场。而那位不可一世的沙漠枭雄，也将在短短四个多月后被他的子民乱枪打死。

四

在西方国家，卡扎菲一直被看作一个无法理喻的独裁者，同时也是制造大规模杀伤性武器、支持恐怖主义的危险分子。因此，自20世纪80年代开始，美、英等国就对利比亚长期实行制裁。美国前总统里根在位时，曾把卡扎菲形容成中东"狂人"；小布什执政时期，更直接给卡扎菲政府贴上了"流氓政权"的标签。

2003年，伊拉克战争爆发后，卡扎菲因为担心自己落得和萨达姆一样的下场，决定放弃发展核武的诉求，同时承诺向洛克比空难[1]的遇害者家属提供巨额赔偿。

尽管这一系列善意的释放，一度推动了利比亚与西方国家关系的缓和，英国、法国、意大利、德国、加拿大等国领导人更在此后频繁造访

---

[1] 1988年12月，美国泛美航空公司PA103航班在途经苏格兰洛克比镇上空时发生爆炸，造成机上和地面共270人遇难。调查指事件由利比亚情报部门策划，但在2003年之前，卡扎菲政府一直不予承认。

的黎波里，但在外界看来，西方国家所看中的，不过是利比亚丰富的石油资源及其背后庞大的经济利益罢了，卡扎菲政权在西方社会眼中的负面形象，其实并未得到改观。

另一方面，自1978年建交以来，中国与利比亚一直保持了密切的互动。由于其鲜明的反美、反西方立场和在人权问题上对中国的支持，很多人把卡扎菲视为"中国人民的老朋友"。而在利比亚爆发内战、西方国家纷纷介入之后，中国舆论迅速出现了不同的阵营分野。倒卡派认同西方主流观点，认为独裁政权的卡扎菲必须下台；挺卡派则认为卡扎菲是反抗西方霸权的英雄，中国政府应当力挺到底。不论是在传统媒体领域还是新兴的网络媒体上，这两种声音都有不同程度的展现，并时不时掀起一轮又一轮的骂战。很多人将这一现象视为中国自由派与保守派，或者左派与右派之争，倒也不无道理。

从当时外交部不温不火、不偏不倚、抽象严谨、字斟句酌的表述中，不难看出中国政府在这一问题上态度之谨慎。的确，面对瞬息万变的利比亚局势，相信政府官员和大多理性的旁观者一样，都不敢轻易做出判断。

也许，正是这种不确定性，给了央视这样的国家级媒体一个难得的报道机会，让我得以赶在局势日趋复杂之前，获得了前往的黎波里的机会。尽管在被困Rixos酒店期间会经常收到各种指示，例如在报道卡扎菲政权的腐败丑闻、利比亚政府的全民监控防线、宣扬卡扎菲思想的《绿皮书》在利比亚影响式微等选题时，我的文稿曾被反复讨论、修改，但必须承认，整体而言，我在的黎波里的报道并没有受到太多强硬的约束，这点和我报道朝鲜问题或南海问题时的情况有很大不同。

但遗憾的是，顶着"央视记者"的头衔采访敏感的利比亚战事，免不了要承受异样的眼光和舆论的压力。更何况，利比亚局势扑朔迷离，很多问题都难以在短时间内证实或证伪。例如北约的空袭是否导致了大规模平民伤亡？利比亚政府军在攻击反政府武装时是否滥杀无辜？是否使用了重型武器乃至违规的集束弹？政府高官一个个叛逃的消息是否属实？外国记者在米苏拉塔等战区遇袭身亡，是政府军下的毒手，还是反对派所为？对于这些问题，我们只能根据我们所掌握的信息，在客观报道的同时保持观望立场。但如此一来，那些在利比亚问题上立场鲜明的观众自然会有所不满。个别"倒卡派"指责我是"利比亚政府的传声筒"，也有"挺卡派"炮轰我是"亲西方的走狗"。第一次看到网络上不断拍过来的板砖，着实倒抽一口凉气。

作为一名前线采访记者，最重要的职责就是把自己亲眼看到的、亲耳听到的事实经过整理之后如实、客观地报道出去。由于身处的黎波里，行动被利比亚政府牢牢控制，除了由政府组织的新闻发布会和个别宣传活动之外，我们很难提供更加全面的资讯，信息的来源自然显得比较单一。但从专业的角度来说，派驻的黎波里的记者引用利比亚政府官员的言论，无可厚非。记者，在技巧性地进行铺陈或者提出质疑之前，首先必须尊重每一位受访者的本意和原话，而不能因为记者个人的立场取态轻易加以扭曲甚至忽略。

而实际上，每次在官方活动一结束、开始写稿之前，我们都习惯先上网，或者通过其他渠道寻找相关的信息，尽量在引用政府言论之后，加入反政府阵营的表态或者其他国家的立场来进行平衡，以确保报道的客观公正。但这些关键的部分在那些持有既定立场的"倒卡派"观众面前，经常遭到忽视。

"挺卡派"人士的抨击同样令我感到遗憾。例如当利比亚政府有关扎维耶医院曾遭反对派强占的谎言被揭穿时，当利比亚政府承认射杀两名外国记者但不愿做出具体回应时，当一些高官纷纷叛变但利比亚政府却在难以自圆其说的情况下仍然坚称他们是休假时，哪怕我在报道中的质疑都建立在充分的拍摄和采访基础之上，却还是被贴上了"亲西方"的标签。

其实，在社会舆论存在明显对立、各方都习惯先入为主的情况下，记者的报道再客观，也难免遭到质疑。更何况，在习惯了接受官方媒体灌输式报道的情况下，部分观众似乎还没有掌握足够的能力去正确地看新闻、读新闻，因此信息的误读在所难免。不过转念一想，既然"挺卡派"和"倒卡派"都对我的报道有所指责，不正说明我在报道时没有刻意地站在某一边，尽量保持着报道的客观与平衡吗？

普通观众有所误解倒也罢了，最让我感到遗憾的是，个别专业人士，例如时任半岛电视台北京分社社长伊扎特先生，也不明就里地对前方记者进行了炮轰：

"我不理解一家媒体花那么多钱做那么周密的准备派自己的记者到危险的利比亚的目的是什么，如果这个记者每天对着卡扎菲的电视台为国内做同传，那这种新闻在北京不能做吗？这不是在浪费金钱吗？"

伊扎特的文章于4月中旬发表在个人的博客网站，当时前往的黎波里采访的中国媒体，除了环球时报之外，只有凤凰卫视和央视。但据我所知，这两家电视台在那前后根本没有"对着卡扎菲的电视台做同传"，我和我的同事史可为更是连半句阿拉伯语都听不懂，根本没有能力做同传。而且稍有常识的电视媒体人都会知道，电视台做同传，往往是在总部收录外电直播信号，同时通过自己的频道播放出去，其间会找一位专业的同声传译坐在小房间边听边翻，所以，所谓派记者到前方做同传的说法根本不可能实现。不知道是不是这两家电视台的主播在介绍同传身份时用词不够明确，误导了中文不够精通的伊扎特先生。

不过，伊扎特作为一名熟悉中东事务、当时又如此关注利比亚局势的资深媒体人不可能不知道，当时利比亚的国内局势可谓壁垒分明。在由卡扎菲政权控制的的黎波里和西部地区，能够在政府的高压政策下存活下来并堂而皇之走上街头的，绝大多数都是亲政府民众，至少也是被政府勒令在镜头前表演的民众。那些反政府人士，则大多已经逃亡，或者躲藏在角落积蓄力量，偶尔选择在某个防备较为松懈的夜晚，突如其来地小打小闹一下。

在戒备森严的的黎波里，亲政府民众和反对派之间力量对比之悬殊，更是显而易见。不必说4月中旬伊扎特的文字发表之前，即使算上前前后后我在的黎波里的两个多月，我所能看到的、听到的都和西方媒体一样，99%都是亲政府的力量。尽管我和我的中国同行都会在报道中提到班加西方向如火如荼的革命形势，但作为驻守的黎波里的记者，我们只能依据自己在活动半径之内的所见所闻，把采访的切入点放在政府和亲政府力量的异动之上。

在这一背景下，伊扎特先生的指责实在是有些匪夷所思。

"中国记者在连线中不断强调大部分利比亚人都支持卡扎菲，难道那些整日聚集在广场和街道上的反对派都是天外飞仙？（或者中国媒体也像卡扎菲一样，认为这些示威者是'老鼠'。）

"而我所看到的事实是，中国媒体的记者每天活跃在的黎波里的宾馆和大街小巷，跟着卡扎菲的手下到他们安排的街道、医院、学校参观采访，他们的logo时常出现在手持卡扎菲画像喊着口号的的黎波里大妈面前，而在反对派大本营重要的发布会上，你很难看到他们的身影。"

伊扎特先生不会天真地认为，在彼时的的黎波里街头，外国记者能轻易看见反对派的身影吧？又或者，伊扎特先生以为记者们能随意地穿越战区，在的黎波里和班加西之间往返？至于伊扎特先生揶揄我们每天只能跟着卡扎菲的手下活动，我想我在前文有关的黎波里采访局势的描述中已经解释得非常清楚，在此不想再做解释。也许是伊扎特先生高估了记者的能力，也许是他低估了战争的复杂性和卡扎菲政权的狡猾性。

我很赞同伊扎特先生在文中所说："媒体应该所见所知即所报，不管这些信息是否符合你的价值观。"正是秉持这样的原则，我们才在这场复杂的战争中，坚持每天发回所见所知，而尽量不去复制剪贴那些自己未经采访与核实的信息。遗憾的是，伊扎特先生对利比亚战争的局势演变，以及我们这些前线记者的采访工作，似乎知之甚少。

其实，说到报道的选择性和片面性，我想伊扎特先生也应该同时关注一下西方媒体和他所供职的半岛电视台。的黎波里的半岛记者早前被驱逐，无法参考。但包括BBC、CNN在内的西方主流媒体，他们在报道时其实就有着比较强烈的主观性。一些不符合他们标准的题材，哪怕很重要，他们也不会去采访。例如当利比亚政府在的黎波里召开"全国部落大会"时，这些媒体就拒绝参加。尽管这一会议有很强的表演性质，但恰恰是利比亚政府突显统战策略的重要场所和卡扎菲向西方国家传递信息的重要渠道。很遗憾，我们的西方同行对此并不关心。

当然，话又说回来。伊扎特先生在文中所说的很多内容，的确点到了包括央视在内的一些中国媒体，在这次利比亚战争报道中存在的种种问题。例如：

"按照我的理解，全面报道一个事件是媒体的责任和义务。"

由于我长期驻守在的黎波里，对班加西方面的报道情况了解不多。但根据有限的信息反馈，央视在这场战争的报道中，的确把焦点更多地放在了的黎波里这边，而反对派在班加西的活动情况呈现得相对较少。不过需要厘清的一点是，前方记者只负责发回报道，但掌握报道规模和比例的，是后方总部。平衡的缺失背后，可能是编辑的自我审查，也可能是其他层面的考量。当然，也有一些容易被忽略的客观因素。例如当我们通过各种渠道一次又一次成功申请到利比亚政府颁发的签证，进而得以较为频繁地进入的黎波里之际，派往班加西的记者却由于种种原因，多次被反对派拒之门外；当我们能利用美联架设在Rixos酒店阳台的卫星设备每天和北京连线直播之际，班加西记者的通信设备和直播条件却并不那么便捷。

伊扎特还毫不客气地指责说："中国媒体告诉我们卡扎菲的部队如何如何将反对派击溃接连收复失地，却不告诉我们替卡扎菲杀掉他的人民的有几万杀人不眨眼的外国雇佣军；它们告诉我们利比亚人都享有免费的医疗保险，却不告诉我们卡扎菲于长达42年的统治时间里在利比亚建了多少所医院；告诉我们的黎波里的人民对卡扎菲上校感恩戴德，却不提在这个每天出口160万桶全世界最昂贵的石油的国家，600万平民每人能分上几杯羹。所谓大阿拉伯利比亚社会主义民众国，无非只是张空头支票。"

包括央视在内的中国媒体是否提到了伊扎特先生所说的那些点，我并未做详细考证。但整体而言，我们的报道的确存在一些问题。这当中既有专业的因素，也有非专业的考量。虽然我在的黎波里有超出我想象的报道空间，但作为国家级电视台，禁区难免存在。只是，这恐怕并不是中国媒体的特有属性吧？

老实说，我必须感谢伊扎特先生的文字。尽管当我在Rixos看到他的文章时，和一旁的凤凰记者一样愕然且愤怒，表示要找他理论、对质，但文章也从某个角度提醒了我要更加注意报道的平衡、全面与客观，并意识到在这场战争中，身为中国记者的我们所承担的重要责任。当然，我也希望伊扎特先生作为一个资深的媒体人，不要先入为主地给所有中国记者扣帽子，甚至扭曲事实，至少应当对记者们所处的战争局势和报道形势有清晰的认知与判断。

第三节　炮火中的华人

利比亚战争爆发后，中国政府组织了大规模的撤侨行动。按照我们耳熟能详的说法，这是一次可以载入史册的、空前成功的撤侨行动。从2月下旬到3月初，大约有3.58万旅居利比亚的华人在中国政府的组织下，安全撤出利比亚。

不过，仍然有一些国人坚持留守在的黎波里，包括中国大使馆的工作人员，华人企业派驻当地的员工，以及个别在利比亚从事服务行业的商人。在炮火的阴霾下，他们一边担惊受怕、忧心忡忡，一边坚守着自己的职责或梦想。

对于这些"在利比亚处于危难时刻仍不离不弃"的外国人，利比亚政府自然会感到满意，甚至感激。或许正因如此，每当我们提出要去拜访或者采访的黎波里的华人时，媒体办公室总是很快就答应下来。在两个多月的软禁期间，与几位同胞的相知、相熟，不仅为我们在巨大的担忧和恐慌中带来了莫大的慰藉，更为我们在艰难的采访环境中提供了全新的报道视角。从他们的口中，我们不仅了解到一个更真实的利比亚、一场更真实的战争，更体会到在现代战争的阴影下，集脆弱和顽强于一体、在希望和绝望中挣扎的复杂人性。

当然，我们也知道了一些颠覆我们认知、让我们难以想象的故事。出于对当事人的尊重，本书无法复述所有细节，但我会尽可能还原那些最有价值的部分——为大历史存证，为小人物立言。

一

华为公司是利比亚最大的外资通信公司，在的黎波里、班加西等地都设有办事处。战争爆发后，公司运营基本陷入停滞。派驻当地的中国员工分批撤离，并于2月27日全部撤出利比亚。但在中国总部的要求下，几位中方员工又于3月14日回到的黎波里办事处，维持一些基本的业务。

办事处位于的黎波里西北角，临近反对派较为活跃的星期五市场，是一栋四层高的普通楼房，其中一二层为办公区，三四层是员工宿舍兼活动室。在我驻守的黎波里期间，负责留守办事处的主要有四人，都是30岁上下的年轻人：来自湖北的负责人季翔、江苏的夏尊、浙江的周伟，以及海南的张勤。四人大多刚毕业就进了华为，已经在的黎波里工作了二至四年不等。

因局势不稳，加上业务量减少，当地员工很少来上班，办公区早已关门，大伙儿都习惯了在家办公。平日里闲来无聊，就光着膀子在屋里打游戏，或者做饭、喝酒、打牌、聊天，或者到四楼活动室打会儿乒乓球。

炮火下见到同胞，自然感到亲切。第一次拜访办事处，就蹭了顿美味的家常菜。几杯啤酒下肚，大家便聊开了。一些不堪回首的记忆，也逐一浮现。言语中带着埋怨和不解，但更多的，还是辛酸。

"刚开始撤侨那会儿，很乱。我们向大使馆求助，大使馆说，我们是大公司，最好能先自己想办法解决。这也能理解，因为当时要撤退的华人实在太多，使馆得优先照顾那些没有公司背景的人。后来，马耳他大使馆的一位参赞夫人——是个华人，跟我们关系很好——告诉我们，说巴西有一艘人道主义救援船会到的黎波里，我们可以搭那艘船撤退。后来，我们就把这事儿告诉了大使馆，让他们通知其他中资公司，大家一起撤退。"

"那天晚上，大概是2月24日或者25日，我们冒着枪炮，开车到码头，上船安顿了下来。因为是人道主义救援船，所以不需要买票。后来，另一家中资公司的20多人在得知消息后，也赶来搭船。但是船位有限，没位子了。你知道他们怎么做？他们竟然以每人3000欧元的价格，买通了船长！然后要把我们赶下船！我们当然不同意了，结果有几个全副武装的利比亚政府军过来，用枪指着我们，把我们从船上赶了下来！我们没办法，只能下船，然后拎着大包小包的行李，在天寒地冻的码头想办法……那会儿城里到处是枪声，我们走不了，又不敢回来……"

好在两天后，在当地员工的协助下，大家终于踏上了回国的路程。但没想到，公司总部在对局势做了研判之后，认为办事处仍可继续运作，并要求其中三名员工立刻回到工作岗位。大伙儿虽有不安，但还是服从指令。3月14日，在家歇了仅仅两周，大家便经突尼斯回到了的黎波里。

3月的的黎波里仍十分动荡。政府军未能完全控制住局势，反对派还在时不时发起冲击。尤其是临近办事处的几条街道，经常传来激烈的枪声。而一到傍晚，北约的战机便会如约而至划破夜空，炸得的黎波里遍地开花。每到那时候，小伙子们就会紧张得不知所措，躲在屋内一边咒骂，一边祈祷轰炸赶紧结束。

其实，由于和利比亚政府有合作关系，大家的工作和生活并没有受到太多干扰，偶尔开个车出去溜达，就算被军警盘问也不会有事。但为了安全起见，大家还是尽量减少了出门次数，并在楼里囤了一大堆粮食和饮用水，以免战事升级而生活物资匮乏。只是，有时候因工作需要，还是免不了要出门见客户。于是，危险也接踵而至：

"那天，我们几个开车出去办点事儿，路上碰到几个政府军士兵，直接拿枪指着我们的头，要我们下车跟他们走。当时真把我们吓坏了！好在我们认识一些政府官员，通过电话联系上他们之后，那些士兵就把我们给放了。"

自那以后，大伙儿出门更加谨慎，几乎天天在屋里待着，坐等战事结束。为了让家里放心，大家几乎每天都要和家人联系，汇报一下的黎波里的局势，违心地报个平安，唯独夏尊例外："我没跟我爸妈说我已经回到利比亚了，我说我在埃及，免得他们担心。"

起初，大伙儿对总部的决定还有些怨言，盼望着能早点回国。中国驻利比亚大使馆也经常打电话来，劝大家赶紧撤退。但眼瞅着公司貌似不会改变主意，而的黎波里的局势也不会一下子恶化，大家也就渐渐冷静下来。久而久之，不仅习惯了窗外间歇性的骚乱，而且开始尝试在兵荒马乱中找点乐子。年纪最轻的周伟说，最有意思的，就是几个大老爷们去购物：

"市中心那里有家专卖各种欧洲名牌的服装店，打仗之后还在营业，但生意差了很多，所以老板决定贱卖所有库存，然后跑路。我们几个偶尔就会去那里，淘点西裤、皮带之类的。"

"那天我看中一套阿玛尼西装，店里最后一套，原价1000美元，打七折。我跟他说，你这西装尺寸太小，利比亚人没这么苗条，不如500美元卖给我，没想到他还不乐意。我觉得过两天，肯定还会打折，所以我没下手，等它便宜点再说。"光着膀子、身材瘦削的夏尊在一旁笑着补充。

自拜访过华为公司的办事处后，我们和几位留守员工一直保持着密切互动。虽说碍于我们的处境，不能经常见面，但大家隔三岔五就会通个电话。季翔他们最关心的，自然是战局的最新进展；而我们也会就发生在的黎波里的一些传闻向他们求证，同时也请他们帮忙介绍一些采访对象，包括我们"梦寐以求"的反对派成员。

如前所说，在利比亚政府严密的监控下，要想和城里的反对派接上头，不仅相当困难，而且极度危险。好在华为公司有一位本地员工是反对派阵营的中坚分子，战争开始不久便辞了职，搞起了革命。在季翔的引荐下，他欣然答应了我们的采访请求。起初，我们曾计划在华为公司的办事处对他进行面对面的采访，但考虑到负责监视我们行踪的新闻官几乎和我们形影不离，只能作罢。最终，我们退而求其次，采用了无法被监测的卫星设备，对他进行了电话采访。

当然，我们也希望采访华为公司。一方面，几位驻守员工的传奇经历，是很难得的报道题材；另一方面，作为的黎波里仅剩的两家中资企业（另一家是台资建筑公司）之一，华为公司的遭遇和未来的计划无疑能为其他已经撤离的中资公司提供借鉴。遗憾的是，华为总部有些顾虑，不希望员工接受媒体采访。

这并不是我第一次和华为接触。作为一家大型的跨国企业，华为的业务早已遍布全球，甚至在伊拉克、阿富汗、叙利亚等常年战乱的国家和地区，也设有办事机构。按照公司总部的规定，无论驻在地发生怎样的自然灾难、武装冲突甚至恐怖袭击，他们的驻外员工都不能轻易撤退。因此，我每次到危险地区采访，几乎都能见到华为外派员工的身影，听他们说一些有趣、刺激的故事。和我们这些所谓的"战地记者"相比，他们要承担的风险恐怕要大很多。只是，低调的企业文化，令这些身经百战的华为人和他们的坎坷经历总是处于镁光灯之外，鲜为人知。

两个月下来，我们结下了深厚的革命友情。6月初离开的黎波里的时候，再度去办事处蹭饭，说不出的滋味。我走了，他们还得留守，而且不知道要熬到什么时候。我说放心，我回去办个签证，很快就回来陪你们。夏尊接话放出豪言：哪天不打仗了，我们签它一个亿的合同，然后就把你们几个都请回来采访！

我们当时一笑而过，谁也没当真——满目疮痍的利比亚还能有多大商机？说不定办事处也会撤吧？却不想战争结束后没多久，夏尊就告诉我，办事处很快就签了上亿的合同，让我目瞪口呆。

当然，自8月下旬的黎波里战事最紧张的那会儿匆匆回去过一次之后，我再也没有重返利比亚，也无法见证华为公司在的黎波里的战后重生。几位共患难的哥们儿也很快离开的黎波里，展开了新的生活。季翔已经成为总公司的高管；夏尊成了国内的地区主管，并很快娶了个川妹子，生了个胖小子；一直抱怨在国外找不着女友的周伟，也如愿找到了自己的终身伴侣，并调至相对安宁的摩洛哥工作；至于张勤，则又从利比亚调到了叙利亚，继续他的高危战地生活。

若哪天能团圆，必是人生一大快事。

二

由于空运和海运路线全面瘫痪，加上陆路交通又受到严格管制，的黎波里依赖进口的生活物资出现了不同程度的匮乏。不过，在Rixos酒店，我们的一日三餐倒是供应充足，从未出现过缺粮断水的问题。

酒店一楼有一个颇为宽敞的餐厅，算上毗邻的后花园喷泉茶座，可以容纳100多人同时就餐。一日三餐，都是自助模式，提供利比亚和北非风味的菜肴：炸鸡、牛肉、羊肉、烤鱼、土豆、甜品、水果等。在当地人看来，那真的是难得的美味佳肴，但在我们这些吃惯了蔬菜喝惯了汤的亚洲记者看来，实在是缺少点什么。

更何况，除了早餐包在房费内以外，午餐每人要价55美元，加上服务费要61美元；晚餐每人70美元，加服务费共77美元。奇贵。

印象最深的，是琳琅满目的甜品。和其他阿拉伯国家一样，利比亚人也非常喜欢吃甜品，而且是甜到发腻的那种甜品。对于像我这样本身就不怎么爱吃甜食，而且要考虑出镜效果的人来说，一小块蛋糕已经足够引发要减肥的忏悔，但身边的新闻官和一些阿拉伯国家的记者，却是一块接一块，吃得不亦乐乎。

倘若是三五天的旅程倒也罢了，不喜欢也可以当作是尝鲜，但在两个多月漫长的软禁生活中若是天天吃这些阿拉伯饭菜，我不知道自己会不会情绪不振。

好在我们碰到了戴宋仙的中餐馆,从此胃口大开。

认识戴宋仙纯属偶然。4月上旬的一个下午,我们在结束了一次外拍之后,在两名新闻官的"陪同"下返回酒店。途中,一位新闻官突然指着不远处的一条小巷说,那里有个中餐馆,老板还在。我顿时两眼放光,要求过去看一眼。

"你们也累了,顺便请你们喝杯咖啡,吃个中餐。"我笑着提议,很快换来肯定的答复。

餐馆是一栋三层楼高的独立建筑,坐落在海边,风景宜人,但餐馆内却空空荡荡,见不到一位客人。当我们兴奋地走进餐馆,用中文大叫"有人吗"时,着实把店内正在休息的员工吓了一跳。

老板娘戴宋仙是一位胖胖的中年妇女,来自浙江,一看就是典型的生意人。据她介绍,2004年她特意到的黎波里考察投资环境,当时认定这里很有商机,于是在2006年带上家人一起到这里开餐馆。经过五年的经营,生意越做越红火,就连卡扎菲的二儿子赛义夫也曾光顾过他们餐馆。就在开战前,她还特意追加投资了一大笔钱,扩建了饭店。但万万没想到,一场战争让一切面临危机。如今,除了一些中国和韩国公司留守当地的员工会偶尔订餐之外,餐馆基本上处于停业状态。

"我在这里五年,真的是做梦都没有想到会发生这样的情况。如果早想到会这样,而且这么严重,那我们也不会投资这么多。毕竟我们是跨国做生意,不是在中国。在中国没问题,但是在这里,我们真的不放心。"说起这一段时间的变故,戴宋仙长吁短叹,满脸无奈。

戴宋仙说,一个月前她曾考虑过撤退,但当时觉得情况很快就会好转,所以咬了咬牙,没有回国,却不料局势越来越乱。大使馆工作人员隔三岔五就会打电话来做思想工作,希望他们尽快回国,但由于的黎波里机场已经关闭,经突尼斯回国的陆路交通又不安全,她找不到更好的撤退办法，只能继续观望。

话虽如此，但我听得出来，她最放不下的，是几百万的投资和累积多年的心血。

"从去年12月到今年1月，我刚装修了四间房子，花了20来万将近30万人民币。我这里的房租去年12月刚刚交掉，差不多是100多万人民币。再加上之前进了一个集装箱的货，发过来也花了四五十万。所以我们这里单投资就花了好几百万，如果我们一走，就什么都没有了，五年的心血就白费了。"

为了以防万一，戴宋仙把餐馆的地下室临时改建成了防空洞，储存了大量食物和饮用水。她说，就算的黎波里断水断粮，这里的储备也足够餐馆所有人坚持半年。

留守在餐馆的，除了戴宋仙和她的丈夫，以及未满20岁的儿子，还有12位戴宋仙的老乡，都是餐馆的服务人员和厨师。战争爆发后，大家或多或少都有过回国的想法，但在戴宋仙的坚持下，他们最终还是留了下来。对于这中间的争执和妥协，大家都不愿多谈，只是希望战争能尽快结束。

好在餐馆的位置属于的黎波里的富人区，而且靠近大使馆，治安相对较好。为了确保自身的安全，大家平时除了采购粮食，都尽量待在餐馆。聊聊天，打打牌，或者通过QQ视频，跟远方的亲朋好友聊聊天。

采访结束前，餐馆的工作人员说，希望能一起出个镜，不为别的，就希望家人能通过电视看到他们，知道他们是平安的。镜头扫过去，每一个人都挤出一丝不那么自然的笑容。

自那以后，我们就成了中餐馆的常客——当然，只限于电话订餐。隔三岔五，只要时间允许，我们就会打电话给戴宋仙，点几个家常菜，要几个白米饭。不出两个小时，餐馆的服务人员就会开车到酒店门口，亲自把热腾腾的饭菜送到我们手上。酒店的安保起初还会盘问两句，习惯了就不以为意了，而且每次都会闻着扑鼻的香味儿，竖起大拇指来一句："Chinese，good！"

中餐馆的菜色还算丰富，鸡鸭鱼肉、蔬菜面条一应俱全，其中包括我最爱的茶树菇和炒米粉。起初为了避免引起酒店方面的不满，我们还处处小心，从走廊搬张桌子进房，几个人偷偷围在一起大快朵颐。后来，眼见酒店方面没有任何反应，我们就开始嚣张起来，不仅把中餐拿到餐厅摆上一桌，而且还时不时邀请其他老外记者过来开开荤。

不过，这中餐着实不便宜，三个人点四个菜两份饭就要100美元。虽然比酒店的自助餐厅划算，但相比国内，还是奢侈太多。不过，老板娘顶着炮火开餐馆，自然有巨大的风险成本，想想也就忍了。

每次点餐、送餐的时候，戴宋仙和她的伙计总不忘问一声：局势怎么样了？大概什么时候能停火？我也总是不厌其烦地告诉他们一些最新的动向，末了劝他们赶紧回国：大不了等战后东山再起。在我看来，随着炮火的持续，戴宋仙他们会很快离开的黎波里，我们也将随时"断粮"。但没想到的是，我远远低估了浙江老板娘的抗压能力。在习惯了枪炮声后，戴宋仙留守的意志越来越坚定。

5月初，第二次拜访中餐馆。精明的戴宋仙已经在院子里种起了韭菜、南瓜等各种瓜果蔬菜，大有长期备战的架势。她说，这些蔬菜在利比亚市场上很少见，以前只能到中国人在当地开设的农场进货。战争爆发后，中国农场主全面撤退，餐馆决定自产自销。

和第一次见面时相比，戴宋仙明显淡定了许多。她说她已经习惯了战机的轰鸣声，而且根据她长期的打听和观察，中餐馆所在位置并不是北约的攻击目标，因此是安全的："这里没有卡扎菲的弹药库，离卡扎菲的家也比较远。我查了一下，这附近没有他家的重要房产，所以我觉得，目前还是没有什么问题的。"

看得出，戴宋仙已经下定决心继续留守。她一边向我们打听外边的局势，一边盘算着还要做些怎样的准备。她说，最近的黎波里出现物资短缺的迹象，物价有不同程度的上涨，其中食用油和煤气的价格甚至飙升了100%，因此戴宋仙加大了采购力度。目前，地下室的粮食储备已经足够大伙坚持一年。

"我们囤在这里的主要是大米和食用油。如果万一真的打得很厉害的话，一方面我们不敢出去买；另一方面又怕涨价，所以像大米之类的就得囤多一点。那些不会变质的东西，我已经储存了一整年的量。"

在炮火的阴影下战战兢兢两个多月，餐馆内冷冷清清，营业额与以往相比更大幅减少了八九成，但戴宋仙还要咬牙坚持。如此执着，实在是因为舍不得几百万的投资和累积多年的心血。她说，就算一个月后，局势仍然没有好转，她也会让手下员工先回国，自己一个人留在当地，守护来之不易的财产。

"我觉得如果我真的挺不下去，必须撤走的话，我所有的东西就没了。就算以后再回来重新开始，也要好几百万，我怕亏得太厉害。如果我自己待在这里呢，有可能这个房子还保得住，所有的东西还保得住，人家也不敢进来抢，也不敢进来拿。"说这些话的时候，戴宋仙带着一股破釜沉舟的气势。

和老板娘相比，在厨房工作的戴婉仙并没有那么多顾虑，但同样选择留守当地。一年前，戴婉仙为了多挣点钱，毅然走出农村，跟随同乡的老板娘来到的黎波里。战争爆发后，家人多次催她赶紧回家，但戴婉仙却一再拒绝。她说，没别的原因，就是希望能多挣些钱，供19岁的孩子上高中，上大学，以后能有出息。

"就是因为孩子要读书啊。反正我们现在年纪还轻，就出来赚些钱，供孩子读书。"

自从上次在我们的报道中亮相之后，中餐馆在浙江老家引起了不小的轰动。所以，餐馆里的伙计见到我们都格外高兴，纷纷跟我们分享第一次上电视的激动心情。但一问起今后的打算，大家都不约而同地沉默了。漂洋过海，到这个陌生的国度创业打工，每个人都有不同的抱负和追求，但一场战争却让他们措手不及。虽然暂时选择了留下，但我看得出，他们比以往任何时候都更纠结，也更想念家人。

自那以后，我没再去过中餐馆，但一直和戴宋仙保持着电话联系。6月初我回国的时候，老板娘着实紧张了一阵：一来担心我走是因为局势要恶化；二来是遗憾少了我们这些常客，餐馆生意会变得更糟。8月末，反对派向政府军发起总攻之际，我二度赶赴的黎波里，并在华为的办事处见到了中餐馆的大厨。据说，大厨实在受不了炮火的煎熬，决意违背戴宋仙的命令，一个人跑了出来，准备伺机回国。而戴宋仙，还是不肯撤退。

2013年年底，在深圳与周伟重逢。酒桌上说起戴宋仙，大家都由衷地表达了景仰之情，说她绝对是"利比亚战争中的一个传奇"。周伟说，餐馆在战后继续营业了，只是，一场意想不到的变故让戴宋仙损失了不少：

"反对派上台后，突然宣布旧版的纸钞，就是那些印有卡扎菲头像的纸钞，全部作废。老板娘没来得及去银行换新钞，她埋在院子里的上百万第纳尔，大概值几十万美元吧，都作废了。听说那天，她一个人在院子里烧钱，一边哭一边烧，挺可怜的。"

三

2000年，中非合作论坛的成立吹响了中国企业集体进军非洲大陆的号角。2007年前后，随着利比亚经济的发展，越来越多的中国资本开始转向利比亚市场，重点投资基建、电信、石油天然气等领域。来自中国商务部的统计显示，截至2011年战争爆发时，已有75家中国国企和民企在利比亚开展投资合作。

突如其来的骚乱，令一切戛然而止。人员撤退，厂房被毁，生产停滞，合同中止。截至2月24日，也就是利比亚革命爆发仅仅一周之后，就有27个中国在利比亚的企业工地和营地遭到袭击、抢劫。而在中国企业陆续撤离之后，潜在的经济损失更为惊人。据商务部统计，中方在利比亚主要有50个大型投资项目，涉及合同资金188亿美元。例如中国铁建股份有限公司承包的三个工程项目，合同总额达42.37亿美元；中国建筑工程总公司承包了总值27亿美元的住宅项目；中国交通建设股份有限公司也承建了约21亿美元的住房工程。此外，还有难以统计的成百上千个中小型合作项目。尽管这些投资项目大多已经动工，部分合同款项也已经到账，但若战火持续，复工无望，中国企业账面上的损失仍将高达数十亿美元。而考虑到大量的办公大楼被炸、机械设备被毁、电脑被抢、汽车被盗，实际的经济损失更是难以估量。

驻守的黎波里期间，我们曾两度探访中国铁建在的黎波里郊区的一个工地。自2月底中方工作人员全面撤离以来，那里就一直处于停工状态。大批原材料和生产设备闲置在工程区域内，一条在建的路轨看不到任何施工人员，只有一张卡扎菲视察工地的海报仍然高挂在路旁。截至战争爆发时，利比亚国内还没有一条完整的、能够投入运营的铁路。中国铁建承建的那段路轨，其实是一个样板工程，原计划要扩建成一条可以运营的轨道，但战争爆发后，工程被迫中止。

人去楼空，我们无法了解具体的财产损失情况。但几位奉命留守在工地看管财物的当地员工说，因为工程点处于利比亚政府军的控制范围，而且政府对铁路建设一直较为关注，所以派了一些民兵部队在附近巡逻，工程点并没有遭到破坏。其中一位当地员工见到我们，兴奋地抢过我们手中的一台便携式摄像机，一边拍摄工地现场，一边现场解说。王洁在一旁乐不可支："他们在说，请中国老板放心，这里很安全。"

但远在千里之外的中国老板显然不会放心。透过电话，我们找到了刚回国两个月的中国铁建利比亚工区负责人之一汪总。电话那头的汪总正在用餐，起初不愿多说，但简单交谈几句之后便打开了话匣子，满肚的焦虑和担忧：

"我们肯定要考虑回去，第一是去保全我们的资产，第二就是考察这个项目能不能继续运作下去。利比亚这个国家原本是一个值得投资的国家，只要它的政局稳定，就还不错。但是从现在这个形势来看……我们应该没那么快能回去。我们只能希望他们不要损害我们的利益，也不要破坏我们的设施。"

而当绝大多数中资企业在国内焦急地关注着利比亚战事的进展，祈祷自己的投资不会打水漂时，60岁的中国台湾建筑商陈云卿，却选择留在的黎波里，亲自守护岌岌可危的公司、厂房。

陈云卿来自台南永康，早年曾先后在中国台湾的电子和建筑公司工作。1982年，在一位利比亚商人的引介下，他来到这个沙漠国家拓展建筑业商机，并很快在班加西承建了一个兵营，赚得第一桶金。到战争爆发前，陈云卿已经在利比亚持续打拼了29年，旗下拥有一家建筑公司和四个水泥厂，年产水泥240万吨，几乎占利比亚全国水泥总产量的一半，业绩斐然。

2月下旬，利比亚局势开始陷入动荡之后，陈云卿手下的700多名员工陆续逃离的黎波里，建筑公司和水泥厂几乎全面瘫痪，但陈云卿坚持留了下来。他说，一方面是因为公司在战前签订的一些水泥生产合同尚未完成，他必须负责到底，"保护我们中国公司的声誉"；另一方面，是因为舍不得扔下近30年的心血。如果他走，公司肯定倒闭；如果他不走，就还会有希望。

陈云卿的决定让很多人感到忧心。据他说，他在台湾的几乎所有家人、亲戚、朋友都给他打过电话，让他赶紧回家。陈云卿的夫人更是心急如焚，直接联络到台湾"外事部门"，请求协助。时任台湾地区领导人马英九闻讯后，更亲自下令，要求把这位滞留在利比亚的唯一台商劝回家。但陈云卿还是坚持留守。在他看来，的黎波里的局势并没有恶化到非撤不可的地步。而且他相信，不论事态如何演变，这场危机都将促使下一届政府加快改革，为投资者创造新的契机，"比如，可能会减少对我们这些外资企业的税收"。

在陈云卿身先士卒的鼓舞下，约有50位当地员工决定留下来，陪这位台湾老板一起坚守岗位。虽然员工数量不足，资金周转有些困难，就连陈云卿平日开车去工厂视察工作也要解决汽油紧张的问题，但水泥厂还是逐渐恢复了生产。更出人意料的是，在艰难地履行一些战前签订的合同之余，公司还在4月初接到了一份高达450万美元的新订单，创造了逆境生存的商业奇迹。5月中，我们到陈云卿的公司拜会他时，他已经在忙下一步的生产部署，等待着局势好转，也等待这场利比亚危机能转变为扩大生产的契机。

不论是匆忙撤离的汪总，还是坚持留守的陈云卿，抑或是其他在利比亚投资、经商的华人，都在等待战争的结束。于是，当反对派在8月末攻陷的黎波里，紧接着卡扎菲在10月被反对派士兵虐杀，利比亚战局尘埃落定之后，许多中资企业和华商都纷纷返回利比亚，准备东山再起。

然而，各方期待已久的重生并没有到来。一方面，新生政权忙于组建新政府、分配权力，没人关心外资企业的问题，巨额经济损失的索赔工作更无人问津；另一方面，在战争中扶植反对派上台的西方国家积极介入战后的利益分配，利比亚的投资格局面临重新洗牌，若没有稳固根基和广泛人脉，中资企业的再出发势必困难重重。

更关键的是，利比亚局势并没有因为战争的结束而归于平静。卡扎菲的余党，散布在各地的亲卡扎菲势力，以及其他各种试图在乱局中获利的世俗势力和宗教组织，都开始向新政权发起挑战。尤其是进入2014年，利比亚局势进一步恶化。5月，由退役将领哈夫塔尔领导的部队在东部地区发起"尊严行动",打击反对派武装。路透社的消息称,一名中国建筑工程师在事件中遭到枪杀。7月,利比亚两派民兵武装在的黎波里国际机场附近爆发枪战,冲突很快蔓延至的黎波里市区,在短短两周之内就造成约500人伤亡。受此影响,的黎波里的供电、供水、供油、供气、交通、通信等系统都陷入半瘫痪状态。

局势的恶化令利比亚的中资企业再度陷入恐慌。2014年5月至7月,近千名刚返回利比亚不久的中方员工陆续回国。7月28日晚,中国驻利比亚大使馆发布紧急通知,明确要求所有中资企业在8月1日前组织人员撤离利比亚。战后不到三年,撤侨梦魇再度来袭。时至今日,局势仍未稳定,利比亚中资企业的重生梦,也仍未实现。

第四节　前进,还是撤退

我在6月初撤出的黎波里的主要原因,一是签证到期,要回北京续签;二是长期工作,需要休整。台里的意思是,尽快办好签证,休息几天就回的黎波里。毕竟,在的黎波里待了那么久,我比其他同事更熟悉环境,也更容易开展工作。却不料,刚向利比亚驻华使馆递交了申请材料,我就被派去印尼采访东盟系列峰会;峰会还未结束,我又直接从印尼赶赴挪威,报道发生在于特岛的枪击事件[1]。如此来回一折腾,回的黎波里一事也就延误了一段时间。

早在我离开的黎波里后不久,我的香港同事史可为已经重返Rixos酒店,与阿拉伯语频道女记者冯韵娴合作报道战事。进入8月,利比亚局势逐渐发生显著变化。反对派在北约战机的掩护、协助下,夺取了利比亚中西部多个城镇,直逼的黎波里。而在的黎波里城内,反对派也

---

[1] 2011年7月22日,挪威人布雷维克先在挪威政府办公大楼前制造爆炸,然后在于特岛枪击参加夏令营的人群,共造成77人死亡,300多人受伤,史称于特岛惨案。

开始重新集结，不断向政府军发起冲击。与此同时，北约的空袭仍在持续。那段时间，的黎波里的报道环境已经相当恶劣。

8月20日，我只身一人飞抵突尼斯吉尔巴岛，准备伺机进入利比亚。按照计划，我的任务是到的黎波里接替史可为，和冯韵娴一起报道接下来的战事。但万万没想到，就在那几天，的黎波里局势再起波澜。从8月20日起，反对派开始大举反攻，随后逐步逼近阿齐齐亚兵营及邻近地区，迫使政府军退守Rixos酒店，负隅顽抗。

驻守在酒店的数十位外国记者，包括可为和小冯在内，都成了政府军的人质，随时有可能被误伤甚至"撕票"。这就是外界熟知的"Rixos酒店围困事件"。

而当可为和小冯危在旦夕之际，我正悄悄跨越利突边境，向着的黎波里一路狂奔。只是，因为种种原因，还没等我见到可为他们，我又被迫冒着枪林弹雨，从的黎波里撤了出来。这么多年来，我很少跟人提及那段往事。很少有人知道我曾在那个时刻到过的黎波里，更没有人知道这期间究竟发生了什么。对此，直到今天，我仍无法释怀。毕竟，那是我从业以来最危险、最无奈、最遗憾，也是最不可思议的一段经历。

一

从香港到吉尔巴岛，我一个人扛了三个大箱子，带了一大堆拍摄器材和传输设备，包括一套笨重的海事卫星设备。没有摄像师，没有工程人员，更没有保镖。

吉尔巴岛的拉斯杰迪尔关口，是利比亚和突尼斯之间人员及货物往来的主要通道。自利比亚战争爆发以来，大量的利比亚难民通过这个关口逃到突尼斯境内，而要到的黎波里采访的外国记者，也必须在这里集合，由利比亚政府派出的媒体车统一接送。五个月前，我和可为、耀祖正是经由这里前往的黎波里的。

我这次抵达时，拉斯杰迪尔关口仍在政府军的控制之下。不过，反对派已经占领了西部多个城镇，从拉斯杰迪尔到的黎波里的交通要道经常爆发枪战，尤其是邻近扎维耶的地段，更是冲突不断。

经同行介绍，我临时找了一位名叫穆迪的中间人。自利比亚战争爆发后，吉尔巴岛的媒体辅助行业日渐兴盛。越来越多的突尼斯人——尤其是当地的一些记者和导游，临时改行做翻译、司机或中间人，协助外国媒体在边境采访，赚点外快。外国记者来来去去一拨又一拨，一些中间人手头累积的采访资源也越来越丰富，平常联系个难民，找一些故事，或者介绍一下地区形势，都能轻松搞定。

按照穆迪的说法，利突北部边境基本上还在政府军的控制之下，突围难度较大。相比之下，中南部边境的一些地区已经被反对派控制，管理较为松懈，反而属于一条更加保险的路。于是，在抵达吉尔巴岛的第二天，他便带我沿着边境线驱车南下，赶赴一个叫德西巴-瓦赞（突尼斯一侧叫德西巴，利比亚一侧称瓦赞，以下统称瓦赞）的边境口岸。

大约五个小时的车程，一路颠簸。临近瓦赞，车窗外已经是完全不一样的风景。沿途的电线杆挂满了反对派的三色旗，墙上张贴着各种类似"自由利比亚"的标语海报，售卖反对派徽章、旗帜的摊档随处可见。呼啸而过的敞篷车上，年轻人高声叫喊着"利比亚！利比亚！"，就连来来往往的路人，也穿戴着印有反对派标志的T恤和帽子，意气风发。若不是穆迪摇头否认，我还以为开错了路，到了利比亚解放区。

下车一问才知道，眼看利比亚局势正迅速朝着有利于反对派的方向发展，大批流亡海外的利比亚人，包括那些生活在突尼斯难民营的避难者，都陆续返回阔别已久的祖国。作为西部地区被反对派控制的主要关口，瓦赞成了很多人回家的必经之地。此外，一些有志于投身革命的年轻人，也打算经瓦赞入境，加入反对派武装，杀向的黎波里。交谈中，几乎所有人都相信，卡扎菲下台指日可待，战争很快就会结束。

瓦赞口岸十分简陋。突尼斯和利比亚分别把持一个露天的管制站，两者相距不到百米。车辆行人只要通过这两个管制站，就能进入利比亚的纳鲁特地区。我们赶到时，通往利比亚的过道正大排长龙，车队已经延伸至突尼斯境内数百米。好在穆迪和突尼斯管制站的工作人员较为熟络，我们等了不到半个小时，就顺利通过关卡，直奔利比亚边检站。

　　由于反对派刚攻下这里不久，利比亚一侧管理十分松懈。大批过境客拿着护照，争先恐后地围在一个小岗亭的窗口。由反对派权力机构临时委派的签证官在岗亭内负责审批、盖章。管制站未见军队驻扎，只有几个背着长枪、穿着迷彩的武装人员闲散地站在一旁和大家聊天，偶尔维持一下秩序。我拿出摄像机拍摄，竟然没有人阻止。一位武装人员甚至微笑着走过来，热情地和我攀谈起来：

　　"你是记者吧？欢迎来到利比亚！这里前几天还是卡扎菲军队的地盘，但现在已经被我们控制了！瓦赞以东，方圆一两百公里的范围，现在都是我们控制了！利比亚已经安全了！自由了！"

　　利比亚自由了，但我却麻烦了。由于我持有的是卡扎菲政府颁发的记者签证，反对派不认，因此理论上无法从瓦赞口岸入境。实际上，在那段政权交替的时期，外国记者要想经由反对派控制的关口入境，必须向班加西的媒体办公室申请临时签证。而班加西东临埃及，记者们在递交电子申请后，必须在埃及边境等消息，一拿到许可就能进入利比亚。至于地处利比亚西南方向的瓦赞，因为是刚刚"解放"，所以还没有针对外国记者的服务。

　　我环顾四周，发现口岸通道的右侧，是一道堤坝式土坡。三三两两的过境客正站在土坡上休息，等待过关的指令。其中，紧靠利方管制站的地段，矗立着一道铁丝网。不知什么原因，铁丝网已经残缺不全，有的地方甚至直接伸腿就能跨过去。铁丝网的两侧，同样没有武装人员把守。

于是，我把摄像机和工作服放入车中，并嘱咐穆迪开着车，经正常途径过关。随后，我佯装无所事事的样子，慢慢走上土坡，看了会儿风景；在确认没有人怀疑我之后，又缓缓地靠近铁丝网，找到一处网口较低的位置；最后看了一眼四周，轻轻松松抬了一下腿，就跨了过去；紧接着，又缓缓地踱下土坡，走入那些刚刚过关的人群。

与穆迪会合后，已是四五点的光景。我们驱车东进，途经的几个人烟稀少的村庄，早已挂满了反对派的旗帜。本想多走一段，无奈天色渐晚，只能掉头。说来也怪，离开利比亚就不需要钻铁丝网了。穆迪在一旁说了些好话（也可能是谎话），管制站工作人员随便翻了一下我的护照，就予以放行了。

原本只是想到瓦赞摸摸情况，却不料走对了方向。在回程的路上，我和穆迪很快就确定了吉尔巴岛—瓦赞—纳鲁特—津坦—扎维耶—的黎波里这条路线。为了尽快与可为交接，我决定第二天一大早便启程。不过，路上将多一个同伴：央视派驻尼日利亚的女记者徐贵霞。

其实早在我抵达吉尔巴岛之前，徐贵霞就已经在利突北部边境的突尼斯一侧报道了一段时间，主要关注边境局势的发展及利比亚难民在突尼斯的生活状况。我抵达时，她的工作刚好告一段落。她的摄像师已经先期离开，而她自己也已经收拾好行囊，订了回尼日利亚的机票。但那天晚上，当我在电话中问她，愿不愿意和我搭把手，一起进利比亚时，这位长期驻扎在非洲沙漠、素未谋面的同事只是简单征求了一下台里的意见，然后就爽快地答应了：

"没问题！跟你进去一趟，我也做一回战地记者！"

二

有了第一天的经验，第二天的行程就轻松多了。我和徐贵霞会合之后，便沿着相同的路线南下，顺利穿越边境，进入利比亚。

紧临瓦赞的纳鲁特，是我们入境后途经的第一个城镇。这里是反对派在西部最先控制的地区之一，并很快成为反对派西部战线的指挥枢纽。由于靠近突尼斯，这里更是反对派补充武器装备和食物供给的中转站。当我们进入纳鲁特时，镇上已经挂了不少班加西政权的旗帜，路上不时会碰到背着长枪的反对派武装人员从容的身影。在一位路人的指引下，我们很快找到了反对派在当地的指挥中心。

　　我们起初担心，我们的到来会不受欢迎。但没想到，指挥中心的武装人员颇为热情地接待了我们。在向更高级别的官员请示之后，负责纳鲁特战事的反对派将领哈迪接受了我的采访，并详细介绍了反对派在当地的作战情况。

　　"我们已经完全控制了纳鲁特地区，政府军不会再有机会了。你应该知道，我们的人马正在向的黎波里推进，目前已经基本控制扎维耶一带，卡扎菲下台的日子很快就要到来了！"

　　"你们在纳鲁特地区投入了多少兵力？目前驻扎了多少人？"

　　"很抱歉，这属于军事机密，我不能向你透露。也许我们的兵力没有政府军那么强大，但我们很勇敢，而且我们得到了老百姓的支持。你出去走一走就能发现，这里已经被我们控制了，卡扎菲的手下都被打跑了。"

　　"恕我冒昧，但从一开始，很多人就认为，临时组建起来的反对派缺乏必要的军事素养和武器装备。所以外界很好奇，你们是怎么打败政府军的？另外，你真的认为政府军没有能力反扑吗？"

　　"首先，我们有很坚定的信仰，有很明确的目标，不像卡扎菲的部队，早已军心涣散。其次，就像外界经常议论的，北约的空中打击给了我们很大的帮助。但还有很重要的一点是，我认为大家对我们的作战能力有些低估了。实际上，经过几个月的战斗，我们已经变得越来越强大。采访结束后，我可以带你去看一下我们的武器库。"

在哈迪的引领下，我走进指挥中心的一个仓库。那里堆满了长枪短炮各种武器，有的锈迹斑斑，不知道还能否开火；有的擦得锃亮，似是刚用没多久；大多数都装在木箱中，尚未拆封。哈迪毫不讳言地说，他们一方面从各地的战斗中，收缴了政府军的一些武器；另一方面，他们也会从别的国家那里获得一些武器援助。

"有哪些国家给你们提供武器？"我装出一副漫不经心的样子问哈迪。要知道，对于反对派的武器援助在那时候一直是一个敏感问题。虽然大家心知肚明，但却很少能够拿到切实的证据。如果哈迪能透露一二，自然会是个重磅消息。

"这个……我具体就不说是哪些国家了，但肯定包括一些伊斯兰国家。"哈迪没有上当，笑了笑，敷衍了过去。

屋内光线有些昏暗。我弯下腰，细细查看。哈迪的助手在一旁兴奋地为我讲解各种武器的特点，神情语气颇为自豪。我不是武器专家，也听不太懂他夹杂着大量阿拉伯语的英文，只能笑着附和。倒是印在枪支和木箱上的产品信息引起了我的极大兴趣：

"哦，这是俄罗斯生产的，那是美国的，还有中国制造的！"

"没错，这里有不少武器标有'中国制造'。你们的武器性能不错，应用也很广。"哈迪和他的助手笑着对我说。

离开纳鲁特时已是黄昏。我们驱车往东一路狂奔，在夜晚8点多摸黑抵达津坦。

津坦是利比亚西部最大的城市之一，地处的黎波里西南方向约136公里。革命爆发后，卡扎菲政府曾试图在津坦强征1000人入伍打仗，引发当地民众的不满。有民众自发组织抵抗运动，随后加入反对派，成为班加西政权在西部的重要武装力量。3月中下旬，抵抗组织一度在城内与政府军爆发大规模冲突。随后，双方陷入持久拉锯。

我们抵达津坦的时候，反对派已经基本控制了这座城市。尽管城里的生活秩序仍未完全恢复，尤其是电力供应仍严重短缺，几乎有一大半城区没有照明，但至少留守的民众已经能够趁着夜色出来散步。在闹市区，一些露天的食肆和日用品摊档也已经重新开业，店家和顾客握手、拥抱，谈笑风生。只是，远处时不时传来的急促的枪声和偶尔的爆炸声仍在提醒我们：这里的战斗仍未结束。

在路人的指点下，我们找到了反对派临时组建的一个媒体中心。那里由班加西的"全国过渡委员会"和津坦地区支持反对派的商人联合出资运营，主要为到访津坦的外国媒体提供各种便利，例如办公室、网络、电话、住宿等服务。此外，工作人员还会提供各种新闻线索，应记者的要求介绍采访对象等，甚至会自行拍摄新闻素材——尤其是战斗前线的一些珍贵画面，然后免费提供给外国媒体。实际上，媒体中心自己就经营着两份小报和一个广播站，经常发布反对派的最新消息。

不过，媒体中心规模不大，资源相当有限。我们抵达时，已经没有空余的床位，只能在工作人员的建议下，把行李放到墙角，然后各自找一张沙发，准备凑合一晚。

隔壁的办公室倒算宽敞，但十多位记者已经占用了所有的办公桌，在那里紧张地写稿、编片。我和贵霞寻寻觅觅，好不容易才在一位西方同行的接线板上找到一个闲置的电源插口，于是立刻接上电源，一屁股坐在地上，打开电脑工作起来。因电压不稳，办公室内的照明和网络都时断时续，几度让我烦躁不安。折腾了许久，才完成当天的稿件。

此时，穆迪已经和我们告别，沿原路返回突尼斯。他说，他虽然很愿意帮我们，但家里还有妻子和孩子在等着他，而且从津坦前往的黎波里的路很危险，他并不想拿自己的生命冒险，只能就此别过，祝我们好运。临行前，他帮我们找了一个当地的司机，负责在第二天把我们送到扎维耶——那里是进入的黎波里的必经之地。

临睡前，站在媒体中心的院子里，用卫星电话和台里做了个电话连线。电话那头，夜班小编连声惊呼：你到津坦了？离的黎波里100多公里？怎么那么快？随后，领导来电嘱咐，一定要注意安全，同时告诉我，台里从英国聘请了一些专业的保镖，负责保护可为、小冯、贵霞和我的安全，保镖们已经抵达吉尔巴岛，正在研究怎样和我们接头。

"在保镖找到你之前，千万不要进入的黎波里，那里现在很危险！"领导千叮万嘱。

保镖？我有些愕然。在那之前，我从未与保镖合作过，甚至对保镖有些抗拒。这倒并不是什么个人英雄主义作祟，而是在我看来，记者和保镖属于两个完全不同的工种，有着不同的工作理念和工作逻辑，若在一起跨界合作，很可能会产生各种矛盾。尤其是做战地报道，需要记者具备很强的灵活性和当机立断的能力。一个战地报道团队的标配，包括记者、摄像和中间人等，已经需要克服种种的意见分歧，才能融为一体。若是多几个保镖在一旁指指点点，甚至以"可能存在危险"为理由妨碍记者行动，岂不是添乱？

诚然，在极端危险的时刻，保镖能够保护记者的安全，但也许是习惯了单枪匹马的缘故，我总觉得保镖的存在是弊大于利。更何况，经验丰富、受过专业战地培训的记者，自然能够凭借自己的能力及中间人的帮助化险为夷，何需保镖陪同？纵观各国媒体，又有几个记者在做战地报道的时候有保镖护驾呢？

话虽如此，但在那个月黑风高的夜晚，我突然第一次对领导口中的保镖感到了几分亲切。毕竟，从吉尔巴岛辗转来到津坦，两个人背着三四个大箱子，实在有些不方便。贵霞的勇敢和能干虽然出乎我意料，但让一个没有去过战地的女孩子跟着我向炮火前进，还要配合急性子的我一起工作，着实有些过意不去。更何况，从津坦到的黎波里，行程会越来越危险，若有保镖在一旁照应，肯定会轻松一些。

只是，传说中的保镖，他们在哪里？

我抬起头，望向夜空。乌云遮住了月光，大地变得有些昏暗。隆隆的炮声时不时从远方传来，打破眼前的沉寂。那天是8月22日，利比亚局势到了最关键的时刻，浩瀚的北非沙漠弥漫着硝烟。我一个小小的记者嗅着炮火一路狂奔，去接应同事，去见证历史。这画面很戏剧，也有些悲壮。

三

在赶赴的黎波里的途中，我一直和可为保持着联系，知道那里的报道环境很糟糕，但万万没想到，局势会在那两天迅速恶化。

8月20日深夜，反对派发起"美人鱼黎明"突击行动，从三个方向围攻的黎波里。与此同时，散布在城内的反对派成员也开始向政府军发起冲击。8月21日，住在Rixos酒店的政府官员，包括易卜拉欣等新闻官，匆匆撤离酒店，但留下了15名誓死效忠卡扎菲的敢死队员，负责看管最后留守的36名记者。这些敢死队员手持AK-47，在酒店周围来回走动。酒店的天台上也埋伏着狙击手，防止记者外逃。8月22日清晨，邻近酒店的阿齐齐亚兵营传来阵阵枪炮声，一时间浓烟滚滚，酒店外围也响起密集的枪声。15位枪手变得异常暴躁，经常挥舞着枪支，质问记者是不是内奸。为了避免遭流弹袭击，记者们集体穿上防弹衣，搬到了走廊，靠着墙壁写稿、休息。8月23日，就在我和贵霞奔赴扎维耶的时候，可为他们已经陷入缺粮断水的困境，同时还要紧张地防备枪手们的攻击，酒店内外，都处于千钧一发的态势。

可为是香港人，曾先后在《东方日报》、亚洲电视、深圳卫视等媒体任职，是一名资深的港闻记者。利比亚战争爆发后，可为先后两次被派往的黎波里，报道周期长达两个多月。我在6月初撤出的黎波里之后，原计划是在7月底重返利比亚，和他轮换，但因有其他报道任务在身，推迟了出发时间，他也只能延期撤退。其间，可为的女友心急如焚，多次向我询问利比亚局势。正因如此，当可为被困的消息传来时，我比旁人更着急，甚至觉得，我应为此承担一定责任。

所以，当我们抵达扎维耶之后，一度想不作停留，直接赶赴的黎波里。毕竟，从扎维耶到的黎波里只有40多公里的距离，联系一个熟悉地形的司机，找一条相对安全的路，应该并不困难。更何况，我早已和华为公司驻的黎波里的几个老朋友联系过，到时候住他们那里就行。

但没想到，台里坚决要求我们在扎维耶原地待命，不得自行前往的黎波里。即便我一再强调我们能确保安全，电话那头也还是不松口。我虽觉得奇怪，但也没有多想，只能听从安排。

和津坦一样，扎维耶也已经是反对派的地盘。不论是进城的两个多小时车程，还是在城内走动拍摄，我们没有遇到任何阻碍。在经过六个多月的战争洗礼后，这座石油重镇已经逐渐恢复了平静。尽管城内大多数外出避难的民众仍未回家，街上略显冷清，但眼前时不时出现的孩子嬉戏的身影，还是彰显出这里久违的平和。

由于炼油厂仍全面关闭，扎维耶的汽油供应还存在一定短缺，不过城内的供水和供电系统已经恢复正常，部分商铺也已经重新开张。反政府武装在每一条街道都设置了检查站，但安检程序倒并不严格。大街上不时出现的全副武装的军车，也不带任何杀气。面对镜头，几乎所有的武装人员都会轻松地给出一个胜利手势。在路边，有刚刚走下战场的反对派士兵争先恐后地告诉我们：扎维耶已经安全了。

那几天，眼看的黎波里即将进入最后的战役，从突尼斯边境进入利比亚的外国记者越来越多。在反对派媒体接待部门的介绍下，很多记者在推进到扎维耶之后，会选择到当地一家小旅馆短暂休整，一边打探消息，一边等待进入的黎波里的最佳时机。那是一家重新开业不久的旅馆，房间都没来得及整理，网络也没有恢复，但好在有电有水，还有食物供应。

我和贵霞抵达之后，还来不及收拾，便捧着电脑一屁股坐到院子的石阶上开始写稿、编片，一直忙到下午3点多，才被突如其来的饥饿打断了思绪。这才想起来，因为忙着赶路，两人当天粒米未进。好在贵霞从旅馆厨房搞来了两根香喷喷的烤鸡腿，及时解决了温饱问题。我们一边狼吞虎咽，一边打开海事卫星设备传送素材。直到电脑屏幕上的传送进度显示为100%，才松了口气，瘫倒在地。

旅馆当天已经客满。除了我们俩，还有十多位外国同行。正当大伙儿聚在院子里聊天时，一辆皮卡突然驶了进来。一位40多岁的司机和一位仍带着稚气的年轻人跳下车，把几箱面包和矿泉水送到旅馆大堂。一打听，他们是反对派在扎维耶的后勤人员，来给记者们送物资了。

"能带上我，四处转转吗？我刚来扎维耶，想看看这里的环境。"我开始搭讪。

"没问题，上来吧！"那位年轻人冲我一笑，热情地回应。

年轻人名叫阿勒比，17岁，是一位旅居英国的高中生。5月末，学校一放假，阿勒比就随同他的舅舅一起回国，投身革命。在班加西接受了短期的武装培训后，因年纪太轻，阿勒比没有被派到前线，而是在后方参与后勤保障工作。不久前，他离开班加西，辗转埃及、突尼斯，随后经瓦赞抵达扎维耶，希望随当地的反对派武装攻入的黎波里，亲眼见证卡扎菲政权的倒台。

"很多年轻人都像我这样，千里迢迢从班加西赶来，去的黎波里参加战斗。我今天晚上就会出发，跟我的战友们一起去的黎波里。只有推翻卡扎菲政权，才能保护我的家人和我的亲戚朋友免受卡扎菲迫害。"

戴着红色头巾，坐着皮卡行驶在硝烟散尽的大街小巷，阿勒比以一种和他年纪并不相符的成熟口吻向我介绍路边的建筑、反对派的部署，以及他的抱负，又时不时站起身来，像个孩子般伸出双臂，迎着呼啸而过的风，大声尖叫。

和路上碰到的其他反对派支持者一样，阿勒比也是信心满满，认为这场革命已经胜利在望。但谁都知道，革命越接近胜利，战斗就越惨烈。此刻，政府军与反对派在的黎波里的对峙，究竟有什么进展？可为和小冯他们是否已经安全脱困？想到这里，我不禁又着急起来。

　　回到旅馆，恰好碰到一些刚从的黎波里前线撤回来轮休的反对派士兵，我和几位外国同行立刻围上前去打听。一位名叫穆罕默德的士兵脸色凝重地告诉我们，战斗还在持续，政府军虽然已经溃不成军，但还在负隅顽抗：

　　"城里现在到处是狙击手，他们部署在很多地段，主要埋伏在高楼，向我们开冷枪。还有一些政府军士兵躲在天桥等隐蔽位置，伺机发起攻击。他们有重型武器，有的人还向手无寸铁的平民开火。我觉得现在的黎波里并不安全。"

　　正当我们在院子里谈论时，旅馆大堂内突然出现一阵骚动。走进一看，发现几乎所有人都围在电视机前，看半岛电视台的现场直播。画面中，阿齐齐亚兵营冒着浓烟，枪声大作，反对派武装从四面八方涌来，班加西政权的旗帜在镜头前不时晃动。拍摄画面的摄像师和反对派武装一起奔跑着，记录下这一历史性的时刻。

　　"卡扎菲彻底完蛋了！利比亚自由了！"旅馆内爆发出一阵阵欢呼。

　　我赶紧拿出卫星电话，向编辑部门汇报最新局势，同时告知他们，我和贵霞会立刻出发，到的黎波里见证利比亚变天。毕竟，可为他们还被困在酒店，行动受限，如果我不赶过去，央视就无法见证历史。

　　没想到，电话那头再一次否定了我们的计划：不行，太危险了，而且台领导还没有下达新的指示；没有台领导同意，你们不得擅自进入的黎波里。我一再强调，我比后方更清楚利比亚的战况，而且我和其他同行一起出发，大家能相互照应，再加上的黎波里城内也有华为公司的人接应，我一定能确保自己的安全。但同事的态度还是十分坚定：要是你出了事，谁负责？如果有新的指示，台里肯定会通知你。

无奈，只能等通知。

晚上，住在旅馆的部分外国记者陆续出发，赶往的黎波里。目送他们离去，心里自然很不是滋味。"大事发生，我在现场"，这几乎是每一位新闻记者的职业准则。眼看利比亚局势即将发生里程碑式的转变，我们自然希望能在第一时间赶赴的黎波里。尤其是当半岛电视台的记者冲在了第一线，拍下如此珍贵的独家画面之后，大家更是心急如焚，恨不得立刻飞奔过去。作为那些天最先赶到扎维耶的记者之一，我们原本有机会走在最前面，但此刻，却要眼睁睁地错失良机。

做记者一辈子，能有多少次这样的机会？我站在院子里，怅然若失。那一刻的不解、心痛和懊恼，直到今天还记得清清楚楚。

四

在旅馆沙发上趴了一晚，醒来时天色已亮。没过多久，大堂内便聚集了几乎所有住在这里的媒体同行。他们已经收拾完行李，正紧张地联络司机，准备向的黎波里进发。按照往常的经验，利比亚人习惯晚睡，很多冲突都在深夜发生，到了清晨就会消停一段时间。所以，一大早出发去的黎波里，要相对安全一些。

虽然还没有得到台里新的指示，但我和贵霞还是收拾了行李，做好动身的准备，然后再度致电北京，强调这边所有同行都已出发，我们实在是无须顾虑太多。同事对我表示了无限的同情和理解，并帮我向更高一级的领导传了话，但得到的回复还是让我感到沮丧：原地待命。

正当我和贵霞带着羡慕与嫉妒的眼神，在门口送别其他记者时，奇迹出现了。一位身高约185厘米、虎背熊腰、穿着黑色冲锋衣的白人男子穿过人群，向我走来：

"你是中国中央电视台的记者吗？"

"是，你是？"我很纳闷。

"你是……何……润锋？"发音有些奇怪，但似乎是在说我的名字。

"没错，我是何润锋。你是央视英语频道的记者吗？"

"不，我是你们公司聘请的安保人员，我叫约翰。终于找到你了！"

"什么？你是我们的安保人员？这么快就到了？太好了！"那一刻，我喜出望外，兴奋地跟他击了个掌，然后给了他一个热情的拥抱，"北京跟我说了你们有人会来找我，但我真的没想到你会这么快！"

约翰说，他们公司应央视的要求，派出了一支由六人组成的安保队伍，于8月22日飞抵吉尔巴岛。抵达后的第一个任务，就是派他来找我和贵霞，护送我们进的黎波里。8月23日，约翰从吉尔巴岛出发，和我们一样强行穿越西部边境，走了整晚的夜路，终于赶到扎维耶。更让我惊喜的是，约翰说他之前曾在的黎波里工作过18个月，对的黎波里的大街小巷都很熟悉。看来，遇到神一样的队友了！我兴奋地向约翰介绍了我的计划和现在面临的阻碍，随后再度致电总部。同事听说保镖已经到位，立刻向领导汇报，随后回话：新闻中心的某某领导让你直接打电话到他办公室。

一路上，都是和编辑部同事及部门领导沟通，从未和中心级别的领导讲过电话。这次要进行如此高级别的通话，看来事情有转机。果然，领导在电话那头听了我的汇报和解释之后，思考片刻，随即果断下令：好，在确保安全的前提下，你可以进城。

这或许是我连日来听到的最好的消息了。我连声谢过，随即找了一辆车，和其他同行组成一个小规模的车队，直奔的黎波里。

40多公里的车程一晃而过，很快我们就进入的黎波里城区。和我预料的一样，在经过前一天整日整夜的冲突后，的黎波里已经暂时平静了下来。人为设置的路障横躺在路中央，燃烧了一整晚的汽车轮胎还冒着烟，但大街上看不到车辆行人的踪迹。途经一个略显破旧的住宅群，司机指了指，说那里住着很多反对派成员，过去是政府军围剿的主要目标，最近更是发生冲突的主要地点。

"平常不敢走这里，现在大家都在睡觉，所以很安全。"他笑着说。

我给华为的兄弟们打了电话，要了个详细的地址，告诉司机。按照事先的沟通，我们会暂时住在华为的办事处。没想到刚挂了电话，台里某位同事就打了进来，紧张地传达最新指示：

"润锋，听说你要去的黎波里？赶紧掉头，别去了！"

"什么？可是刚才领导已经同意了啊。"

"我知道，但刚才收到最新指示了，说你必须回撤。"

"为什么？台里派我来利比亚，不就是来报道的吗？怎么一直不让我进城？"我累积多日的不满和怒火一下子上升到了爆发的边缘。

"台里是为了你的安全着想。"

"可我现在不是有保镖了吗？更何况，那些没有保镖的记者也都进城了！"我的嗓门越来越大。

"润锋你要明白，台里肯定是做了全盘考虑，才有这个决定……"

"可是我已经到的黎波里了！这里很安全，我们一会儿就到华为的办事处了。"

"什么？你们已经到了？这么快？那我再跟领导汇报一下。"

抵达华为办事处时，已经快11点。好久不见的几位兄弟把我们迎进屋内，客厅里已经摆满了诱人的家常菜。周伟说，办事处所在区域已经是反对派在的黎波里的大本营。虽然周边偶尔还是会传来一些枪声，但办事处并没有受到波及。实际上，由于华为掌握着先进的网络通信技术，战争期间不论是利比亚政府还是反对派武装，都希望与之保持合作关系。尤其是缺乏管治基础的反对派，更有赖于华为帮着解决一些技术问题。因此，对于驻守的黎波里的周伟他们，反对派不仅没有为难，反而为他们提供了某种庇护。

言谈中，约翰在一旁拿出电脑，噼里啪啦敲打起键盘来。没过多久，他扭头告诉我：

"我查了一下地图，确认了这里的位置。根据我们公司掌握的信息和发给我的形势分析报告，这里很安全。你可以让北京那边放心。"

我惊讶于他的效率，也相信他的专业判断。如此看来，得益于约翰和华为的帮助，我们不仅能够确保自身的安全，而且还具备了做战地报道所必备的通信技术和后勤保障——要知道，在兵荒马乱的的黎波里，这些可是绝对的稀缺资源。而有了这些因素的加持，我和贵霞在的黎波里开展工作就会顺利很多，甚至会比其他媒体更有优势。

"另外，我刚才和Rixos酒店的一位朋友联络上了。他说，36名记者中有五名中国记者，包括央视两人，凤凰卫视三人，没错吧？现在他们仍然被困在酒店。我会和他保持联络，想出营救他们的方法。"

我知道，约翰说的"朋友"应当是BBC那位以摄像为名常驻的黎波里的保镖。显然，他和他的团队事前做了不少研究，而且保镖界看来有自己特殊的沟通渠道和方式，若关键时刻能够里应外合，无疑能为协助可为他们脱困助一臂之力。想到这里，我心里踏实了不少。

经过多次尝试，我终于拨通了可为的电话。那时候，负责看管外国记者的枪手眼看大势已去，已经陆续离开酒店，但仍有个别顽固的敢死队员不肯离开，并继续持枪威胁着大家。我在电话中告诉可为，我和保镖已经抵达的黎波里，正在想办法营救他们，让他们放心。可为在电话那头很冷静，提醒我千万不要靠近酒店，那里有狙击手，很危险。大家约定保持联络，一有消息就第一时间通知对方。

但正当我憧憬着在的黎波里如何开展工作时，总部的后期编辑们打来一通又一通电话，让我撤退。

"润锋，你到的黎波里了？好勇敢！但真的很抱歉，领导让你马上撤退……"

"润锋，刚才领导又说了，你必须赶紧撤出的黎波里！"

"润锋，我把你刚才说的都转达给领导了，但领导还是说……你们需要马上离开！"

"润锋，刚才开会，领导又转达了台领导的意思，说赶紧撤！"

"润锋，你还是撤吧，我们很希望有你在前方报道，但真的没办法……"

尽管我不断地向编辑们强调，我们所处的位置有多安全，网速有多快，华为有多帮忙，保镖有多给力，而同事们也一次又一次不厌其烦地给我传话，但得到的答案没有丝毫变化：赶紧离开的黎波里。一位私交不错的编辑在电话中说，某领导已经下令，"不要与何润锋做连线，也不要用他发回来的报道"——料想是希望以此彻底打消我"赖着不走"的念头。

"能不能让我们暂时待在的黎波里，就待着，不做报道，静观其变？这样，如果哪天口径有变化，我们就可以第一时间开展报道！"

"这个……恐怕不行。我们收到的指示是，你们必须在第一时间撤出去。"

"那可为呢？如果我们撤出的黎波里，可为他们怎么办？台里请保镖来，不是要营救可为吗？"

"刚才我们也问了，领导的意思是，你先不要考虑他们，自己先离开的黎波里。润锋，我们都很理解你的感受，但咱们记者在的黎波里受困这事儿已经闹得挺大的了，我们收到的指令就是要求不准再派记者到的黎波里了，凤凰也一样。如果你这时候出现在的黎波里，我们就……你明白吧？"

同事的这番解释在我脑海里激起了一阵电光石火。把这些天台里各级领导、后期编辑、可为等人传递给我的信息再重新过一遍、想一下之后，我终于顿悟了。

　　事情其实很简单。这次利比亚战争的报道，央视和凤凰卫视派往的黎波里的记者大多来自中国香港。由于这两家媒体在香港并非主流，影响力不大，加之香港民众对国际新闻缺乏兴趣，所以几位香港记者报道利比亚战事一事，起初并未引起香港各界的关注。但自从利比亚局势恶化几位记者被困酒店之后，他们在香港的媒体朋友万分着急，情急之下致电香港入境处[1]请求协助。正是这通求助电话，令"数名港籍记者受困利比亚"的消息为香港特区政府及大众所知。在保护海外香港公民人身安全的问题上，香港入境处一直是不遗余力，并与外交部保持着密切合作。于是，在收到求助电话后，入境处第一时间知会了外交部，请求确保香港记者的安全。外交部其实早就知情，此前和央视、凤凰也都有沟通，但既然香港特区政府出面了，这事儿就不同寻常了。内部消息称，事件几经辗转，还引起了更高层级领导的关注。有领导批示：必须保证的黎波里五位中国记者，包括四位香港地区记者的安全。

　　领导的批示具体如何措辞，我不得而知，但不管怎样，必然会令两家媒体的报道部署更为审慎。偏偏在这个节骨眼上，我还要不顾一切地往的黎波里冲，这不是添乱吗？若我待在的黎波里以外的地方，倒还好解释；但若我出现在的黎波里甚至有个三长两短，那可如何是好？

　　我相信，领导们归根结底是担心记者的安全，而不是要刻意禁止记者报道。遗憾的是，一旦这种担心在层层传递的过程中转化成某种巨大的压力，就会对那些理性的解释和专业的建议产生排斥。所以，尽管我在前线能够对形势做出更为准确的评估，并且有能力、有信心保障自己

---

[1] 香港入境事务处的简称，隶属香港特区政府保安局，主要负责出入境事务、打击非法劳工、执行入境条例等。

的安全，但台里为了确保万无一失，还是采取了最稳妥的做法，即叫停我的行程和报道。

而就在台里不断打来电话，催我们尽快撤退的时候，我的老东家凤凰卫视也多次主动和我联系。不同的是，打来电话的大多是凤凰的高层领导，包括凤凰卫视资讯台的执行台长、总编辑等。

据说，在凤凰记者蒋晓峰和两位摄像被困之后，凤凰总编室的一众领导在会议室内成立了一个24小时运作的临时指挥中心，想方设法营救三位员工。在得知我已经抵达的黎波里之后，他们立刻来电打听情况，例如的黎波里的局势如何？我所在的地方安不安全？我们的保镖有没有营救计划？如果被困记者脱险，可以去哪里暂避？走哪条路线离开利比亚比较安全？如果走水路坐船离开的黎波里，是否可行？等等。末了，他们希望我一有消息就通知他们，直接给他们打手机就行。

不管怎样，既然想明白了，就知道自己无力回天。于是，我沮丧地告诉大家，做好撤退的准备。华为的兄弟们一边劝我们赶紧吃饭，一边苦笑："我们想回去，公司不让；你们倒是想进来，偏偏领导不准。搞不懂！"

反应最大的是约翰。这位仁兄跋山涉水、披星戴月地赶来接应我们，此刻正准备大干一番，没想到屁股还没坐热，就让他赶紧回去，这不是拿他的性命开玩笑吗？尽管我一再解释，但他还是满脸的不解和愤怒，连声爆粗。

还没等一口气顺过来，楼下传来急促的敲门声。万万没想到，是央视英语频道的记者托尼。我和他曾在曼谷有过一面之缘，却不料第二次握手，是在的黎波里。可是，他来做什么？他怎么知道我们在这里？

"我也刚到的黎波里。北京给我打来电话，说你在华为公司的办事处。他们让我过来找你，把你的海事卫星设备拿走，我做直播用。"

纵然有一万个不舍，也只能把设备交给托尼。看着他挥一挥手，潇洒离去的背影，我心里百般不是滋味——要知道，在兵荒马乱的的黎波里，海事卫星设备是电视记者必备的通信和传送工具，交出海事卫星，我报道的念想也就彻底断了。

另一边，约翰很快找到了一辆私家车和一位愿意护送我们出城的司机。但出人意料的是，正当我们准备收拾行李时，我突然接到可为来电：Rixos酒店外围正爆发新一轮枪战。而几乎在同时，华为办事处的窗外也传来一阵急促的枪声。隐隐约约，似乎整个的黎波里都开始枪声大作。约翰迅速打开电脑，了解最新情况。大约十分钟后，他扭头告诉我：反对派试图乘胜追击，全面占领的黎波里，但政府军士兵埋伏在各地抵抗，冲突已经蔓延至多个街区。

"现在外面很危险，我不能送你们出去冒险。请你告诉你的上司，请他们相信我的判断。"约翰望着我，斩钉截铁地说。

我立刻致电编辑部，告知情况有变，并要求暂缓撤退。十分钟后，编辑同事向我转达了领导的意见：不行。

还是硬着头皮走吧，而且还得尽快，最好是让人觉得我从未到过的黎波里。

就在那一刻，发生在Rixos酒店内的记者被困事件出现重大转折。据称，眼看大势已去，负责看管记者的枪手一个个离开酒店，只剩下一位60多岁的老兵拿着枪，坚持留守。关键时刻，CNN的女制作人卡德拉什和前文提到过的那位伊拉克记者挺身而出，成功说服那位老兵放下武器。随后，卡德拉什紧急联络国际红十字会，请求派车到酒店接走被困记者。而可为也在第一时间打来电话，告知这一喜讯。

接到可为电话的时候，我、贵霞和约翰刚下楼，准备上车。得知这一消息，我立刻停下脚步，一边找华为的人帮忙打给大使馆，请大使馆派车到酒店接人；一边致电北京，向同事们报喜，同时希望能接上可为，一起撤退。

"领导说不用了，可为他们有大使馆保护。"一位同事在请示了领导之后，给我回话。

对于大使馆，我一直心怀敬意。利比亚战争期间，他们不仅协助数万华人安全撤退，而且由始至终冒着炮火，留守的黎波里。但不得不承认，由于卡扎菲政权的逐渐失势和崩盘，大使馆在营救五位中国记者这件事上，困难重重。且不说无法展开游说和营救行动，很多基本的信息也要依靠被困记者和我们主动提供。当我们致电大使馆，请求派车支援时，使馆工作人员甚至还一度因为没有保镖、没有联络方式等问题而感到焦虑。显然，如果让我们留下来配合大使馆，营救工作会更加有效。而这一点，在数天之后可为他们撤出利比亚的过程中得到了进一步证实。

但是很遗憾，根据指示，当时的我、贵霞和约翰只能向华为的兄弟挥手作别，踏上归途。

那时候，的黎波里已经是战火纷飞。胜利在望的反对派和负隅顽抗的政府军在街头频频交火，隐藏在高楼的狙击手不停向路面的行人车辆施放冷枪。到处是枪声，到处是喊叫，而我们的车，就这样在死亡线上亡命地奔跑。

我和贵霞坐在后排，起初还拿着机器，准备沿途拍点素材。贵霞还把唯一的防弹衣给了我，说我可以穿着它做个出镜。但很快，枪声越来越密集，我们只能收起机器，斜趴在车座，躲避流弹。好在约翰熟知当地环境，并且掌握了政府军和反对派在的黎波里的最新部署，因此早已制定了翔实的逃生路线。他冷静地坐在副驾驶的位置，一边观察周边形势，一边指挥司机：

"往前，在第一个路口右转。对，右转，走这条小路，穿过去。"

"不要慢下来，快！快速往前！路边有枪战！不要看他们！"

"等等，楼上有狙击手！不要在路面行驶，我们沿着右边那排高楼，走人行道！"

"慢一点，前面有枪声，等一下，看看有没有动静！"

逃出的黎波里后，我让司机把车停在路边，然后拨通台里电话。没有多说什么，只是告知我已经安全撤离，同时请台里转告可为，出来一定要小心。电话那头，一位领导平静地回复：好的，你放心，他们有大使馆在。此后，直到一周之后我离开吉尔巴岛返回香港，台里再没有人过问我的行踪。

的黎波里—扎维耶—津坦—瓦赞，我们原路返回。路上遇到不少行色匆匆赶赴的黎波里的外国同行，唯独我们逆向而行。攀谈时，明显感觉到对方的困惑、不解、惊讶，末了一声意味深长的感叹："哦。"

而此时，的黎波里城内已经掀起新一轮媒体战。各大媒体均临时开辟特别节目，直播被困记者撤离一事。其中，CNN的被困记者从Rixos酒店撤退时，一直保持电话连线的状态，实时介绍最新动态。而当他乘坐接应的巴士抵达绿色广场，与其他同事会合后，又直接站到等候已久的摄像机前。于是，电话连线瞬间变成卫星连线，一个长期被困的记者突然出现在观众眼前，告诉大家：我们安全了。这场魔幻的新闻直播，令CNN在这场新闻战中备受赞誉。同事蔡淑娴曾跟我说，当她看到那一幕时，泪水夺眶而出。

而这也是让我懊恼至今的另一个遗憾。因为按照我当时的设想，我们完全可以做到CNN那样，甚至比CNN更出色。例如我们可以事先在靠近酒店的某个场所架起海事卫星设备，透过视频连线讲述我在前方掌握的最新消息。与此同时，北京可以和可为、小冯做电话连线。一旦他们脱困，就可以直接到直播点与我会合，一起出镜。我们甚至可以拉上没有带海事卫星设备的凤凰记者一起连线，打破台际界限，讲述中国记者脱困的故事。这是电视媒介在那次报道中可以呈现的最大魅力，但我们却并没有这么做——确切地说，是我们并没有"获准"这么做。

一路向西，我们终于在8月25日的凌晨时分赶抵瓦赞边境。留守在吉尔巴岛的四位保镖早已闻讯赶来，在口岸等候。出人意料的是，约翰把我们交给他的伙伴之后，又随即掉头，马不停蹄地赶回的黎波里。虽然没有台里的指令，但这位敬业的保镖决定独自回去，接应可为他们。

等待过关的时候，东方已经露出了鱼肚白。北非沙漠的风吹过，凉凉的，让人禁不住打起了寒战。在口岸附近的荒地上，我一边漫无目的地踱步，一边和朋友通话，发了很长的一顿牢骚。随后放下电话，望着远方，发一阵呆，叹一口气，再发一阵呆，又叹一口气。

那天，是我的生日。

五

回到吉尔巴岛，情绪一直不振。其间，蔡淑娴和黄耀祖，还有中东中心站的几位同事陆续抵达，准备接应可为和小冯，并伺机进入利比亚做后续报道。我在凤凰工作时的直属领导、凤凰卫视资讯台总编辑吕宁思吕先生，也带着两位法国驻站记者赶到吉尔巴岛，协助三位被困的凤凰记者安全撤离。

我的第一份工作就在凤凰卫视。六年内，分别做过编译、记者、主编助理、主编、主持人、国际问题观察员等多个工种。作为一个没有学过新闻的门外汉，我的专业知识和技能几乎全是在凤凰习得，加上凤凰上至高层领导，下至普通员工都对我颇为照顾，我对凤凰一直有强烈的情感归属。因此，在如何营救和接应被困记者这个问题上，我义不容辞地充当起了凤凰"咨询顾问"的角色。

按照我的设想，可为他们五人脱困之后，应当沿着我走的路线，即的黎波里—扎维耶—津坦—瓦赞，经西部边境撤出利比亚。尽管那时候，零星的战斗时有发生，但根据我的观察，这条路线已经基本掌握在反对派手中，行走应当无恙。在听了我的介绍后，凤凰决定采纳我的建议，并在会上讨论时将这一条路线戏称为"何润锋小道"。

但央视总部在这一问题上有着不同的考量：记者们怎么撤退，还是要听从外交部和大使馆的安排。

这倒也不难理解。毕竟，作为国家电视台的记者，在关键时刻需要听从指挥，确保政治正确、程序合理。更何况，领导们大多相信，拥有丰富撤侨经验的大使馆有能力保障被困记者安全撤离。经过协商，凤凰决定暂时妥协，让他们的记者和央视记者一起在大使馆等待官方的决策。

但殊不知，兵荒马乱的利比亚正在经历的是一场颠覆性的变革，久居的黎波里的外交官已经很难掌握足够的信息，也很难对利比亚局势做出及时、准确的判断。据可为在电话中透露，对于我建议的那条路线，大使馆并不熟悉，因此不敢轻易冒险尝试。反复衡量之后，使馆认为应当走水路，搭乘人道主义救援船离开的黎波里。

但无奈，等了三四天，传说中的救援船仍迟迟不到。凤凰的领导开始着急，决定让三位记者自行租车，沿"何润锋小道"撤出利比亚，到突尼斯与吕先生他们会合。眼看没有更好的办法，大使馆也终于改变主意，决定弃水路、走陆路，并亲自护送五位记者撤离。

插播一段。可为和小冯逃离Rixos酒店的第二天，当所有人都在庆幸他们能摆脱险境之际，台里技术部门的某位同事致电可为，要求他们回一趟Rixos，取回因匆忙撤退而落在酒店的海事卫星设备。要知道，记者被困事件虽然已经结束，但的黎波里的冲突仍在持续，尤其是临近酒店的阿齐齐亚兵营，更是高危地区。可想而知，重回Rixos无疑是一项艰巨的任务。

好在接下来的故事没有再节外生枝。8月28日下午，可为和小冯，以及凤凰的三位记者，都顺利抵达瓦赞。随同撤退的除了使馆人员，还有几位华为的兄弟。那一天，我们在边境尽情拥抱、嬉笑，互诉衷肠。梦魇般的利比亚之行，终于告一段落。

本打算在风光旖旎的吉尔巴岛好好休整，平复一下自己的情绪，却不料波澜再起。28日当晚，我们与凤凰同人在城内用餐后遭遇车祸。摄影师黄耀祖和凤凰记者蒋晓峰不幸受伤，送院治疗。接下来两天，除了照顾耀祖，还要去警察局录口供。

偏偏在这个时候，围绕后续报道怎么做的问题，接替我们的同事又和后方产生了严重的意见分歧。某个深夜，楼道里突然传来一阵撕心裂肺的哭声。匆匆跑去一看，发现一位同事坐在门口的走廊，满脸是泪。个中详情已经模糊不清，只记得是沟通出现了问题。那一刻，心情跌落到了谷底。回到房间，走出阳台，试图让地中海的风吹走内心的雾霾，却发现自己几乎喘不过气来。

回到香港后的某个夜晚，一位台领导打来电话，和我聊了将近一个小时，详细了解了一些情况，而我也如实复盘了我的经历、困惑、遗憾和不满。最后，他跟我说：

"如果我当时知道具体情况，我肯定不会让你撤出来的，多好的机会啊。"

第四章　尼泊尔

　　1996年2月，自称以毛泽东思想为基本政治信仰的"毛派"尼泊尔共产党[1]，为了推翻尼泊尔君主制、建立人民民主的世俗政权，决定效仿中国共产党的成功模式，发动人民战争，并采取"农村包围城市"的斗争策略，上山闹革命。由此，尼泊尔陷入长达十年的内战。其间，"毛派"游击队不断发展壮大，并一度占领尼泊尔70%以上的领土。

　　尼泊尔政府曾先后在2001年和2003年两度与"毛派"进行和谈，但因分歧严重，谈判均告破裂。此后，尼泊尔政府将"毛派"定性为"恐怖组织"，而"毛派"则集中兵力，向尼泊尔首都加德满都发起总攻。

　　2005年2月，面对"毛派"的围城之势，尼泊尔国王贾南德拉为了防止王权受到颠覆，决意孤注一掷。他突然解散内阁，独揽大权，在事实上废除了其兄长比兰德拉国王在1990年确立的议会制君主立宪制[2]。这一开历史倒车的行为激起了"毛派"、朝野政党和尼泊尔民众的强烈不满。

---

[1] 书面上通常简称尼共（毛）或尼共（毛主义）。

[2] 1951年，尼泊尔国王特里布万曾颁布宪法，确立实行君主立宪制；1961年，时任国王马亨德拉宣布禁止一切政党活动，并在1962年修改宪法，规定尼泊尔为印度教君主国；1990年，深受国民敬爱的比兰德拉国王宣布重回君主立宪，实行多党议会制；2001年6月，比兰德拉遇刺身亡，其胞弟贾南德拉继位。

2006年4月，在"毛派"尼泊尔共产党，以及尼泊尔其他多个民主党派的策划下，尼泊尔爆发了声势浩大的人民民主运动。再加上美国和印度等国的外部施压，贾南德拉被迫下台，并宣布还政于民。随后，"毛派"组织宣布停火。包括领袖普拉昌达在内的"毛派"领导人，开始谨慎地走出深山老林，在加德满都布设半公开的办公地点，并与时任首相柯伊拉腊展开和谈。

2006年11月21日，尼泊尔政府和"毛派"签署和平协议，这场历时十年有余、造成数万人死亡的内战宣告结束。根据协议，"毛派"游击队要在联合国的监管下实行"人武分离"——把所有武器封存进仓库，钥匙由反政府武装自行保留，联合国在仓库内外安装监视器和警报设备，进行监督。与此同时，政府军也将封存一定数量的武器。由此，尼泊尔和平进程正式启动。

然而，彼时的尼泊尔政治局势看似逐渐归于平静，实则暗流涌动。尤其是常年跟政府和保守党派对抗的"毛派"，在国内有着不少政治仇家，改朝换代之前的关键时刻，少不了或明或暗的最后博弈。更何况，出于意识形态的偏见和地缘政治的考量，美国不仅把"毛派"划入了恐怖组织名单，而且给予它的政治对手各种支持。这些复杂的因素，使得"毛派"在国内面临着巨大的安全风险。

正因如此，即便签署了和平协议，"毛派"领导层也依旧保持着低调的行事风格。常年被政府巨额悬赏、几乎从不接受媒体采访的"毛派"最高领导人普拉昌达，更是神龙见首不见尾，绝少曝光。

2006年11月27日至12月7日，我和摄像师吴建明在尼泊尔进行了为期11天的拍摄采访。出发前，时任凤凰卫视资讯台副台长、人称"闫长官"的闫立宏叮嘱我：这次主要的采访任务，除了跟踪报道尼泊尔的和平进程和政治重建之外，还要尽可能接触一下神秘的"毛派"组织。

这么多年都没几家媒体能做到的事情，我们能做到吗？

第一节　抵达加德满都

由于战乱持续、贫穷落后，尼泊尔和外部世界常年处于脱节的状态。那些年，除了极限运动爱好者、喜欢登山冒险的观光客，以及虔诚的佛教徒，通常不太有人会拜访这个神秘而封闭的国度。

从香港飞往加德满都，需要五个多小时。当时，往返两地的直航班机只有包括尼泊尔皇家航空在内的少数几家航空公司在运营，且并不是每天都飞。我们选乘的航班需要在泰国曼谷转机，也是每天一趟。航线比较冷门，执行飞行任务的飞机也比较老旧，印象中是一架波音757。

航班上没有"空姐"，只有几位看似50多岁的"空嫂"。

我和吴建明坐在经济舱的第一排。飞机在机场跑道上开始加速滑行时，突然从经济舱和商务舱衔接处的备餐区传来各种餐具碰撞的声音，貌似没有收拾妥当。我甚至能看见前方的一些挂件在凌乱地摇摆。

说时迟，那时快，只见一位空嫂迅速解开身上的安全带，一个箭步冲进备餐区，以迅雷不及掩耳之势收拾了一下，然后又迅速回到座位上，扣上安全带，面不改色。

我还没来得及做出反应，飞机已经腾空。

一

加德满都国际机场以老国王特里布万[1]为名，全称特里布万国际机场。机场规模不大，只有一栋单体的大楼。接客区设在机场外，有点像

---

[1] 特里布万国王全名特里布万·比尔·比克拉姆·沙阿·德瓦，是尼泊尔沙阿王朝的第九任国王，1911年12月加冕，1950年11月至1951年1月曾因国内爆发内乱短暂下野，此后复位，直至1955年3月逝世。

国内的长途客运站。我们推着行李车刚一出来，就看见一位华人模样的中年女士举着印有我名字的牌子，在人群中向我们招手。

她是新华社的驻站记者陈乔炎，是我在香港做准备工作时，辗转联系到的一位资深媒体人，在加德满都驻站多年。

每次去往别的国家或地区做报道，不论当事记者经验有多丰富，都需要提前在当地寻找可靠的信源或帮手。他们未必是有着丰富媒体合作经验的中间人，但必须在当地生活多年，对当地文化有充分了解，而且有一定的人脉资源。考虑到语言和文化的隔阂，我们经常会找当地的华人帮忙，比如华商、中资公司派驻当地的人员、使领馆工作人员、中国媒体的驻站记者等。

其实根据我之前的打算，这次尼泊尔之行，若非采访需要，否则不宜轻易去找使领馆的工作人员，也尽量不去联络央媒的驻站记者。毕竟，关于尼泊尔的报道涉及一些敏感的话题，一旦有别的意见参与进来，报道的话术和立场就有可能受到影响，甚至会被迫取消一些既定的选题。虽然这种情况不是必然会发生，但为了确保采访的独立，我还是一度认为，要与使馆、央媒保持一定的距离。

但尼泊尔的特殊之处在于，它太过封闭。加上传媒业不发达、互联网普及程度不高，外界对它所知甚少。我在出发前曾尝试各种方式，包括联络加德满都的中餐馆老板，或者直接打去当地报刊的编辑部，甚至还尝试找过久居香港地区的尼泊尔人帮忙，但依然无法找到能快速"读懂"尼泊尔的方式，于是只能通过同事向新华社寻求协助。

陈乔炎陈大姐的出现打消了我所有的顾虑。我原本不愿过多打扰，只想向她咨询一些背景信息，却不料她十分热心，有问必答，跟我一来一回通了十多封邮件，解答了我不少困惑，还帮我找了一位当地的中间人，又通过一家中资公司解决了我们的租车问题，最后更协助我联络尼泊尔政府的信息与通信部申请了当地的采访证，让我颇为感动。

陈大姐不仅热心，而且专业。在得知我的采访计划后，她结合自己对尼泊尔局势的判断，给了我很多的建议。虽然按照规定，她必须向大使馆报备我们的行程，但由始至终都没有干预过我的报道。

在机场接上我们之后，陈大姐先是带我们去政府机构办理了采访证，随后帮我们在酒店安顿下来，紧接着又带着我们去了一家中餐馆吃饭。一同出席的，还有其他媒体派驻当地的两位记者，以及那家协助处理租车事宜的中资公司老总。

"尼泊尔这几年经济环境太差了，你别看加德满都是首都，特别破旧，基础设施建设完全跟不上。如果没有车，没有靠谱的司机，我们平常出门都难。所以小何，你们日常出行一定得小心，有什么困难，就尽管开口。"当晚，陈大姐对我们千叮万嘱。

二

加德满都是尼泊尔最大的城市，位于加德满都谷地的西北部，巴格马提河与比兴马提河的交汇处，三面环山，平均海拔1300多米。城市面积不大，只有约50平方公里，人口约85万[1]。

由于长年战乱，彼时的尼泊尔经济相当落后，基本以农业为主。根据世界银行的统计，2006年尼泊尔的人均GDP不到350美元，是世界上最贫穷的国家之一。好在尼泊尔拥有丰富的自然观光资源和人文历史景观，每年都会吸引一些游客前来观光、冒险。旅游业成了尼泊尔重要的经济命脉和几乎唯一的外汇收入来源，并使得这个羸弱而闭塞的南亚小国在步入21世纪后能够勉强呈现出这个时代该有的一些样貌，以及与外部世界的连接。

我们入住的，便是一家专门为外国游客和该国有限的富裕阶层服务

---

[1] 根据联合国的统计，2022年加德满都的人口已超过152万。

的五星级酒店。需要解释的是，我们之所以住这里，绝非贪图这里相对奢华的环境，而是因为陈大姐告诉我：整个加德满都，只有这家酒店的网速能够确保正常——要知道，对于像我们这样的视频记者，每天都要往总部回传大量拍摄素材，网速的快慢至关重要。如果因为网络的问题无法及时回传素材，进而耽误新闻的剪辑和播出，那简直会要了我们的命。

其实酒店不贵，每晚75美元。和世界上其他任何一个国家或者地区的五星级酒店相比，这个价格都不算贵。但要知道，根据香港环亚经济数据CEIC的统计，2006年尼泊尔的家庭人均收入为847.8美元，相当于每个月约70美元。所以75美元的单日房费，在当时已经超过了绝大多数尼泊尔人的月收入了。

走出酒店，便是完全不同的环境。狭窄的街道上车水马龙，但私家车不多见，大多是中巴车、工具车、卡车、三轮车、摩托车，交通极为拥堵，而且几乎每一辆车都处于超负荷的状况。载人的客车更是如此：车门扒着人，车尾吊着人，车顶趴着人。车一启动、一拐弯、一刹车，人也跟着晃动。刺耳的汽车喇叭此起彼伏，尘土飞扬。

街道两旁多为普通的民宅，看不见什么高楼大厦。底层临街的一侧，密密麻麻开满了便利店，摆满了地摊。熙熙攘攘的人群，琳琅满目的廉价商品，虽看不到繁华和时尚，却是满眼的朴实和烟火气。

有次拍完外景，兴之所至，我沿着狭窄的街道逛了一圈，结果被一位年逾古稀、摆摊卖书的老太太所吸引。因为地毯上卖的，是五花八门的色情书刊。香艳的封面看得我有些尴尬，但来来往往的路人却似乎见怪不怪，不时有看客蹲下身来随手翻阅，面不改色。

尼泊尔超过80%的人口信仰印度教，而印度教中的很多流派都主张纵欲，强调性爱并非仅仅为了男女欢娱，更是修行的一种方式，是为了达到更高的精神境界。正因如此，许多印度教的神庙都有男女交欢的雕塑和画像，尼泊尔也不例外。有趣的是，据说尼泊尔国王为了鼓励国民生育，增加人口，还特意要求在一些神庙的门梁上增加一些性爱元素，使得尼泊尔人的性爱观念不仅受到宗教信仰的影响，更有了些许政治动员的色彩。大街上的色情文化，估计也是得益于这样的一种土壤才能如此肆意生长吧。

当然，对于卖黄书的老太太而言，那不过是生计罢了。

每次和当地人聊天，都能感受到他们的知足与平和。看得出，很多人对生活并没有多少物质上的欲望。但在当地投资、经商的华人看来，尼泊尔经济却是"扶不起的阿斗"，一直对它充满期待，却一直看不到什么起色。有一位华人朋友说，他断断续续在加德满都生活了20多年，当地的基础设施建设几乎没什么变化，最漂亮的大楼一直是新华社驻当地办公室所在的那栋楼。

说起来，中资公司和机构在当地的拓展，的确为不少尼泊尔人创造了很多高薪的就业机会。陈大姐透露，当时新华社的当地雇员月薪110美元。外人看着不高，但对于当地人来说，却是相当丰厚的薪酬了。

三

我们的中间人名叫阿拉比，供职于尼泊尔的外国记者协会。内战期间，他曾多次为BBC等外国媒体的特派记者当翻译，英文好，人脉广。

阿拉比30多岁，不到一米七的身高，留着小胡子，头发总是梳得油光闪亮。印象中，他每天都穿得极为讲究。雷打不动的一套浅灰色的西装，内搭一件白色衬衫，有时还会系一条深色领带，脚上是一双黑色皮鞋。我不知道他的西装是不是同一套，反正每次出现在我们面前时，他从头到脚都是整整齐齐，看不到一丝的褶皱。

阿拉比的英文难免带着一些南亚人特有的口音，但和我所接触到的其他尼泊尔人相比，算是非常流利了。他说话办事很谨慎，总是一遍又一遍地强调事情的来龙去脉和一些细枝末节，似乎特别担心我们不信任他。有时候我实在听得不耐烦了，会佯装生气地打断他："阿拉比，别啰唆了，说重点吧！"

摄像吴建明听不太懂英文，但总觉得阿拉比说话的样子很有趣，所以每次听我俩交谈的时候，他总是微笑着坐在一旁看着我们。有时候等得不耐烦了，就面不改色地蹦出几句粤语调侃一下，然后跟我说："他这么啰唆，是怕我们嫌弃他，到时候不给钱吧？"

这么说倒也不无道理。我们每天给阿拉比的费用是50美元，如果离开加德满都去外地采访，每天的报酬高达100美元，另外还要包他食宿。按照陈大姐的介绍，这应该是当时尼泊尔普通打工人收入的天花板了。报酬这么优厚的工作，阿拉比自然会慎之又慎。

虽然是雇佣关系，但我们一直把阿拉比当作自己的同事。一起用餐，一起住宿，食宿的标准也和我们一样，从不区别对待。有趣的是，每次吃饭的时候，如果时间和条件允许，阿拉比就会选择西餐，而且经常礼貌地问我一句："Dan，我可以要一杯红酒吗？"

为了培养良好的关系，确保阿拉比的工作积极性，我对他的要求从不拒绝。但起初，我实在是不明白，这么谨慎的一个人，为什么敢向雇主提出这么"非分"的要求？要知道，在贫穷的尼泊尔，喝红酒只是少数有钱人的饮食习惯。拿着这么高的工资，还向雇主讨红酒喝，似乎有些得寸进尺。更何况，采访任务这么繁重，时间这么紧张，就连平常很喜欢来杯啤酒的吴建明也不敢贪恋杯中之物，他身为翻译居然明目张胆地要酒喝，不怕耽误事儿吗？

但一次又一次，看到西装革履的阿拉比在我们面前优雅地晃动酒杯，熟练地用刀叉切割牛排，用白色方巾轻轻地擦拭嘴唇，还时不时把侍应叫过来嘱咐些什么，我慢慢意识到，阿拉比似乎是想用自己的方式向我传递某种信息：他是一个受过高等教育、见过世面的人，是一个有文化、有品位、有内涵的人，他和其他普通的尼泊尔人不一样，他属于"上流社会"。

随着采访的进行，这种感觉越来越强烈。比如，他对联络"大人物"的工作往往兴致高昂，每次都会拍着胸脯向我保证：虽然难度很大，但以他的人脉资源，肯定能搞定。而一旦真的采访到了那些"大人物"，他总会不失时机地向对方推销自己，并表达自己的敬意。相比之下，每次我们要去采访普通老百姓的时候，他就会显得意兴阑珊，甚至有些敷衍——当然，翻译工作还是做得不错的。

我一度很好奇阿拉比的政治立场，但聊过几次之后就发现，他的世界没有主义，只有生意。于他而言，不论是王室，还是保守党派，抑或是激进的"毛派"，都差不多。重要的是，别妨碍他赚钱养家。于是，他一边对"毛派"领导人毕恭毕敬，一边却对藏匿在深山老林的"毛派"游击队颇有微词；一边控诉王室的种种劣行，一边却对上街游行、武力抗争的青年学生嗤之以鼻。

第二节　寻找"毛派"

2006年11月21日，在联合国的居中斡旋下，尼泊尔政府和"毛派"尼泊尔共产党签署了和平协议。历时十年的战乱之后，位于珠穆朗玛峰南麓的这个南亚小国终于在一个日渐寒冷的初冬迎来了和平的曙光。

然而，签署和平协议并不意味着和平的真正到来。一方面，"毛派"的政治对手对"毛派"是否真的愿意放弃战场上的绝对优势、回归议会政治心存疑虑，高度戒备；另一方面，"毛派"和尼泊尔政府及各大主流政党在战后权益划分的问题上存在较大分歧。在外界看来，不论是"毛派"游击队还是政府军，能否百分之百履行承诺封存武器都仍是未知之数。各方猜疑之下，尼泊尔的政治重建工作进展缓慢，战火似乎仍有重燃的可能。

正因如此，在我们抵达尼泊尔前后的那段时间，"毛派"成员在加德满都的活动仍然处处小心，时刻保持谨慎低调的姿态。这也给我们的采访工作带来了诸多挑战。

一

在阿拉比的带领下，我们在加德满都一个偏僻街区的小巷深处，找到了"毛派"尼泊尔共产党设在当地的一个临时办公地点。

那是一栋两层高的红色小楼，看上去与普通民宅无异。楼外建有一道围墙，墙上挂着一面招牌，上面写着"和平谈判办事处"的字样。

2006年4月，大权独揽的尼泊尔国王贾南德拉陷入四面楚歌的困境。一方面，力求废除君主制的"毛派"游击队已经控制了尼泊尔绝大部分国土，并对加德满都构成围攻态势；另一方面，在加德满都城内，反对派政党的讨伐和普罗大众的抗争也是风起云涌，要求国王下台。关键时刻，美国和印度也向尼泊尔王室施压，要求推进政治变革。在这一态势下，贾南德拉被迫宣布解散内阁，还政于民。至此，由"毛派"掀起的这场革命运动取得阶段性胜利。

正是在这一背景下，"毛派"尼泊尔共产党在加德满都成立了"和平谈判办事处"，并派出三名中央委员驻扎于此，负责与朝野各党及群众势力进行协商谈判。

我们原以为办事处是一个对外公开的机构，会有专人接待访客，却不料先后两次拜访，都是大门紧闭、无人应答。直到阿拉比通过他的关系反复打听和沟通之后，我们才在第三次登门时获准入内，并得以一窥"毛派"权力机构的内貌。

但红楼内的布置着实出乎我的意料。从院子里的盆栽到屋内的沙发茶几，从昏暗的灯光到散落在各个角落的衣物，无一不是普通人家的居家模样，看不出一丝办公的氛围。我猜想，这应当是"毛派"临时租借的民宅，其功能大抵类似非正式的"联络据点"，商住两用，而并非真正的办公场所。当然，如此简陋的"和平谈判办事处"倒也折射出另外一个外界关注的问题：一个擅长打仗、习惯了丛林生活的武装党派，能否在瞬息万变的政治局势下快速转型，成为一个参政理政的在野党，甚至执政党？

在红楼里，我们见到的是"和平谈判办事处"的总负责人、"毛派"尼泊尔共产党的四号人物顾伦——当然，所谓"四号"，只是尼泊尔媒体根据大致的印象所做出的判断，而并非"毛派"自己公开的排序。

或许是见我来自中国的缘故，顾伦在采访中总是有意无意地把话题引向国际层面，并把矛头指向美国。例如他认为美国一直在暗中操纵尼泊尔政府，利用加德满都的战略优势监控中国和印度。而迅速崛起的、不受控制的"毛派"，自然成了华盛顿的眼中钉：

"美国一直试图利用尼泊尔的战略地位在尼泊尔建立一个军事基地，用来监视中国和印度的动向。所以，它希望尼泊尔的当政者是它的傀儡，为它谋划中的监视活动提供便利。"

"但根据美国的说法，"毛派"长期从事绑架和谋杀活动，所以华盛顿把你们列入了恐怖组织名单。你们对此有什么回应？"既然说到美国，我就顺着话题延展了一下。

"这纯属无中生有，是美国对我们故意抹黑，也是对"毛派"尼泊尔共产党伟大的革命事业的污蔑！"顾伦的回应很简单，斩钉截铁，但显然不愿多谈。

在一场旷日持久的战争中，要判断某一支武装力量"恐怖"与否，本就是一件很复杂的事情。更何况，这当中还牵涉到大国势力的介入和国际层面的博弈，令问题变得更加微妙。不过，随着尼泊尔和平协议的签署，就连尼泊尔政府也开始为"毛派""正名"，以营造一种合作共赢的氛围。

例如时任尼泊尔副首相兼外长奥利[1]就在隔天的采访中对我说,以前的尼泊尔政府也曾视"毛派"尼泊尔共产党为恐怖组织,但现在的"毛派"已经发生了很大的变化,它不再是一个麻烦制造者,而是值得信任的合作伙伴。他还呼吁,美国政府应该尽快把"毛派"从恐怖组织的名单中剔除出去。

问题是,传说中的"毛派"尼泊尔共产党的武装力量——那支打遍尼泊尔全国,把红旗插遍各个山头的"毛派"游击队,究竟是一支什么样的力量?所谓的恐怖,究竟是客观的事实,还是夸大的污蔑?而在内战濒临结束之际,"毛派"游击队是否真的甘于遵守和平协议的要求,冒着被各大党派联合"忽悠"的风险,放下武器,等待整编?

要想寻找答案,唯一的方法就是前往"毛派"游击队的驻扎地,看个究竟。

二

从加德满都驱车一路往西,翻山越岭大约四个小时,便进入"毛派"游击队奇特旺兵营的领地。这是"毛派"全国七大兵营的其中一个,也是最靠近加德满都的一个,驻扎的兵力对外公布有8000多人。

和平协议签署后,按照规定,"毛派"游击队的35000名武装人员需要放下武器,被安置到"毛派"七大兵营下属的28个分营中,在联合国的监管下等待重新整编,以配合尼泊尔的政治重建。阿拉比最初建议我们选择一些更偏远的兵营去采访,说那里的故事会更多一些。但陈大姐在邮件中强烈否定了这一建议,说往返偏远地区需要搭乘直升机,落

---

[1] 全名卡德加·普拉萨德·夏尔马·奥利,尼泊尔共产主义政治家,2014年成为尼共(联合马列)的主席,并在2015—2016年和2018—2021年两度出任尼泊尔总理一职。

地之后还未必能租到车，山高水远很不方便，去一趟估计得花五六天的时间。相比之下，去一趟奇特旺兵营最多也就三天，更为便捷高效。

我和吴建明仔细琢磨了一下，认为陈大姐的建议更为合理。至于阿拉比为什么认为应该去偏远地区，我们猜想或许跟钱有关——要知道，在加德满都的工作报酬是每天50美元，出了城就是100美元，足足多了一倍。出城时间越久，赚得自然也就越多。

当然，无论哪个兵营，都不好采。内战期间，除了个别尼泊尔媒体，几乎没什么国际媒体能够进入"毛派"游击队的兵营。

但说实话，我当时对那趟探访是充满信心的。毕竟，"毛派"尼泊尔共产党信仰的源头是毛泽东思想。尽管自创立以来，其领导人普拉昌达在理论上已经做了很多新的阐述和演绎，并逐渐形成了自己的思想体系，但和中国当下的执政理念仍然有千丝万缕的联系。那么，对于来自社会主义中国的记者，他们应该会感到亲切吧？

"即便不把我们看作远房亲戚，也应该当我们是朋友，我可以跟他们聊聊毛泽东思想。"我在车上半开玩笑地说，"我突然发现上大学的时候，学的那个必修课'毛泽东思想概论'还是挺有用的。"

"你还记得啊？那靠你了。"土生土长的香港摄像吴建明一边拿出摄像机拍摄窗外层层叠叠的山峦，一边嘀咕，"别把我们困在山里就行，这个地方真是叫天天不应，叫地地不灵。"

说笑之间，路上突然出现几位穿着迷彩装的年轻人。我赶紧叫司机停车，带着吴建明和阿拉比下车拍摄。这才发现，不远处的山脚下，有一个规模不大的村庄。

我们走进村子，立刻迎来男女老少好奇的目光。孩子们兴奋地对我们的车指指点点，然后呼朋唤友地跑过去，兴奋地围观。不时有穿着迷彩装、身材精壮瘦削的年轻人在我们身边走过，眼神中充满警惕。我注意到，他们大多20多岁，有男有女，更有不少看上去才十多岁的少年。

我让阿拉比过去打探了一下，很快得知，眼前的年轻人都是"毛派"游击队的成员，驻扎在不远处的山林里。这会儿，他们是奉命下山巡逻，顺便到村子里找点吃的。

在阿拉比的沟通下，几位年轻人打消了疑虑，答应带我们进山。但正当我们兴冲冲地向山里进发，眼看着就能进入营地的帐篷区时，眼前突然有三个中年男子不知从哪儿蹿了出来，冲着我们厉声呵斥，挡住了我们的去路。其中一人披着红色的夹克，另外两人身穿绿色的军装。

我完全听不懂，只能交由阿拉比去协调。在得知我们是记者，想拍摄"毛派"兵营之后，对方的态度更加强硬："不论你们想干什么，现在绝对不能进兵营。我们前两天刚开始安营扎寨，等到时机成熟的时候，我们的领袖会正式对外公布兵营的情况和我们的生活。在那之前，你们不能进去。"我试图以"中国记者"的身份感化他们，但也无济于事。

交涉期间，吴建明一直开着机在拍摄我们争执的画面。他们发现后，更为警惕和恼火，没等阿拉比继续解释，就强行打断了他，并要求停止拍摄，然后左右封锁，夹着我们原路折返。

回到山下的村子里，我们遭到了严格的盘问。不过，当我们告知，我们已经在加德满都采访过"毛派"领导人，而且目前正在跟"毛派"高层保持联络，等待采访他们的最高领袖普拉昌达时，他们的态度立刻变得和善许多，相互之间开始窃窃私语地讨论起来。

该放大招了。我放下背囊，从里面掏出三枚毛主席像章和一本《毛主席语录》，塞到他们手里，告诉他们，这是"来自中国的一点心意，做个纪念"。

显然，这一轮突如其来的"攻心战"吓了他们一跳。几个人把像章和语录捧在手里仔细端详，连连惊呼，反复问我："这是毛泽东吗？是送给我们的吗？"

在得到明确的回答后，他们喜形于色，眼神中甚至流露出一些愧疚：

"太感谢你们了！刚才有些得罪了，请你们不要介意，这也是我们的纪律要求。"其中一位看上去官阶较大的军人手捧语录，笑着对我说，"我们这就回去开会商量一下，同时也向上级汇报一下情况，争取明天就能带你们入营参观。"

三

说起那些像章和《毛主席语录》，还真是一段有趣的故事。

来尼泊尔之前，我问陈大姐有什么需要注意的。她提醒说，尼泊尔毕竟在各方面都比较落后，很多时候出门办事依赖人情关系：找熟人帮忙，需要送礼；找陌生人帮忙，更需要送礼。所以，最好能带一些小面额的美元，或者一些有中国特色的小礼物，有备无患。

美元倒好说，但"有中国特色的小礼物"，却让我寻思了很久。想过冰箱贴、钥匙扣、明信片、记事簿、钢笔，都觉得不妥。最后，在网上查阅资料，研究"毛派"和毛泽东思想的渊源时，突然灵机一动：如果送他们一些和毛主席相关的纪念品，是不是既符合他们的价值和审美取向，又能拉近彼此的距离？

于是，在临近出发的一个周末，我特意去了趟深圳。从福田到罗湖，转了一天之后，终于在老深圳书城的顶楼，找到了一个专卖毛主席纪念物品的柜台。琳琅满目的毛主席像章和大小各异、红色封皮的《毛主席语录》，让我喜出望外。更让我惊喜的是，柜台上还有几本英语版和法语版的《毛主席语录》，都是20世纪70年代的出版物，料想是当年为了"输出革命"所印刷生产的外宣物料吧。

纪念品确切的价格，我已经不记得了。印象中不算便宜，20多枚毛主席像章和五六本《毛主席语录》，总共花了我五六百块人民币，都是自掏腰包。那时候入职凤凰才两年多，虽然收入微薄，但却有满腔的热血和斗志，对能不能报销根本不介意。更何况，买礼物属于自选动作，总觉得没什么报销的由头，自费就自费了。

买了这些纪念品，心里踏实了很多。但转念一想：这些小东西送给一般的"毛派"成员还行，但如果最后真的能采访到普拉昌达，是不是还差点儿意思？那什么样的礼物才能配得上普拉昌达？更重要的是，我买得起吗？

眼看着就要出发了，时间紧迫。思来想去，干脆把心一横，从家中的书柜上取出一幅写有"福"字的书法作品，把它塞进了行李箱。那是一位书法家朋友送给我父亲的礼物，我父亲在我一次回家过年时转赠给了我。我估摸着价值不菲，但也应该贵不到哪里去，送了就送了。

若干年后，我跟父亲提起这件事，父亲倒也没说什么，只是眼神中掠过一丝的愕然和惋惜。我没追问，怕知道得多了，会睡不着觉。

但不管怎么样，事后证明，我的这一礼物策略是极其正确的。正是依靠这些意义非凡的礼物，我不仅打通了前往奇特旺兵营的道路，还赢得了"毛派"尼泊尔共产党上至中央委员、下至基层干部和前线战士等许多人的信任。而最为关键的是，他们善意而积极地向上反馈，帮助我最终争取到了采访普拉昌达的机会。

其实最初，我以为"毛派"的人在收到礼物时的那种欣喜，多半有些客气的成分。毕竟已经21世纪了，再怎么喜欢，强烈的情感也难免会被时间所冲淡。但普拉卡斯的出现，改变了我的看法。

那一天，我们一边等待奇特旺兵营的准入许可，一边在邻近的纳拉卡特镇拍摄。普拉卡斯身为"毛派"在当地的党委委员，被指派为我们的对接人。他40多岁，身材高大，面目和善，头发是自来卷，背着一个肩挎的帆布包。那次采访比较琐碎，普拉卡斯跑前跑后，协助我们采访了不少人。临别时，为了表示感谢，我送了一枚毛主席像章给他。和其他人一样，他也是欣喜若狂，跟我来了个亲密的拥抱。

我以为两人再也不会相见。但没想到三天之后，在相隔百里的另外一个村庄，我在村口溜达时又一次遇见了他。当他飞奔过来，满脸欢喜地给了我一个熊抱时，我突然看见，他在毛衣外套的左胸口位置，别了一枚像章——正是我送他的那枚毛主席像章。

我有些感动，又有些惊讶，问他："你怎么戴上了？"

普拉卡斯骄傲地拍了拍胸脯，然后冲我竖起了大拇指："我太喜欢了，这是我收到过的最好的礼物！我身边的朋友们可羡慕我了！Dan，太感谢你了！"

四

我和普拉卡斯的第一次见面，是在纳拉卡特医院职工宿舍大楼的楼顶。

由于奇特旺兵营的准入许可需要层层申请，什么时候能进兵营不好说。我不想浪费时间，于是通过阿拉比向远在加德满都的"和平谈判办事处"求援，希望能安排我们近距离了解一下"毛派"在地方上的党组织生活。原本并没有抱什么希望，但没想到"毛派"高层对我们的申请颇为重视，很快就给我们提供了一个线索：纳拉卡特医院最近有点麻烦，"毛派"尼泊尔共产党正在居中协调。

我们赶到医院的时候，正好碰上"毛派"在楼顶组织开会。与会者席地而坐，一方是医院的医生和护士，另一方是"毛派"在这家医院的三名党支部成员，而主持会议的主席，便是专程赶来的普拉卡斯。阿拉比听了一会儿后向我解释：这里的部分医护人员抱怨收入太低，认为自己受到了院方的歧视，于是向"毛派"党支部反映了情况。"毛派"很重视，特意派普拉卡斯前来了解情况。

在听取了大家的工作汇报后，普拉卡斯做了总结性发言。他呼吁大家要团结起来，抗议院方的欺诈行为。会后，一些医院职工纷纷围着普拉卡斯，一边对"毛派"的工作表示感谢，一边继续反映问题。

说实话，在当时的情况下，我们很难判断这是"毛派"尼泊尔共产党例行的组织生活，还是为了向我们展示自身的影响力而做出的刻意安排，但不可否认，"毛派"既然走的是"农村包围城市"的路线，而且能在短短几年间便迅速拿下尼泊尔绝大部分地区，其群众工作一定做得很细致。

事实上，这家医院不过是"毛派"当时在纳拉卡特众多工作据点的其中一个。自从当年4月国王放弃专政、尼泊尔政局朝着有利于"毛派"的方向发展以来，"毛派"的活动范围便逐渐从传统的农村地区向类似纳拉卡特这样的中小城镇转移，并且深入到学校、医院、工厂、街道等各个角落，一边了解民情、影响民意，一边成立党组织，为接下来的政治重建做准备。

在普拉卡斯的带领下，我们拜访了他位于纳拉卡特的办公室。办公室位于镇上某个不起眼的街区，室内的陈设很简单，除了办公桌和书柜，几乎没什么设施。但是"毛派"的宣传刊物、文件材料，以及"毛派"领袖普拉昌达的画像，却是随处可见。普拉卡斯介绍说，"毛派"在纳拉卡特的党组织几乎每天都要开会，学习中央文件，讨论群众活动。而像他这样的区委委员，开会之余，还要每天到区内的各个乡镇奔波，了解民意，收集舆情。

有趣的是，普拉卡斯说，自从11年前加入"毛派"尼泊尔共产党，跟着一起干革命之后，他一直忙于党务工作，无暇顾及个人生活——既没有结婚，也没有买房，每天寄宿在老乡或者朋友家中。我问他，眼看着内战就要结束了，会不会想安个家。没想到他连连摆手，说革命尚未成功，还有很多工作要做。虽然很辛苦，但这是他的理想：

"我想终结一切歧视和压迫，终结社会上所有的罪恶，建立一个积极向上、公平公正的社会！"

这番慷慨激昂的说辞和舍小家为大家的风骨，难免会让人觉得熟悉，并联想到那些耳熟能详的红色影视剧。我很好奇，在尼泊尔，这种澎湃的革命热忱如何生长而来？其间经历了怎样的政治动员？像普拉卡斯这样满腔热血的革命者，在"毛派"算是主流还是另类？我更好奇，当"毛派"的红旗插遍尼泊尔的大街小巷，当越来越多的"毛派"成员向大众生活渗透，尼泊尔民众究竟持怎样的态度？

要在"毛派"的眼皮底下做一个关于"毛派"好感度的民意调查，无疑是一件颇为尴尬而且充满风险的事。要知道，尽管内战期间"毛派"的风评整体都还不错，但也的确有传闻指"毛派"经常有人恶意扰民，甚至掠夺老百姓的私有财产。一方面，反对"毛派"的人为了阻止"毛派"入主加德满都，一直在拿那些传闻说事儿；另一方面，随着和平协议的签署，一些原本支持"毛派"的人也开始倒戈，认为"毛派"没有抵挡住权力的诱惑，背叛了革命的初衷，和加德满都的那些政党权贵成了一丘之貉。在这一背景下，一旦我们的调查被"毛派"的人误解，我们很可能失去进入兵营的机会。于是，我们只能在每天下午结束了其他工作，"毛派"陪同采访的人离开之后，才跑出去做街采，并且对阿拉比再三嘱咐，绝对不能对外透露我们的采访选题。

好在相关的采访神不知鬼不觉，颇为顺利。

至今，我还记得36岁的纳班那双茫然的眼神。我们是在一个村庄通往奇特旺兵营的路口见到他的。遇到他时，他正蹲在地上，呆呆地望着远方。看到我们之后，他显得有些慌张。好不容易经过阿拉比的解释和安抚，他才定下神来，打开了话口。

他说，他有一个19岁的儿子。不久前，"毛派"游击队来村里招募新兵，儿子在听了宣传介绍后很激动，没顾上跟家里商量，便当即登了记，注了册，加入了游击队。自那之后，他每天都要在兵营里训练生活，很少回家。纳班说他很想念儿子，怕儿子没吃饱、没睡好，所以只要一有空，就来路口这里守着，希望能碰上儿子和他的战友路过这里，然后远远地看上儿子一眼。

但他说，他并不反对儿子入伍，因为"毛派"给尼泊尔穷人带来了希望，加入"毛派"是一件光荣的事情："'毛派'的行为是正义的，他们的所作所为跟政府军完全不同。我虽然是个父亲，希望每天都能见到儿子，但我绝对支持他加入'毛派'。"

不过，当我们在街头和同样19岁的中学生达卡尔攀谈时，却得到了截然不同的回答。达卡尔斩钉截铁地说，他不想加入"毛派"。一方面，是因为他厌恶战争，与其拿枪杆子，不如拿笔杆子；另一方面，是因为有些"毛派"游击队成员的恶行，令他对"毛派"产生了反感情绪：

"他们有人经常半夜三更来敲门，强迫村民给他们煮饭。即使村民没有食物，他们也会硬逼村民们找吃的。如果有人不想起床开门，他们就会不停地骚扰。"

我问达卡尔，这些是他亲眼所见的，还是道听途说的。他承认，有很多事情是亲戚朋友告诉他的，但描述得很具体、很细致，他相信不会有假；更何况，他自己也曾在某个深夜听到村里传来扰攘之声，第二天便有人告诉他："毛派"又来闹事了。

"也许不是所有人都这样，但的确有很多人，觉得自己身为'毛派'成员就高人一等，就能使唤别人做事。"

在街头搜集民意的时候，我们经常能听到这些不同的看法。有夸赞"毛派"礼貌、慷慨的杂货店老板，有质疑"毛派"杀人如麻、草菅人命的买菜大妈，当然也有甩下一句"我不关心他们"便一踩油门扬长而去的骑摩托车的年轻人。

这些形形色色的说法，难免让人感慨。革命本就复杂，这场历时十年、覆盖尼泊尔全国的内战更是非同寻常地复杂。不论革命事业本身是正是邪，都难以掩盖参与者个体的人性善恶。赤诚如普拉卡斯者代表不了"毛派"，龌龊如达卡尔口中的扰民者亦代表不了"毛派"。"毛派"究竟是一支什么样的力量，众说纷纭。

只是，当"毛派"在战场上大获全胜，并在接下来的政治重建中牢牢掌握主动权的时候，历史与现实的论述多多少少会被巧妙地润色一番。正所谓：胜者为王。

五

等待的时间比我们预期的要久很多。直到第三天晚上，我们才收到某位不知名的军官的来电。对方通知，我们的申请已经获得批准，隔天上午就会有人带我们进入"毛派"游击队的一个武装驻地——奇特旺兵营下属的拉索利营地。

阿拉比说，这是"毛派"游击队首次允许媒体记者去那里拍摄。

第二天早晨8点多，几位穿便服的"毛派"成员依约来到我们入住的宾馆。在大堂简单握手寒暄之后，我们便出发上路。他们的车在前面带路，我们的车在后面紧跟。

但没过多久，前面的一位"毛派"人员便下了车，转而上了我们的车，挨着我和吴建明坐在了后排。虽然他礼貌地解释称，他是怕我们跟丢，特意过来给我们做向导，但很快我们就发现，他是过来监视我们的——只要吴建明一拿出摄像机，对着窗外开始拍摄，他便要凑上前去一会儿看看显示器，一会儿看看窗外，始终保持高度警惕。到后来，他干脆直接叫停了我们：

"现在我们已经进入战略要地了，距离拉索利营地越来越近。这些地方是不能被敌人知道的，所以我觉得，你们还是别拍了吧。"

吴建明赔了个笑脸，做了个"OK"的手势，收起了机器，但嘴上还是用广东话骂骂咧咧起来："×，除了山就是路，到处都一样，装什么神秘！你不让我拍，我还不想拍了呢。"

"你少说两句吧，说不定人家听得懂广东话。"我逗他，"你别忘了，香港地区有很多尼泊尔人，咱们公司楼下，汇丰银行隔壁那家星巴克，不就有三个尼泊尔服务员吗？"

虽说是玩笑，但也不乏历史根据。1997年香港回归之前，驻港英军旗下有一支由尼泊尔廓尔喀人[1]组成的雇佣兵部队，港人称其为"啹喀兵"。香港回归后，这些军人被允许留在香港，因而吸引了他们的很多同乡来港生活。久而久之，尼泊尔人就成了香港地区的少数族裔之一，主要聚居在佐敦和油麻地一带，多从事建筑、保安、餐饮等行业。[2]

"哇，你这么讲，我就想起来了，香港地区的尼泊尔人很多都会说广东话。"吴建明若有所思，然后不失时机地调侃我一下，"他们的广东话比你还标准。"

就这样一路扯皮，一路颠簸，大约40分钟后，车子终于在某个山脚停了下来。我们刚一下车，一位40多岁、身高170厘米上下、穿着深色夹克的中年男子便在众人的簇拥下走了过来：

"你们好，我是乌腾，收到上级的命令，今天带你们参观我们的营地。"

阿拉比一边为我翻译，一边补充信息。他告诉我，乌腾是"毛派"尼泊尔共产党的中央委员，近年来一直在前线指挥战事，在"毛派"拥有很高的威望。我赶紧上前做自我介绍，并向他表示感谢。

"我知道你们是来自中国的媒体，我也知道你们想拍什么，但是很抱歉，我们今天能配合的恐怕不多。"乌腾说话的声音不大，但很有力量，每次说一个短句，就会冲着阿拉比点一下头，示意他给我翻译，

---

[1] 尼泊尔的一个重要部族，信仰印度教，"廓尔喀"即"牛的保护者"之意。该部族的人虽然身材矮小，但英勇善战，常年为英军所雇用。

[2] 根据香港特区政府的统计，2011年生活在香港地区的尼泊尔国籍人口共15943人，占香港地区总人口的0.2%。

"你们今天只能拍摄一个帐篷，而且必须是我们指定的一个帐篷。另外，请你们务必注意，你们绝对不可以采访我们的士兵，不能跟他们交谈。"

听到这里，我心都凉了半截。本以为当天能大干一场，史无前例地揭开"毛派"游击队神秘的面纱，结果却连士兵都不让采访，还只能拍一个帐篷，那多没劲！

我向乌腾解释，我们千里迢迢来到尼泊尔，最重要的工作就是进入"毛派"营地拍摄，希望他理解，并给予我们更多的采访空间，但乌腾摇摇头，丝毫不做让步：

"我当然理解你们的需求，但希望你们也能理解我们的立场。'毛派'的营地本来就不对外开放，这次允许你们来拍摄，已经是破例了。更何况，最近尼泊尔的局势很微妙，我们也不知道明天会发生什么，所以我们更需要谨慎。"

我还想继续说些什么，却不料一旁的阿拉比已经屃了："Dan，你还是别跟他顶嘴了，万一他一生气，什么都不让我们拍，我们不是白来了吗？而且……"他顿了一下，微微别过身子，压低了声音，"他们有枪！"

看着阿拉比神经紧绷的样子，我是又好气又好笑。但他说的倒也不无道理，我没必要在开始拍摄前把关系搞僵。于是，我向乌腾表示完全接受他的建议，转头向吴建明使了个眼色，小声嘀咕了一句：一会儿见机行事吧。吴建明点了点头，回了我一个"OK"的手势。

乌腾大手一挥：走吧！

六

拉索利营地是奇特旺兵营下属的一个中等规模的根据地，当地媒体的信息显示，营地里驻扎着1550名"毛派"游击队官兵。

乌腾说，营地主要安扎在山腰，所以需要走一段山路。我正琢磨着，按照乌腾对待我们的态度，当地官兵会不会一早就收到指令，躲藏起来了，没想到没走多久，就听见一阵阵嘹亮的口号。

顺着声音望过去，发现不远处的一片平地上，30多位"毛派"游击队战士正在列队训练，在一位教官的带领下，做着一些基本的格斗动作，像极了我大学军训时学过的军体拳。看得出，训练场是人工开辟的，大约30平方米，很简陋，没有任何辅助设施。战士们都是20岁上下的模样，有男有女。大家的着装并不统一，有的穿迷彩，有的穿绿色军装，有的戴帽子，鞋子更是五花八门。唯一一致的是，大家都是赤手空拳，没有佩戴任何武器装备。

着装有些寒碜，人员有些业余。

乌腾似乎看出了我的疑惑。他解释称，这些都是刚刚入伍的新兵，装备都还没有到位，业务也不熟练，这段时间正在加紧训练。我好奇：内战快结束了，"毛派"还在招新兵吗？乌腾背着双手，一边观望训练的战士，一边回答：

"当然。战争还没有彻底结束，我们需要做好万全的准备。更何况，有很多新兵不是我们征召入伍的，是他们主动来投奔我们的。"

在训练场边停留了没多久，我们便继续爬山。很快，就到了乌腾指定的拍摄地点。

那是一个再简单不过的蓝色帐篷，大约能容纳六七人。帐篷的入口处，堆着一些绿色的蔬菜，还有几个貌似装着大米的麻袋。距离帐篷几米的地方，挖了一个坑，坑边放着一口铁锅和几捆干柴，看来是一个煮饭的土灶。

"现在营地的生活物资足够吗？"我好奇地问。

"严重匮乏。"乌腾摇摇头，"现在我们的物资主要是总部集中供给，另外政府也会给一些补助，但那都不够。尤其是政府，没有按照之前的承诺，给我们提供足够的粮食。"

"我听附近的村民说，有'毛派'的人去村里抢吃的，就是物资供应不足导致的吧？"我看乌腾对政府颇有抱怨，试探性地追问了一下。

"我们是一支讲究纪律的部队。如果发生这样的事情，我们肯定不会容许。"乌腾犹豫了一下，没有正面回应。

帐篷外有一些穿着迷彩装的年轻士兵，正在搬运一些粮食柴火，来来往往。但对于我们的到来，他们没有表现出任何的好奇。事实上，除了向乌腾致敬行礼，他们连看都没看我们一眼。一旦不小心有眼神的接触，他们就会迅速地转移视线。显然，他们早已知晓今天的行程安排，也早已获知该如何应对。

透过帐篷入口虚掩的门帘，我注意到里面有几位士兵，正借着光擦拭着枪支。由于"毛派"在和尼泊尔政府、联合国签署的三方协议中已经承诺，将在联合国的监管下逐渐解除武装，这些正在擦拭的枪支理论上很快就会被收缴入库。我提出想进帐篷拍摄，没想到乌腾答应了。

我一度天真地以为，乌腾并没有打算刻意掩饰自己的武器装备，甚至以为他想借我们的镜头展示自己的武力。但当我们兴冲冲地进入帐篷后才发现，除了士兵手里拿的枪支，没有任何其他多余的武装。

"能展示的就这么多了。"乌腾留意到我和吴建明失望的表情，解释道，"武器装备是我们最机密的部分，不能轻易展示。"

"现在并没有到尘埃落定的时候，我们和政府之间还有很多问题没有解决，所以我们必须保持警惕，关键信息还是得保密。"走到帐篷外，乌腾顺着话题聊了下去，"我知道很多人对此感到不解，说和平协议都签署了，为什么还要这么神神秘秘，甚至有阴谋论者怀疑我们居心不良。我在这里想强调，我们所做的一切，都是为了保卫革命的胜利果实，避免局势再度发生变化。"

"听上去，您对尼泊尔政局的未来并不怎么乐观啊？"我追问。

"不，那倒不是，我们对未来还是充满信心的。"乌腾摆了摆手，一字一句地喊起了口号，"因为我们信仰的是马列主义、毛泽东思想，我们信仰的是普拉昌达理论。我们认为现在我们所面临的一切问题，最终都可以借助普拉昌达理论得到解决。我们相信我们的领袖普拉昌达，他一直在谈判桌上战斗着！"

是吗？普拉昌达一直在谈判桌上战斗着？他在哪里？是在深山老林的兵营里指点江山，还是在加德满都的高档酒店里纵横联合？他最近有没有时间，接受一下我们的采访呢？

第三节　传说中的普拉昌达

普拉昌达原名普什帕·卡迈勒·达哈尔，"普拉昌达"其实是他后期使用的化名，在尼泊尔语中是"凶猛、威风"的意思。

1954年的冬天，普拉昌达出生于尼泊尔博卡拉附近的一座小山村。早在上中学的时候，他就已经开始信仰共产主义，并成了一名共产党员。在奇特旺地区的一间农业与动物科学研究所毕业后，他曾到一所中学任教两年多，但很快便因"受不了尼泊尔的贫困和剥削"，辞去教职，成为一名全职的地下党员。其后，他多次组织游击队，向尼泊尔政府发动武装攻击。为了躲避当局的抓捕，他还曾被迫流亡印度。

彼时的尼泊尔盛行共产主义，但以共产主义为政纲的政党却是形形色色、五花八门。在复杂的局势变迁和政治斗争中，几乎每一个政党都会不断裂变分化，而各党之间也总是分分合合。在这一过程中，普拉昌达逐渐展现出他卓越的政治嗅觉和领导才能。

1990年，普拉昌达联合若干个小党，组建尼泊尔共产党（团结中心），并担任总书记。该党以"马克思主义、列宁主义、毛主义"为指导思想，并走"持久人民战争"的道路，目标是要在尼泊尔建立新民主或人民民主政权。但好景不长，到了1994年，尼泊尔共产党（团结中心）内部在是否发动人民战争等问题上出现了"机会主义"和"教条主义"之争[1]，并最终导致分裂。1995年3月，普拉昌达正式成立尼泊尔共产党（毛主义），即后来外界俗称的"毛派"尼泊尔共产党，并明确提出具体的革命路线："通过夺取地方政权建立根据地的战略，粉碎封建的、官僚买办资产阶级的国家机器，最后建立中央一级的新民主主义政权。因此，必须走持久人民战争的路线，并采取农村包围城市的战略。"

1996年年初，普拉昌达委派其助手巴特拉伊[2]上书时任尼泊尔首相德乌帕，提出了包括改善底层人民生活条件在内的40项要求，但根本不获理睬。愤怒的普拉昌达以传单形式在全国各地发出"为粉碎反动政权、建立新民主主义政权，沿着人民战争道路前进"的号召，并亲自扛起两支破枪，率领百余号人走进丛林，打响了尼泊尔内战的第一枪。他发誓，要通过武力抗争推翻君主制，建立共和国。

在不被任何人看好的情况下，普拉昌达和他领导的"毛派"游击队迅速发展壮大，甚至曾在短短半年之内发动了5000多次小规模袭击，对尼泊尔政府军造成严重打击。而普拉昌达，也由此成为让当局者闻风丧胆的头号"恐怖分子"和"通缉犯"。

出于安全的考量，走进丛林的普拉昌达从此绝少公开露面，神龙见首不见尾。十年内战期间，据说除了美国《时代》周刊曾经访问过他，没有任何国际媒体曾捕捉到他的踪迹。即便是和平协议已经签署，他也没有放下防备，走进大众视野。久而久之，尼泊尔坊间甚至出现一种奇

---

[1] 以拉玛为首的机会主义派别认为，当时发动武装斗争的时机尚不成熟，应继续从事合法活动；而以普拉昌达为首的教条主义派别则认为，应当马上发动人民战争。

[2] 长期担任"毛派"尼泊尔共产党的二号人物和普拉昌达的副手，负责意识形态和外交，2011年至2013年曾出任尼泊尔总理一职，2015年宣布退出"毛派"，并称今后将远离毛主义意识形态。

怪的传闻：这世界上根本没有普拉昌达，那不过是反政府武装编造出来，用以迷惑政府军的。

偏偏我和吴建明这次尼泊尔之行的最高采访目标，就是普拉昌达。

一

早在飞赴加德满都之前，我就已经通过电邮，反复和阿拉比沟通采访普拉昌达一事，并修改了好几个版本的采访提纲。阿拉比也早就通过他的渠道，提交了我们的采访申请。抵达加德满都之后，我们几乎每天都会追问申请进度，不断表达采访的诚意。

但一如所料，采访申请如石沉大海，久久得不到正面的回复。每次询问，对方都会重复同样的话术：申请信和采访提纲都已经收到了，普拉昌达本人也已经知晓，他会认真考虑的，但最近工作实在太忙，我们也不清楚他什么时候可以接受采访。眼看着我们在尼泊尔的日子一天天过去，连偏远的"毛派"游击队兵营都已经探访回来了，普拉昌达那边还是没有松口。

说实话，我在尼泊尔的采访完成得还算出色，几乎每天都有独家，公司高层也很满意。但于我而言，总觉得只要没采到普拉昌达，这趟尼泊尔之行就不够完美。更何况，付出了这么多心血，疏通了这么多的关系，再怎么困难，再怎么希望渺茫，都得争取一下。所以，到了后半段，我几乎每天一闲下来就会焦虑，一焦虑就会催阿拉比多想想办法，有时候着急起来，还会质疑他的工作方式。

对于采访普拉昌达，阿拉比起初信心满满，不断跟我强调他的沟通渠道有多直接。但眼看着事情似乎没那么简单，而我又在不断施压，他也开始变得焦虑和紧张起来："Dan，相信我，该做的我都做了，该找的人我也都找了，现在我们只能听老天爷的安排了。"

阿拉比的焦虑，一是怕耽误我们的工作，二是担心我们怀疑他的能力，三是也有收入的原因。因为我跟他承诺，只要能够成功安排我们采访普拉昌达，我们就会额外给他500美元的奖金——相当于平日为我们工作十天的收入。如果联络失败，意味着他将失去这个不大不小的"致富"良机。

"而且，本来我不想说的，但现在我得让你们知道，我还有一张王牌。"从奇特旺兵营回到加德满都的当晚，我们在酒店用餐，阿拉比品了一口红酒，放下酒杯，看着我，"我不能告诉你们这张王牌是什么，明天我就要出这张牌。这么说吧，如果我这次失败了，我相信尼泊尔也没有其他人能够帮到你了。"

我不知道他所谓的"王牌"是确有其事，还是故弄玄虚，但在没有更好的办法的情况下，我自然希望阿拉比会在关键时刻使出什么"必杀技"了。

只是，在那之后连续两天，普拉昌达那边还是没有任何动静。我问了几次，王牌什么时候见效，阿拉比都是支支吾吾，说还需要一点时间。我一着急，他就会立刻拿出手机，转身到一个僻静的地方拨打电话，跟对方窃窃私语。但每次打完电话，无论有怎样的解释，结果还是一样：需要再等等。这让我越发地焦虑。

那天晚上8点多，我们从市区拍摄归来，传完素材，写完稿，在酒店大堂用餐，突然接到了时任凤凰卫视资讯台总编辑吕宁思的电话："润锋，采访差不多了吧？打算什么时候回来？"

"还算顺利吧，但是普拉昌达那边一直没确认能不能做专访，我估计还得等几天。"我如实汇报工作，"现在跟'毛派'的关系维护得不错，我觉得有希望。"

"这个难度确实很大，如果你觉得撬不太动，就可以回来了，不要有压力，这边还有新节目等你回来筹备呢。"吕先生婉转地劝我可以收了，但也不忍心打击我的积极性，"当然了，将在外军令有所不受，你相信自己的判断吧。"

吕先生的这一通电话让我更加焦虑。我左思右想，干脆一个电话，打给了刚刚到家的阿拉比："阿拉比，我觉得我们不能再这么等下去了。你现在回来找我们，带我们去'毛派'的办公室，我要尽快确认一下现在的进度。"

"现在？你确定现在过去？Dan，现在天已经黑了，而且我们没有提前跟人预约……"阿拉比老大不乐意。

"不行，今晚必须去一趟。"我态度很坚决，"阿拉比，如果这两天还是没有消息，我可能就得提前结束这次采访了。"

半个小时后，一脸疲惫和不满的阿拉比回到酒店，带上我们前往"毛派"的和平谈判办公室。抵达时，已经是10点多了，红楼的里里外外漆黑一片。我敲了会儿门，楼内没什么反应。

本以为这一趟冒失的拜访将无果而终，但就在我们打算离开时，楼内的灯亮了，一位披着棉衣的年轻人开了门。我认得他，上次在楼里采访"毛派"的四号人物顾伦时，就是他开的门。那一面之缘倒也帮我们省却了不少麻烦，在得知我们的来意后，他没说什么，就转身回屋内禀告。几分钟后，他回来把我们迎了进去："首长起床了，但是你们不要谈太久，太晚了。"

他口中的这位首长不是顾伦，而是另一位"毛派"高层，年约40岁，留着分头，说话很有力量。很遗憾，由于当晚意在公关，没有拍摄，也没有报道，事后我在密密麻麻的记事本里也没有找到他的名字，只记得阿拉比跟我说，他是"毛派"内负责部署军事战略的官员，最懂行军打仗，跟普拉昌达的关系也很密切。

本以为很快就会结束谈话，没想到首长谈兴很浓。从"毛派"当下面临的处境到我们的报道内容，从尼泊尔到香港，差不多聊了一个多小时。在得知我们希望采访普拉昌达，而且已经等了很久时，他当场打电话问了一位负责对接媒体的干部，了解了相关的情况，然后告诉我们：

"你们的采访申请都已经收到了，他们一直在安排时间，但现在还没有确切的答案。刚才在电话里，他们说最有可能采访的时间是下个月。"

"下个月？可是我们不可能待那么久。"我有些沮丧。

"我知道，我也跟他们说了你们时间有限，他们会尽力安排的。"他安慰我，随即犹豫了一下，跟我说，"我这两天应该会见到普拉昌达同志，我可以当面问他一下。但我不确定他会不会有空，你们应该知道，他太忙了。"

虽然多了一个沟通的渠道，但显然，希望仍然不大。眼看着无法有实质性的突破，我们只能怅然告辞。

第二天上午，我本打算和阿拉比再合计一下，看有没有别的办法，没想到收到了阿拉比的一个电话：他打算请两天假，其间会找一个朋友过来代替他工作。

二

我本以为，阿拉比是觉得工作压力太大，不想干了。但根据他同步发来的一封电邮，以及事后的解释，其实他这两天很早就定了别的工作安排。

他原本是判断，帮我们联络、争取普拉昌达的专访难度虽然很大，但成就成，不成就不成，只要等到一个明确的回复即可，不会占据他太多时间，所以他一早就接了另一份工作的邀约。没想到，这件事拖泥带水的，一直没有着落。起初，他看我着急，没敢提这事儿。但拖到最后，实在拖不下去了，只能临时请假。

我虽然不爽，但也没办法，只能在酒店大堂坐等阿拉比的朋友来替班。没想到，等来的是一个意外的惊喜。

当然，说他是惊喜，并不是说他能帮我邀约到普拉昌达。实际上，他不过是一个20岁左右、出身于普通家庭的年轻人，正在尼泊尔规模最大、历史最悠久的特里布万大学[1]上学。之所以说是惊喜，是因为他跟阿拉比性格完全不同。他的出现仿佛给我打开了另外一扇窗，让我了解到尼泊尔更多的面向。

他叫乌塔姆，尼泊尔语的发音听上去像是"乌冬"，所以我干脆称呼他为乌冬。乌冬是一个很温和、很随意的年轻人，眼睛很大，头发微卷，清醒的时候永远带着笑容。每次我为什么事感到焦虑的时候，他就会走过来，"没大没小"地拍拍我肩膀，然后冲我友善地一笑，让我放轻松。虽然这样的安慰解决不了什么问题，但面对他的笑容，我的情绪还是能平复一些。

记得第一次在酒店大堂跟我见面的时候，他就毫无禁忌，跟我开各种玩笑。说话的时候，也不讲究姿势仪态，说着说着就侧着身子趴在了桌子上，一只手撑着慵懒的脖颈，另一只手把玩着水杯。

乌冬说，他是在外国记者协会组织的一次媒体人聚会上认识阿拉比的，偶尔会做阿拉比的助手，一起协助外国媒体在尼泊尔的采访工作。我问他，为什么会参加媒体人聚会？他笑了笑，冲我眨了眨眼：

"阿拉比没告诉你吗？我和我的大学同学一起搞了一个地下电台，我是创始人。"

"什么样的电台？"我很诧异。

"我们起初是为了配合学生运动，号召更多的年轻人上街，支持共和，反对君主。现在，我们也会配合一些其他的群众组织。我们的立场很明确，就是呼吁废除君主制，尽快启动政治重建。"

没想到眼前这位温文儒雅的年轻人，竟然是尼泊尔民主运动的积极参与者，这倒真是让我大吃一惊。在好奇心的驱使下，见面之后没多

[1] 和特里布万国际机场一样，都是以特里布万国王为名，建于 1959 年，是尼泊尔规模最大的一所大学。

久，我就请他带着我和吴建明去了他的电台。

说是电台，其实也就是一个普通的工作室，位于加德满都某栋不起眼的白色小楼的其中一层。我们抵达时，电台里有几个学生模样的工作人员正在忙着准备当天要播出的稿件，桌上堆满了各种宣扬民主共和的海报。录制设备倒是很简单，跟我在大学期间玩过的校园电台差不多。乌冬说，电台刚成立两三年，一共四五个学生在维护，没有任何收入，日常经费来自学生和民间的捐款。出于安全考虑，电台起初都是秘密运作，从办公地址到人员信息，都对外保密。但最近随着尼泊尔政治局势的变化，电台的活动也逐渐公开化。

闲聊期间，窗外突然隐隐约约传来一阵阵呐喊声。放眼望去，不远处还飘起了几道烟，似乎是有人在纵火。

"出了什么事？"我问乌冬，同时让吴建明收拾一下器材，准备随时出发。

"哦，又有人组织游行了，没事，这很正常，今年4月以来，几乎每个星期都会有这样的游行。你听那口号，都是要求废除君主制。我们去看看吧！"

我们赶到的时候，这场集会已经是轰轰烈烈。一条狭长的街道上挤满了从四面八方赶来的民众，目测有上千人。街道尽头搭了个简易的主席台，不时有人上台发言，激昂的振臂高呼声夹杂着扩音器里要求废除国王的口号，此起彼伏。主席台前，象征民主之火的巨型蜡烛在民众热烈的掌声中缓缓燃烧。有人支起画板当场作画，用色彩和线条含蓄地勾勒出他们心中尼泊尔的未来。还有人登上舞台高歌一曲，用歌声直接表达对民主共和的向往。

自2006年4月尼泊尔国王贾南德拉宣布还政于民之后，尼泊尔王室其实已经没有实权，国王成了象征性的国家元首。但此后，仍有不少民众要求更进一步，采取更彻底的变革措施。在我采访期间，当地媒体就有民调显示，多达88%的尼泊尔人认为应当永久性废除国王和王室制度，赞成保留国王的只有10%。这一方面得益于持续多年的民主共和运动；另一方面，也和一起震惊国际社会的王室命案息息相关。

根据官方的说法，2001年6月1日晚，时任国王比兰德拉的儿子狄潘德拉因不满母亲干预他的婚姻大事，血洗宫廷。包括比兰德拉国王、艾斯瓦利亚王后在内的十多名王室成员逐一遭到枪杀，而狄潘德拉被发现时正意图自杀，身负重伤。尽管按照尼泊尔法例，狄潘德拉接替驾崩的父亲，继任了王权，但因其伤势过重，于6月4日去世。随后，狄潘德拉的叔父，也就是比兰德拉的弟弟贾南德拉正式继位。

但尼泊尔民间普遍流传的说法却认为，这一切都是由贾南德拉亲手策划，并嫁祸给狄潘德拉，目的就是为了篡权夺位。

虽然这种说法从未得到证实，但贾南德拉继位的合法性却因此备受质疑，尼泊尔王室的声望也由此大不如前。再加上贾南德拉继位后一直试图废除比兰德拉时期确认的多党议会制，极力遏制国内民主政治的发展之势，导致民怨沸腾、朝野不满。即便他被迫交出了政权，也无法平息积压已久的怒火。

眼前的这场集会，便是尼泊尔人表达不满情绪的一种方式。

乌冬去人群中打听了一下，然后告诉我，这是一场民众自发的活动，不受任何党派的指挥。但在人群中，我们还是能看到有一些政党的支持者，尤其以"毛派"的拥趸居多。

"普拉昌达！普拉昌达！"人群中突然有人举着普拉昌达的画像，高呼起他的名字。

这两嗓子一喊，就像是给我当头泼了一盆冷水，令我从热闹的现场迅速冷静下来。是啊，普拉昌达，普拉昌达，你在哪儿呢？你到底什么时候有时间接受采访？你再没消息，我就真扛不住了，只能回香港了啊。

此后两天，我一直处于时强时弱的焦虑中，期盼着"毛派"那边能够传来好消息。就在第三天的夜晚，我突然收到了阿拉比的电话，说是他其他的工作已经结束了，可以马上回来复工，而且他对接下来的采访有了新的计划，希望能见面讨论一下。

"Dan，这两天过得怎么样？乌塔姆没有让您失望吧？"他坐在酒店大堂，见到我之后一反常态，笑盈盈地问我，神情颇为放松。

"挺好的，他的工作能力很强。"我心不在焉地回了一句，看着他，脑海里突然浮现一种奇怪的预感，然后心跳加速，"你是有什么好消息吗？"

"哈哈哈，是的，Dan，我有个好消息要告诉你。"阿拉比忍不住笑出了声，"我收到普拉昌达秘书的邮件，他告诉我，普拉昌达同意接受采访了，就在明天下午！我们今晚得好好准备一下了！"

三

根据普拉昌达秘书的邮件信息，采访安排在下午，但没有提具体的时间和地点，只是交代我们中午1点30分在某处接头，会有"毛派"的人来接我们。另外，邮件中专门确认了我们的人数和身份信息，并强调：不要出现其他没有报备的人，也不得将采访信息泄露给任何人。

约定接头的地点是加德满都近郊的一片居民区，一个不起眼的丁字路口，有一道狭长的缓坡。道路两旁除了普通的居民楼，还有很多卖杂货的店铺和摊档。

中午12点光景，距离约定的时间还有一个半小时，我们就已经赶到了那里。一方面，是想看看现场有什么特殊之处；另一方面，实在是有些迫不及待，毕竟对这次采访已经期待了很久，也焦虑了很久。

在当地拍了些素材之后，我们便回到车上，耐心等待消息。看着窗外的居民楼、行人、车辆，我突然想起了那些尔虞我诈、斗智斗勇的谍战片：此时此刻，"毛派"的人会不会正在某个角落监视着我们？右前方那栋居民楼的窗内，是不是有他们的人？街角卖水果的那个摊贩，是不是盯梢的？

越想越兴奋，越想越离谱。

然而，从12点等到1点，再从1点等到2点，我们等了又等，却始终没有人来接应。起初还安慰自己说，对方指不定被什么事儿耽误了，迟到一会儿也算正常，但眼看着时间一分一秒地流逝，对方却连个短信都没有发过来，我们有些沉不住气了。我开始反复让阿拉比确认信息：

"阿拉比，对方的邮件里说的是这儿吧？我们没来错地方吧？"

"千真万确，这个地方我很熟，不会找错的。"阿拉比向我保证。

"约的是今天吗？不会是日期搞错了吧？"我还是不放心。

"当然了，这么重要的日期，我怎么会搞错呢！"阿拉比有点儿哭笑不得。

"那……你打个电话问问？"

"我刚才已经打过两次了。第一次，对方说让我们继续等。第二次，没人接了。我觉得还是别再催了，不然很不礼貌。"阿拉比解释。

我没辙了，内心的不安越来越强烈，但也只能继续等下去。就在沮丧到极点的时候，大约3点钟，阿拉比的手机突然铃声大作。他一看来电号码，立刻冲我做了一个"嘘"的手势，又指了指手机屏幕，然后接起了电话。

我坐在一旁神经紧绷地看着他，听他用尼泊尔语说了两三分钟。虽然一个字也没听懂，但至少，他脸上没有流露出任何失望的神情——这就意味着还有戏。

果然，阿拉比放下电话之后告诉我，对方说他们被一些工作耽误了，所以没来接我们。现在采访地点有变，接头地点也得调整，我们得赶到郊外的一个加油站与他们会合。

"Dan，你猜得没错，'毛派'的人刚才来过这里，或者这里有他们的人在盯梢。他们刚才还问我，我们是不是开一辆白色的车，车牌是不是×××××。"

"那他们为什么不直接过来找我们？"我瞪大了眼睛，表示不解。

"我也不理解，但我估计他们这么做也是安全起见吧，怕我们泄露行程，所以找了个借口，临时改一下接头地点。"

"那他们就不怕我们现在泄露信息吗？"我有点无奈。

"他们约了我们半个小时后在加油站见面，但从这里到那个加油站，算上堵车时间，差不多就需要半小时，到了就得跟他们走，我感觉他们是算好的，不让我们有什么别的想法。"

我不知道阿拉比的推测是否合理，但眼看着时间紧张，来不及多想了，于是催促司机赶紧发车，尽快赶往对方指定的加油站。

四

加油站位于加德满都郊区的一条公路旁，前不着村，后不着店，周围是一片片残败的庄稼地。别说人了，就连过往的车辆都没多少。

我们抵达时，刚过3点30分。一下车，看到眼前的景象，不由得倒吸一口凉气。阿拉比说，这片地区早就被"毛派"控制了，我们现在已经到了他们的地盘。吴建明开玩笑地问我：

"你没说他们什么坏话吧？如果有，现在还来得及，我们赶紧跑路。"

我正想让阿拉比打个电话问问情况，突然瞥见远处风驰电掣般驶来一辆绿色的越野吉普，车头敞篷处站着两个年轻人，一人穿着绿色军装，一人身着黑色紧身背心，两人手里都扛着长枪。

正当我纳闷之际，吉普已经冲着我们开了过来。稍稍减速后，其中一位年轻人用尼泊尔语冲着阿拉比喊了几句，阿拉比点了点头，年轻人立刻挥了挥手，示意我们跟上。吉普突然来了个大转弯，掉了个头，扬长而去。

阿拉比赶紧招呼我们上车，让司机跟上吉普："他们就是来接我们的！"

就这样，我们一前一后，沿着坑坑洼洼的道路，在飞扬的尘土中往前开进。不一会儿，车子驶进了一个小镇。我们以为到了目的地，却不料吉普七拐八拐，穿过几条狭窄的小巷后，又穿过镇子，继续前行。还没等我们回过神来，车子又开上了一条山路，绕了一下之后，又带着我们，开进了另一个小镇。

没人知道要去哪里——阿拉比也不知道，但我们只能强忍所有的疑惑和担心，紧跟着吉普。身边的吴建明已经按捺不住，飙起了脏话。

大约4点的样子，前面的吉普车终于在某个人口相对密集的小镇开始减速。绕过几个路口，穿过几条狭窄到只能容下一个车身的羊肠小道，最后开进一道围墙的入口，我们在一片废弃的操场停了下来。

"我×！"我一下车，便忍不住"感叹"了一句，眼前的操场有一个足球场那么大，场内坑坑洼洼，到处是垃圾，还有火烧的痕迹，"在这儿被人宰了都不知道啊！"我开了句玩笑。

"那到时候我们就只能跑了，听天由命吧。"吴建明嘴上这么说，却还是习惯性地端起摄像机，拍了起来。没想到带路的那两位年轻人一下子冲了过来，挡住了镜头，焦急地呵斥我们。

"他们说不能拍，这里是普拉昌达的一个临时的工作地点，绝对保密。我们等下只能拍室内采访的画面。"阿拉比赶紧在一旁翻译，并向那两位年轻人道歉。吴建明悻悻然收起器材，我也赶紧上前赔了个不是。

"其实普拉昌达最多也就在这里待一天，或者过一晚，明天他就会换地方。我听说这么多年来，他都是这么谨慎。"阿拉比在一旁小声地说，"但即便如此，他们还是这么小心，没办法，仇家太多。"

穿过围墙的另一侧，转了个弯，眼前赫然出现一栋四五层高的楼房。我们被带到四层的一个会客厅，几个秘书和保安模样的人很快走了进来。在确认了我们的身份，又仔细检查了我们的器材之后，他们示意我们稍等一会儿，说普拉昌达开完会就过来。

这次，我们没等多久。在迅速架完机器、调好光之后，大约过了十分钟，一位中等身高、体形略胖、戴着眼镜、穿着深色西装便服、留着胡子的男子笑着走了进来：

"你好，Dan，很抱歉让你们久等了，我是普拉昌达。"

五

如前所述，自发动内战以来，出于个人安全的考量，再加上常年辗转于大山深处，普拉昌达绝少接受媒体——尤其是电视媒体的访问。即便是美国的《时代》周刊，也只能通过书面提问的方式，对他进行间接的采访。而如今，他就坐在我和我的镜头面前。

"您不喜欢记者吗？"落座之后，我先跟他开了个玩笑——但我知道，这是一个危险的玩笑。因为根据不少媒体的报道，"毛派"曾多次针对那些写过其负面报道的媒体进行暴力打压，"毛派"和加德满都新闻界之间的关系并不友好。[1]

"我喜欢记者，但面对电视媒体，我会感觉很不自在。当然，我这次会尽量在您的镜头前，让自己放松起来。"普拉昌达笑着回应。

幸运的是，在这次历时一个小时的采访中，普拉昌达的确很放松。我们聊了他成长和从政的故事，聊了毛泽东思想对他的影响，聊了十年

---

[1] 关于"毛派"打压新闻界最广为人知的事件发生在2007年10月，一名曾报道过"毛派"走私及对政敌使用暴力的记者沙赫遭"毛派"绑架杀害，事件一度引发尼泊尔新闻界的抗议示威。

前上山闹革命的缘由，聊了这些年东躲西藏、到处躲避政敌追杀的传奇经历。当然，也重点聊了一下他对尼泊尔未来政治重建的想象。

"当我还是个中学生的时候，我就已经开始和一些政治党派接触了。由于我出身贫困，我的成长环境和阶级成分都使我能对共产主义产生某种自发的信仰。这种信仰在我念高中的时候就已经出现了，后来我就一直沿着这条路走了下来。

"在我上九年级[1]的时候，我的一个老师给了我一份中国的画报。在画报上，刊登着毛泽东的巨大照片……老师向我介绍了毛泽东，我被毛泽东这个人物和那本杂志深深震撼了。不久，老师送了我一本《毛主席语录》，于是我开始学习语录。在我的青年时代，这本语录可以说是我的精神动力，引导我在追求共产主义的道路上不断前进。"

20世纪60年代，尼泊尔共产党内部派系林立，出现严重分歧。1968年，尼共主要领导人施瑞斯塔及其追随者自立门户，成立新党，明确提出"走毛泽东的新民主主义道路，反对苏联修正主义"，并号召"承认毛泽东思想的各地组织和个人团结起来，制定一个根据毛泽东思想解释的、符合尼泊尔历史状况的纲领和政策"。由于尼共的大部分成员都加入了这一派别，因此在之后的几年时间，毛泽东思想在尼泊尔各地得到了广泛传播，并影响了一大批尼泊尔青年。按年龄推算，普拉昌达上九年级的时候，正是毛泽东思想全面影响的1969年前后。

"但这已经是很久以前的事了，如今您甚至已经创造了自己的理论，您现在还坚持信仰毛泽东思想吗？"我忍不住追问。

"尽管毛泽东思想已经不是什么新的理论了，但它依然深深地影响着我……对于被压迫阶级、被压迫民族、被压迫性别，以及不同宗教信仰的人来说，毛泽东的贡献仍然是适用的，我们应该好好学习。当然，

---

[1] 根据尼泊尔的教育制度，1—5 年级为小学（Primary），6—8 年级为高小（Upper Primary），9—10 年级是初中（Secondary），11—12 年级是高中（Higher Secondary）。

我们不能机械地照搬毛泽东的理论……时代和环境在变，我们必须适应这一变化。"

普拉昌达对于毛泽东思想的信念不仅仅停留在他的理论阐述上，更体现在他的革命和从政的策略中。尤其是上山闹革命之后，他采取的"农村包围城市"的战略，正是借鉴了毛泽东的做法。不过我好奇的是，这十年来，他是怎么度过的，又是如何在各方政敌的通缉和追捕下取得如此辉煌胜利的。

"这是很常见的事情。我们的对手和敌人一直想追杀我，政府甚至悬赏要我的人头，开价超过500万卢比[1]。他们发布了很多类似的追杀令。那段时期不仅对于我，而且对于我们所有的同志，都是段艰难的时光。但我们有农村民众的广泛支持，在地理上我们有大山藏身，这使我们得以幸免于难。"

"所以，你们经常是居无定所的状态？"

"是的，我们必须以流动的方式生活，我们不能生活在特定的屋子、驻扎在特定的地区。有时我们在东部，有时在西部，有时在这个村，有时在那个村，不停地转移。流动意味着安全，那就是我们的生活。"

"那你们怎么跟外界联络？你们在那么闭塞的环境下，是如何了解外界的变化的？"普拉昌达的描述让我想起了影视剧中的抗日游击队。但时过境迁，眼下已经是21世纪，战争的方式已经发生了很大的变化——比如全面、快速地获取信息，进而做出精准判断和应变，就变得至关重要。

"十年前当我们发动战争的时候，我们的通信方式非常落后。我们必须写信，然后找人送信，送信还必须步行。但在战争后期，我们解放

---

[1] 根据 2006 年 9 月的汇率，500 万尼泊尔卢比相当于 55.5 万人民币。

了大片地区，我们有了钱，条件逐渐得到改善。然后我们有了电话，有了先进的通信设备，与外界联系就变得方便多了。"

普拉昌达说，他起初带人上山的时候，只有两支老旧的来复枪，其中一支还是坏掉的，其余的武器大多是斧头、锄头等农具。之所以能取得最终的胜利，一是因为他们所做的一切都是为了满足人民群众的基本需求；二是因为有先进的意识形态和政治理念，并且采取了正确的斗争策略；三是因为"毛派"上上下下都对革命充满信心。

"两把破枪闹革命"的故事，在尼泊尔广为流传，我在网上也见过相关的文字记载。是真是假，我不清楚，但很容易让人联想到中国的贺龙元帅当年"两把菜刀闹革命"的典故[1]，两起事件恰好相隔整整80年。也许是巧合，也许是一心追随毛泽东思想的普拉昌达为了强化自己的"正统"性，在宣传上采取的模仿策略吧。

"恕我直言，国际社会对您并不怎么友好，他们指责'毛派'长期从事谋杀等恐怖活动，您对此怎么回应？"采访至一半，我小心翼翼地抛出了这个争议性话题。要知道，尽管"毛派"和加德满都的各大政党已经开启和谈，但包括美国在内的多个西方国家认为，"毛派""践踏人权、打压政敌的暴行"并没有减少。[2]

"不，我不这样认为。如果我们是恐怖分子，我们就不可能解放80%的农村地区，我们就不可能控制全国的农村地区，我们就不可能在首都及地方首府击退敌人。"说到这里，普拉昌达有些激动，"那些把我们看成恐怖分子的人，他们才是真正的恐怖分子。那些超级大国，他

---

[1] 1916年3月，贺龙在湖南芭茅溪率领20余人攻击当地盐税局，用菜刀、棍棒等简易武器砍杀数人，事后追随孙中山，走上革命道路。毛泽东后来曾以"贺龙两把菜刀起家"形容事件，这一说法逐渐流传开来。"两把菜刀"是泛指，并非实数。
[2] 美国国务院在2007年曾发表报告，系统梳理"毛派"在2006年的暴力行为，包括绑架、勒索、谋杀等。尼泊尔国家人权委员会也在2007年发表报告，指责"毛派"持续对新闻工作者和人权工作者发动武力攻击。但"毛派"对此均予以否认。

们轰炸伊拉克和阿富汗，没有经过任何的法律程序，没有任何国际权威的许可，他们才是恐怖分子！"

聊到当下的政治重建，普拉昌达表示，一切都在按部就班地进行。虽然还存在一些阻碍，但整体来看，他还是充满信心。采访当天的上午，他刚跟时任首相柯伊拉腊见面，讨论了相关事宜。

"如果未来的议会政治还是不能解决一些问题，还是让您感到失望，您会再次发动战争吗？"我提出了一个假设性的问题。

"我认为最重要、最严肃的人权，是人民群众的抗争权。如果人民发现他们处境困难，他们就会选择起义，这是正义的。以目前的情况来看，我并不认为类似事件会发生……但如果统治阶级逼迫人民群众起来反抗，那样的反抗是正义的，我们会投入其中。"

"您会考虑去争取担任新的国家领导人吗？"

"就我个人来说，我并不是坚决要求担任部长之类的职务。正如我所说的，我是一个普通人。但是如果人民赋予我责任，给我这样的一个任务，我会为了民众利益，承担起这个责任。"

"这是我第一次到尼泊尔，当我走在街上时，我发现到处都是您的海报。当您看到这些海报的时候，您会有怎样的感受？"我很想知道，有着广泛民意支持的普拉昌达，会怎么看个人崇拜这件事。

"我想我的同志们在经过十年战争后，希望确立某种权威。我多次跟他们讲，不必贴这么多海报，但他们不同意。他们认为，我们必须有个领导核心，他们想表达他们的情感，因此他们做了有关的决定，并印制了大量海报。这让我深深感受到自己所肩负的使命有多重大，我必须去承担更多的责任，我的决策也必须更为严谨。当然我还是劝我的同志们，不要贴这么多海报，应该尽力去理解我们党的职责，理解我们的政治主张，这比贴海报重要得多。"

采访中有很多理论性和政策性的讨论，略显枯燥，在这里不便赘述。聊到最后，我试图轻松一些，问起了这位传奇人物的个人生活。

"我知道您很忙。那您有时间回老家看看吗？您的家庭生活怎样？"

"现在我没那么多时间去联系我的亲戚朋友，没有时间回老家。有一次，我曾经在我的家乡逗留过两天，但却无法和父老乡亲一一见面，因为党内要开很多会议。我只是抽空回家，和我父亲见了一面，我们见了十分钟，还拍了照片。我想在临时议会和临时政府完成组建后，我会尽量回一趟老家……我的老家在尼泊尔的西部，我的一个女儿在那儿当区领导，另一个女儿在东部，我儿子和妻子目前与我在加德满都。"

"您想去中国看看吗？比如去毛泽东的故乡？"

"哦是的，我很期待。我真的很想去中国，去看看中国的发展状况，去看看毛泽东出生的地方，去了解毛泽东对中国的贡献。真的，我很想去。当临时政府完成组建后，我想我会去中国。"

后　记

采访完普拉昌达的第二天，我便飞回了香港。

头几年，我和阿拉比、乌冬还会偶尔通个邮件，彼此问候一下，互通一些近况。我曾劝乌冬在大学毕业后，考虑出国深造，他也颇为心动，在电邮中问过我如何申请香港的大学。但聊了一阵之后，大家也就忙于自己的生活，慢慢疏于联络了。

2007年之后，尼泊尔的政治重建发生了很多新的故事。2008年4月，"毛派"尼泊尔共产党在制宪会议选举中获胜，成为尼泊尔第一大党；时年8月，普拉昌达首次当选尼泊尔总理。就在他宣誓就职之后的第六天，普拉昌达受邀出席北京奥运会，访问了中国。这也是他上台后第一次出国访问，从而打破了尼泊尔历任领导人上任之后必先访问印度的传统。

但尼泊尔的政治斗争并没有因为"毛派"的强势崛起而平息。朝野之间的政治博弈仍在持续，几个共产主义政党的路线与利益之争也此起彼伏，就连"毛派"内部也出现大大小小的意见分歧。普拉昌达也在一次又一次上台下台、游行抗争、参政议政、拉帮结派的过程中越来越熟练地经历着他跌宕起伏的政客生涯，而他对自己的从政理念也开始不断地反思和修正[1]。

随着尼泊尔政局的持续震荡，越来越多的"毛派"支持者开始对现实感到失望，进而对"毛派"当年放弃武装斗争、参与议会政治的决策进行反思，甚至有人将"毛派"领导层视为"革命的叛徒"。不论是"毛派"还是普拉昌达本人，都不再像当年那般一呼百应。

2015年，尼泊尔发生地震。我在时隔八年后，再次前往尼泊尔采访。忙了十多天，临近返港的某个早晨，我在一位当地朋友的带领下，以私人拜访的名义，去了趟普拉昌达的家。那时候，他已从政府中卸任，并且正面临激烈的政治斗争，但仍在谋划东山再起。

他的两鬓已经斑白，说话声音也不再那么洪亮。荣幸的是，他还记得我。

---

[1] 例如在 2010 年，普拉昌达曾呼吁国内所有共产主义政党都把政党名字的后缀去掉，包括尼共（毛主义）的"毛主义"，尼共（联合马列）的"联合马列"等，然后统一成立尼泊尔共产党。但这一提议并未得到积极响应。

第五章　以色列

以色列位于阿拉伯半岛西北角，地中海的东岸、红海亚喀巴湾的北岸，实际控制面积约2.5万平方公里[1]，人口数量在2022年应达到了950万左右。

作为传统意义上"巴勒斯坦地区"的主要国家，以色列与巴勒斯坦国两片离散的领土（约旦河西岸、加沙地带）交错相邻。而若从复杂的以巴地区抽离出来俯瞰整个阿拉伯半岛，便会发现以色列身处阿拉伯国家的层层包围之中：北邻黎巴嫩，南接埃及，东部则与叙利亚、约旦等国毗邻。

由于复杂的宗教原因和利益纠葛，犹太人和阿拉伯人之间从古至今矛盾不止，冲突不断。远的不说，仅1948年以色列建国以来，以色列和周边的阿拉伯国家就爆发过五次大规模的战争，史称"中东战争"。而其他小规模的边境冲突、恐怖袭击，也时有发生。至于以色列和巴勒斯坦之间，更是常年处于炮火纷飞、硝烟弥漫的武力对抗状态。

---

[1] 根据1947年联合国大会181号决议，即巴勒斯坦地区的分治决议，以色列领土应为1.52万平方公里，但经过常年的战争，以色列的实际控制面积不断增加。

记忆中，小时候看电视、听广播、读报纸，"中东问题"是一个永恒的话题。"巴以关系""耶路撒冷""约旦河西岸""加沙地带""中东问题和平进程""巴勒斯坦民族权力机构主席阿拉法特"等，更是一系列高频出现的词汇。

现在回想起来，那时候相关的资讯接触，或许已经在我脑海深处埋下了某个暗雷。而大学念的国际关系专业，则第一次触动了这枚暗雷。虽然那时候专业水平有限，对于中东问题长期处于一种"记不住、听不懂、说不清"的状态，但课堂上相关的讨论，却总是能持续引发我对中东地区，尤其是对以色列这个国度的好奇。

2004年9月，我入职凤凰卫视。时年11月11日，阿拉法特逝世。这在当时可以说是轰动全球、足以影响国际格局和历史走向的大事件。公司临窗的天花板上吊着的几十台悬挂式电视机，一天24小时在全球各大媒体之间来回切换，反复播报着来自约旦河西岸和加沙地带的新闻动态，以及世界各国的即时反应。凤凰也不例外。除了编译外电，凤凰常驻法国的记者、我的前辈严明也已经赶赴拉姆安拉，在阿拉法特官邸前持续发回报道。从直播台到导播间，从编辑部到会议室，所有人都处于一种高度紧张而亢奋的工作状态。

那时候，我仍处于试用阶段，主要负责日常国际新闻的编译，以及各档新闻节目的串联单编排等工作。虽然已经习惯了直播的大阵仗，但身处其中，目睹历史的变革并参与记录和叙事，仍会情不自禁地感到亢奋。尤其是在看到严明于前方急中生智，在密集的媒体和汹涌的人群中搭起一个高台，占据有利地形进行直播连线，从而得以不断发回独家报道时，更是血脉偾张。

看着电视画面中群情激昂的巴勒斯坦人，以及严明站在高处翔实的记录和观察，我隐约觉得，以色列和中东地区对我来说已经不再是一种遥远的想象，终有一天，我会亲自踏上那片神奇的土地。

第一节　以黎冲突：死里逃生

2006年7月12日，黎巴嫩的什叶派政党真主党[1]突然发动一项代号为"True Promise"（真实承诺）的军事行动，向以黎边境线南部的部分以色列城镇和军事基地发射了大量火箭弹与迫击炮弹，其地面武装还跨越边境线，向南推进了至少200米。行动造成以色列国防军八人丧生、五人受伤、两人被俘。

这对于以色列人来说，显然无法容忍。此后数日，以色列国防军一方面在以黎边境线部署大量的兵力，与北部的真主党军队展开对峙；一方面派出空军对黎巴嫩展开大规模空袭，袭击目标除了以方认定的军事设施之外，还有许多民用建筑，包括黎巴嫩首都贝鲁特的机场，以及贝鲁特通往叙利亚首都大马士革的高速公路。此外，以军还对黎巴嫩进行了海空封锁，将黎巴嫩置于孤立处境。

以色列的诉求很直接：一是为了报复黎巴嫩；二是要求真主党尽快释放被俘的以军士兵。时任以色列总理奥尔默特称，黎巴嫩将为他们的战争行为付出惨痛代价；而以色列国防军总参谋长哈鲁兹则扬言，要让黎巴嫩"倒退二十年"。

但真主党不甘妥协。即便在以军的攻击下，许多地方已经满目疮痍，真主党军队依然顽强地向以色列方向持续发射火箭弹。包括纳哈里亚、萨费德在内的以色列北部城市相继受袭，至少有30万以色列人被迫南迁，不愿意撤退的也悉数躲进了防空掩体。

---

[1] 真主党成立于1982年以色列入侵黎巴嫩期间，是受伊朗资助的政治和军事组织，以消灭以色列为宗旨，被多国列入恐怖组织名单。1992年起参加黎巴嫩议会选举，是黎巴嫩主要的反对党。

这场冲突在以色列被称为第二次黎巴嫩战争[1]，在黎巴嫩则被称为七月战争。事件造成以色列至少119名士兵和43位平民死亡，上千人受伤；黎巴嫩方面则有36名政府军士兵、1020位平民和至少500名真主党成员丧生。

早在冲突爆发的第一时间，凤凰卫视常驻法国的记者严明和徐林平就已经飞赴以色列展开报道；另一位特约记者温爽也取道塞浦路斯，搭乘救援组织的补给船，突破以色列的海上封锁进入贝鲁特。

7月20日，一直跃跃欲试的我终于接到了时任总编辑吕宁思的指令：尽快申请以色列签证，到前线接替严明一组，继续报道以黎冲突。

一

由于凤凰卫视此前经常去以色列拍摄，因此和以色列驻香港地区总领事馆关系不错。在相关人士的协助下，我和摄像师Matthew很快就办妥了记者签证。

值得一提的是，由于错综复杂的阿以关系，任何人只要去了以色列，其护照上留下了以色列出入境管理部门盖下的戳，就无法再持同一本护照进入阿拉伯国家——因为你会被认定存在"亲以色列"的嫌疑。这对于常年跑国际新闻的记者来说，实在是相当麻烦的一件事。但大战当前，我也顾不了那么多了，想着大不了回港之后再办一本护照便是了。

不过，和谨慎的签证政策相比，更复杂的是以色列的安保政策。由于树敌太多，以色列遍布全球的使领馆及其工作人员都成了恐怖袭击的

---

[1] 第一次黎巴嫩战争即1982年6月的第五次中东战争，以色列驻英国大使遭巴勒斯坦枪手枪击，以军出动10万大军对黎巴嫩南部发起进攻，旨在清除黎巴嫩境内的巴勒斯坦解放组织。

潜在目标，因此常年处于高度戒备的状态。位于香港岛金钟夏悫道海富中心的以色列驻港总领事馆，同样也不例外。印象中，每次进入那里，总是需要接受里三层、外三层的检查，以及一遍又一遍的身份核实，十分不便。

为了防止不法分子混入以色列甚至发动恐怖袭击，所有飞往以色列的航班也都采取了严格的安检措施。这一点，从我和Matthew前往香港赤鱲角国际机场开始，就有了深刻的体会。

在香港搭乘国际航班，通常提前一两个小时办理登机手续即可，但如果要去以色列——对不起，你至少得提前四个小时抵达机场。首先，你会被安排到机场某个特定的安检区域，来自以色列的安检人员会要求你把所有随身携带的和准备托运的行李拿出来，逐一检查之余，还会问你一些稀奇古怪的问题：

"这是什么？它是做什么用的？是你本人的吗？"

"最后把这件物品放进行李箱的，是你本人吗？"

"有没有人曾经触碰过这件物品？你确定吗？"

"在你的行李箱中，有什么你不确定是什么的物品吗？"

"你有携带枪支吗？你确定？"

针对每一件物品，安检人员都会提出类似的问题，有的特殊物品，比如电脑、相机、药品等，更会被"重点关照"。由于Matthew带了大量的拍摄、剪辑、直播设备，检查过程更加烦琐。而除了针对物品盘问之外，安检人员还会对你和同行人员的关系刨根究底。出发当晚，我和Matthew就被问得相当尴尬：

"他叫什么名字？今年多大？他和你什么关系？"

"你和他是怎么认识的？你们第一次见面是什么时候？"

"你们是一起来机场的吗？怎么来的？"

"你和他这次要去哪里？这一路你们都会同行吗？"

"你们去采访，会怎么分工？"

所有的盘问都是分开两条通道同步进行，以免被问话的人"串供"。一旦遇到两人对相关问题给出了不同的答案，安检人员就会警惕起来，一再追问。我和Matthew原本抱着"人正不怕影子斜"的心态，没有任何担忧，但面对对方持续不断的追问，难免会感到紧张。再加上Matthew的英文一般，有些复杂的问题——例如海事卫星设备的用途和工作原理之类的，很难用有限的词汇解释清楚，碰到一些听不懂的问题，他还会习惯性地笑着回答"Yes"，以至于在应答过程中出现了一些小误会，好在事后及时给出了合理解释，才勉强过关。

安检结束后，我和Matthew长舒一口气。收拾完行李之后正要离开，负责安检的一位以色列小哥突然冲着我笑了一下：

"其实我知道你们的名字，也知道你们要去报道这次冲突。我的香港女朋友在以色列驻港领事馆工作，她跟你通过电话。但没办法，我必须做好我的工作。"

"哦是吗？你们怎么认识的？"被八卦了半天之后，我决定反将他一军。

"在兰桂坊，哈哈！"以色列小哥举起双手，摆了一个跳舞的动作，然后冲我眨了一下左眼，大笑起来。

二

当地时间早晨7点多，在经过12个小时的夜空飞行后，我们搭乘的航班终于降落在以色列唯一的国际机场——位于特拉维夫东南方向的本古里安机场。

以色列的经济中心在特拉维夫，政治中心则是耶路撒冷。按照规定，我们在落地后，需要在第一时间赶往耶路撒冷的有关政府部门办理记者证。好在从机场到耶路撒冷不算远，大约40分钟的车程。我们赶在中午办公室休息前办妥了证件，随后马不停蹄返回特拉维夫，与严明、徐林平进行了交接。

报道的大本营，是以色列北部距离以黎边境线约30公里的海法。

海法是一座中等规模的旅游城市，濒临地中海。每年的盛夏，都会有大量游客涌到这里，享受阳光与海滩。但在以黎冲突爆发后，海法不可避免地成为真主党火箭弹的攻击目标。在持续的炮击之下，20多万惊恐的海法市民或是举家逃离，或是钻入防空洞暂居。明明是传统的旅游旺季，这座美丽的城市却陷入了一片令人毛骨悚然的寂静。

我们下榻的酒店在一座山上。那里濒临大海，隔海眺望还能看到以黎边境线最西端的哈尼克拉角。山上酒店很多，原本是游客聚集的区域，但此时却已经成了各国媒体的大本营。几乎所有国际媒体的记者都住在这里，美联社和路透社甚至在山上开设了专属的直播点，为有需求的媒体提供连线和传输服务。

记者们之所以选择这里，一方面，是因为在山上能俯瞰海法整座城市，哪儿被轰炸了，哪儿冒烟了，一目了然；另一方面，也是因为地势较高，从黎巴嫩方向飞来的火箭弹不容易打到。

当然，话虽如此，每天24小时不间断的炮声还是会让人心烦意乱。尤其是刚到的头几天，耳听着海那边时不时传来的炮击声，而我的房间又偏偏正对着大海，心里难免犯嘀咕：真主党的火箭弹威力有多大？真的打不到我这儿吗？

但两三天之后，我和Matthew也就习惯了在炮声中工作休息、醒来睡去。有时候入了夜，炮声停得久了，我反而会焦虑：怎么回事？不打了？是停战了，还是在酝酿更大规模的进攻？辗转反侧，直到下一轮炮声响起，才安然入睡。

客观而言，这是一场实力悬殊的战争。作为世界公认的军事强国，以色列当时拥有60万兵力，其中现役军人18万，预备役42万，配有2800

辆坦克、700架飞机和数千门火炮，以及强悍的导弹防御系统。而黎巴嫩真主党武装规模有限，在编作战人员仅三四千，外加民兵一万人左右，另有13000枚火箭弹和迫击炮等常规武器，常年盘踞在黎巴嫩南部地区打游击。

凭借明显的军事优势，以色列在与周边阿拉伯国家爆发的一系列战争和冲突中，从未打过败仗。1982年的第一次以黎战争，以军更是直接拿下贝鲁特，迫使巴解组织撤出黎巴嫩，取得了碾压式的胜利。这一次，和以军对抗的换成了真主党，但战斗力的差距同样是巨大的。

不过，出其不意的火箭弹远程攻击还是具有防不胜防的杀伤力。真主党领袖纳斯鲁拉甚至曾扬言，以色列绝大多数地区——包括距离以黎边境线约96公里的特拉维夫，都在真主党的攻击范围之内。尽管外界对此持怀疑态度，认为真主党的火箭弹最远也就能打六七十公里[1]，但也不得不承认，至少像海法这样的北部城市，是完全处于射程范围之内的。

实际上，在海法报道的约两周时间内，我们几乎每天都会收到海法市的遇袭信息。而一旦以色列军方捕捉到真主党火箭弹向海法方向正面来袭的踪迹，当地的防空系统就会立即启动，整个海法市就会在瞬间响起刺耳的防空警报，民众也会按照规定即刻钻入掩体避险。印象中，那段时间海法上空邻近地中海的方向，飘浮着几个巨大的热气球。当地老百姓说，那应当是以色列军方部署的侦察装置，用来探测敌情，捕捉火箭弹发射的轨迹，并和地面的预警系统联动。我对此颇为好奇，但这一说法一直没有得到以色列军方的证实。

不过，即便防空系统如此严密，灾难的到来还是防不胜防。

在海法的医院，我们采访过一位刚满20岁的年轻人。他在真主党的

---

[1] 2006 年 8 月 2 日，真主党的一枚"哈巴尔 -1"型火箭弹击中了距离以黎边境线 70 公里的贝特谢安，是开战三周以来真主党射程最远的一次攻击。

袭击中失去了双腿，之后的人生只能在轮椅上度过。出院那天，朋友推着他走出医院大门。他抬起头，看了看镜头，然后绝望地转向我：

"我该怎么办？他们为什么要这么做？"

在临海的一片居民区，一栋四层高的民宅被火箭弹拦腰击中，楼体大面积倾斜。我们赶到时，死伤者已经被送往医院，楼下拉起了警戒线，消防人员正在清理废墟。透过一面面粉碎的窗户，可以看到一片片狼藉的现场。其中最严重的一家位于四楼，吊扇、厨具、桌椅依稀可见，主人却已经遇难。一位买菜回来路过现场的老太太看到我们在拍摄，主动走上前来，指着废墟缝隙的一朵花说：

"你们看到了吗？那是以色列的不死之花！"

随着一次次的炮轰和伤亡，宗教和民族的仇恨在以色列迅速滋长。只是，当以色列人天天抱怨黎巴嫩的火箭弹袭击时，黎巴嫩的普通百姓同样一直生活在以色列猛烈的炮火攻击之下。根据黎巴嫩政府事后的统计，冲突除了造成近5000人的伤亡，还导致约100万民众逃离家园，这一数字超过了当时黎巴嫩总人口的五分之一[1]。电视画面中满目疮痍的贝鲁特和黎巴嫩南部地区让我触目惊心，身处贝鲁特的同事温爽每一次的连线报道都促使我要客观、冷静、理性地去看待这场战事。历史的恩怨，现实的考虑；民族的矛盾，宗教的冲突；强悍的政客，无辜的百姓，谁能说得清事实的真相，谁又能解得开问题的答案？

但这些话说起来轻松，真正执行起来却没那么简单，尤其是对于刚工作两年的我来说，难度不小。一方面，在冲突中身处当事一方，信息接收不对称，很容易被眼前的事件和情绪所感染；另一方面，以色列政府和军方对外国媒体可以说下足了功夫，其公关策略着实让人叹为观止。

---

[1] 根据世界银行的统计报告，2006 年黎巴嫩人口数量约为 476 万。

以色列军方在外国媒体聚集的酒店区临时开设了媒体办公室，专门接待各国记者。我们刚一抵达，就受到了热情的招待。除了提供各种宣传资料，还有专人为我们讲解战争的来龙去脉——当然重点是黎巴嫩真主党的蛮不讲理，以及以色列民众的悲惨遭遇。更让我目瞪口呆的是，军方还熟知媒体采访的方向和角度，并且主动为我们提供了各类"适合接受采访而且有故事的"受访者名单，例如遇袭受伤的平民、治疗过伤者的医生护士、担心孩子安危的家长和老师、刚从前线轮换下来的士兵、正打算南下避难的民众等等。

有一次，我跑去办公室，提出想采访以色列外交部部长。本不抱什么希望，却不料负责接待我的官员立刻从抽屉拿出一张纸，递到我手里，上面印有外交部部长在耶路撒冷的详细地址、办公电话和手机，我当场愣住了——真的从来没享受过这么高效、周到的媒体服务啊。

其实，早在香港地区申请记者签证的时候，以色列驻港领事馆就已经开始嘘寒问暖了：不仅为我们提供了覆盖以色列地理、气候、交通、住宿、经济、文化等多个领域的翔实信息，而且还发放了厚厚一沓介绍阿以矛盾和中东问题的研究资料——当然，都是站在以色列的立场所撰写的文案。

这种无微不至的媒体服务，虽然能够在一定程度上为记者带来工作上的便利，但其实不过是以色列持续多年的国家形象工程的一部分，即通过良好的媒体关系来影响，甚至操控记者的报道立场，进而提升以色列在各国人民心中的美誉度，尤其是改善因为外交纠纷和战争冲突所造成的负面形象。所以，工作人员提供给媒体的信息和观点，无一例外都是偏向以色列的，而且毫不掩饰。

而一旦碰到较为复杂、难以掌控的情况，这种服务策略就会瞬间变形，显露其背后真实的意图。例如2009年的加沙战争，以军大举进攻加沙城，造成大规模的平民伤亡和人道主义灾难，心急如焚的国际媒体纷纷往加沙城里冲，却被以方勒令禁止入城，最后只能在城外的某些山坡上远远地隔岸观火。这是后话，暂且不提。

三

8月2日，战争持续升级的一天。我和Matthew租了一辆多排座的小型面包车，前往以黎边境采访拍摄。司机是我们通过酒店前台找到的一位50多岁的男子，名叫约瑟夫，据说参加过多次中东战争，对边境地形了如指掌。由于是玩命的工作，他要价500美元一天。我衡量了一下，没有还价。

车子一路往北，炮火声越来越清晰。半个小时后，我们抵达了以黎边界线最西端的哈尼克拉角。那里本是一个濒海的旅游胜地，战争爆发后人去城空，只留下大门紧闭的餐厅，在高空静止的缆车，以及空无一人的街道。不过，由于不是真主党主要的攻击范围，当地气氛还是显得相对平静。在通过随身携带的海事卫星设备做完一次现场连线报道之后，我们便折转向东，朝以色列东部进发。

香港凤凰卫视总部的主编打来电话，询问我们的行程。商议之后，我们决定在北京时间晚上9点，即以色列当地时间下午4点，和凤凰卫视最重要的新闻节目《时事直通车》做个连线。如果不出意外，我们到时候可以赶到以黎边境线的东部，我也可以在连线时描述一下边境线整体的状况。

我们原本计划先往南拐一下，再顺着一条和实际边境线平行走向、但隔了一定距离的公路往东行走，但为了尽快抵达东部的以军基地，我临时改变计划，决定直接沿着边境线东进——时至今日，每当我回忆起那次采访经历的时候，我都会情不自禁感叹，也许，那是我人生中最冒险的一个决定。

炮火声越来越响，越来越密。很快我们就意识到，自己进了战区。

公路的右侧，是以色列的领土，沿途部署了大量以军炮兵部队。整齐排列的炮车无一例外地把狭长的炮管瞄准了北方，全身武装的以军正有条不紊地上弹，发射。

公路的左侧，则是黎巴嫩的山区。传说中的真主党——美国人眼中的恐怖组织，正隐藏在各个角落，用他们惯用的火箭炮，居高临下地向以军部队，以及更远处的以色列城镇发起进攻。

而我们的车，却恰恰行走在双方交火的中间线上。眼看着车窗外较远处不时冒起爆炸后产生的浓烟，耳听着两边的炮火几乎不间断地在来回呼啸，我不禁猫低了腰身，双手紧紧抓着防弹衣——却因为过于紧张，而根本没有意识到应该穿上它。敬业的Matthew此刻虽然同样紧张得不敢动弹，但手上却仍然拿着便携式摄像机，随时准备抓拍战事。

当我们的车行经以军的一个炮兵阵地时，Matthew稍稍挺起腰身，把摄像机探出窗外，对准了正在作战的以军。然而，还没等他开始拍摄，一名以军士兵就远远地冲我们摆手示意，要我们立刻停止拍摄，并立即离开。

在战场上，军方的指令是不能违抗的，否则对方有足够的理由让我们立刻消失。于是，Matthew只能悻悻然把镜头收回车内。但恰恰在这一刻，一声异常尖锐的呼啸，分明而清晰地从左侧远处迅速掠过我们的车顶。

紧接着，是一声爆炸，近在咫尺的爆炸。还没等我从呼啸声中反应过来，我的右耳已经分明感受到了一股气浪的冲击，甚至连车子也在冲击中微微晃动了几下。

"炸弹！"Matthew喊了一声，立刻从窗边弹开，迅速趴到了车座下，同时不忘按下录制键。

我惊恐而迅速地向窗外瞥了一眼，路边不远处，已经冒起了一团黑烟。

"真的炸我们啊？！"我也迅速地趴下，一手撑着身子，一手抓着椅子。

车子还在行进，但速度已经明显慢了下来。我大声告诉约瑟夫，立刻掉头，撤回到安全地带。可我们的约瑟夫——那个曾多次经历过枪林弹雨的犹太人，回头看了我们一眼之后，却突然大笑起来：

"哈哈！他们在向我们开火！可这有什么可怕的？"

"什么？"我以为我听错了。

"我的意思是，这就是生活，这就是战争！我们应该继续！"

"是的，可是这太危险了，我们赶紧回去吧！"

"你们别担心！是生是死，早已命中注定！"他执意继续前进。

"什么？你疯了？！赶紧掉头！立刻！"我们急了。Matthew已经忍不住爆粗，怀疑约瑟夫精神有问题。

在我和Matthew的大声催促下，约瑟夫一边嘟哝，一边不情愿地掉头西撤。但显然，我们已经进入了交战最猛烈的区域。尖锐的炮火声和轰然的爆炸声此起彼伏，车子顶部不时被气流所撼动。

此时的我们趴在车板上一动不动。Matthew把一直开着的摄像机放到一旁，然后从裤兜里摸出手机，拨了个电话：

"喂Randy，是我，Matthew，我这边现在情况很危险，具体就不讲了……总之，如果我有什么事，你要替我照顾我妈……我出门前买了份额外的保险，就放在我的电脑桌上……"

Matthew是家中独子，和母亲相依为命。Randy则是他的上司，凤凰卫视外景组的头儿，负责给摄影师派活。这次Matthew来以色列出差，也是Randy的指令。

挂了电话之后，他又摸出一包香烟，点了一根："死就死了吧，死之前先抽根烟……唉，我最放心不下的就是我妈啊！"

我强忍住紧张和恐惧所造成的不知所措，一边给公司主编部的同事打电话，一边自言自语："……妈的，好像快要死了，死之前给公司打个电话，不然不明不白的，都不知道我们这边发生了什么事情……要不做个电话连线吧！"

我们遇险的消息在公司迅速传开，电话也从主编部迅速转接到了凤凰卫视资讯台总编辑吕宁思先生的办公室。吕先生立刻下令，要求我们火速撤退，同时保持电话在线的状态，在接下来的新闻直播节目中随时报道撤退的经历。

就这样，我保持着蜷缩的姿势，一手抓着卫星电话，一手拿着地图，用紧张而快速的语调，透过晚间新闻直播节目报道了我们遇险的故事。

幸运的是，真主党的火箭炮还是欠缺了点准头，没能击中我们。大约20分钟后，我们的车驶离了边境公路。惊魂未定的我们缓缓撑起身子，直到确认车窗外已经换了一番景象，才长长地舒了一口气，然后疲惫地爬到座椅上。Matthew再度拿起摄像机，把机器对准了我。

我说，我第一次真切地感受到，战争是如此残酷，生命是如此脆弱。

由于Matthew全程开着机器，我们遇险的经历全都拍了下来。当晚，我和Matthew忙着倒腾素材，回传片子，然后用餐，聊天，似乎什么都没有发生。公司同事纷纷来电问候，我也没当回事。过去了就过去了，反正人没事，没必要多想。

但第二天一大早，我去酒店餐厅用餐，猛然发现Matthew正站在窗口打电话，一边哽咽，一边抹眼泪。

我转身离开，陷入深深的自责。

四

第一次听到"沙利夫"这个以色列人的名字，是在闫长官的来电中。

沙利夫20多岁，生活在以色列北部距离海法不远的一座小镇。早年上大学的时候，曾在上海留过两年学，还交过一个中国女朋友，所以中文说得不错。回到以色列后，为了继续学习中文、关注中国，他几乎每天都要看凤凰卫视。

我和Matthew在当地的报道引起了他的注意。不知道是出于什么样的目的，他一个电话打到了凤凰卫视的香港总部，辗转找到了闫长官，说是愿意为我们提供翻译和向导的服务，如果有需要还愿意接受采访。闫长官一听乐了，赶紧把他的联系方式给了我。

一个电话打过去，发现沙利夫的普通话真的还不错。虽然偶尔会搞错主谓宾的顺序，但沟通起来基本都能听懂。有趣的是，或许是凤凰卫视的很多主播来自台湾地区之故，他的中文还带着一点台湾腔。

按照电话里的约定，沙利夫一大早驱车来到酒店，接上我们去他家做客——准确地说，是去拍摄和采访。他剃着光头，身材瘦削，穿一件黑色衬衫，戴着一副细框的金丝眼镜，眼神中闪烁着犹太人特有的敏锐和机灵，身上喷着一股浓郁的古龙香水。从见到我们开始，他就一路狂秀中文。礼貌起见，我试图用英文跟他沟通，没想到他还是坚持用中文：

"自从我跟女朋友分开后，我就很少有机会说中文了，那种感觉，我太想念了。"

沙利夫的家是一栋独立的普通民宅。自以黎之间爆发冲突后，他的父母临时搬去了特拉维夫避难，他倒是不担心，一个人留在了北部小镇。用他的话说，黎巴嫩的火箭炮也就那么回事，被击中的概率太低了。更何况，他家还有掩体可以藏身。

由于常年和周边的阿拉伯国家交恶，且经常受到火箭弹的袭击，以色列全国各地到处都是防空设施。尤其在人口密集的居民区，大多建有独立的地下或半地下公共掩体，墙壁厚达几十厘米，足以抵挡炮火攻击。一旦防空警报拉响，附近居民便可迅速跑进最近的掩体防身。不过，由于外部攻击防不胜防，很多以色列人在政府的鼓励下，会在自己家里修建防空掩体。有的掩体位于卧室之间，是独立的密闭空间，即俗称的"安全房"；有的掩体则建于地下，相当于地下室。截至2014年，以色列全国上下共建了三万多个防空设施，其中包括一万多个公共掩体，以及两万多个民宅掩体。

沙利夫家的掩体就位于地下，是一个额外加固，而且做了装修的地下室。角落里堆满了饮用水和食物，包括面包、罐头、饼干之类的。他说，自从冲突爆发以来，他每天都在地下掩体生活。因为储备的粮食充足，生活倒也无忧。

有趣的是，沙利夫还在地下掩体放了一套架子鼓。他说，他中学的时候学过鼓，玩过乐队。藏身的时候实在是太过无聊，他干脆把家里的架子鼓搬到了地下，消磨时光。兴之所至，他挥起鼓棒，给我们来了一段。外面炮声隆隆，里面鼓声阵阵，倒也有趣。

出乎我意料的是，在表演完架子鼓之后，他突然在镜头前掏出了一封信，说是有话想对中国观众说，然后就开始用夹杂着犹太腔和台湾腔的普通话念了起来，大意是控诉黎巴嫩真主党的暴行，强调以色列人对和平的渴求。

看来，这位以色列爱国青年为这次采访做了充足的准备。

"我的表达可以吗？"沙利夫念完信，对着镜头说了声谢谢，然后转过头来问我，"我查了很久的字典，练习过很多次。"

"放心，都能听懂。"我笑着回答。

"谢谢。我每天都看凤凰卫视，你们对这次战争的报道很客观，既有以色列这边的，也有黎巴嫩那边的。但我觉得，大家对以色列、对中东地区的历史还是了解得太少。"沙利夫给我递了瓶水，招呼我坐下，"黎巴嫩被轰炸的画面，还有难民的画面，都很容易吸引人，但我想告诉大家，以色列人的生活也很痛苦，我们也没有什么安全感。"

此后，沙利夫一直和我保持着联系。即便在我回到香港地区之后，他也会频繁给我发来电邮，告诉我以色列最新的安全动态。后来我又去过几次以色列，虽然见面机会不多，但他总是会主动给我提供新闻线索，并协助我联络采访一些政府官员。

2017年9月，我在腾讯新闻做一档《巅锋问答》的名人访谈节目，想通过沙利夫联系一些以色列籍或犹太裔嘉宾。他听闻之后异常兴奋，很快给我发来一张名单，列了一些他能够得着的名字：好莱坞导演斯皮尔伯格，建筑师渡堂海，还有时任以色列总理内塔尼亚胡。为了便于和我沟通，他还下载了微信。只可惜，因为种种原因，采访未能成行。

每次和沙利夫联络，都能强烈地感受到他内心的爱国热情。看得出来，他希望我这样的外国记者能为他的国家说话，并愿意为了游说我付出大量的时间和精力。说实话，我挺敬佩他的，但出于新闻专业主义的要求和某种不可言说的顾虑，还是不得不和他保持一定的距离。

第二节　以黎冲突：抹不去的伤痕

8月中旬回到香港，工作和生活迅速回归到过去的节奏。但第一次战地报道，尤其是那天在边境遇险的经历，给我留下的印象是如此深刻，以至于我久久无法平复自己的情绪。不论是在拥挤的地铁上、林立的高楼下，还是在匆忙的公司内、平静的维港旁，我都会忍不住去想念海法，想念我所采访过的那些普通人。

尤其是到了晚上，睡在沙田山脚那个狭小而宁静的村屋，耳边再也听不见沉闷的炮声，这让我根本无法入睡。

于是没过多久，我便去找了闫长官，申请再次回到以黎边境——能去黎巴嫩当然最好，但碍于交通封锁的现状，能回以色列也可以。闫长官正在办公室审片，后仰着靠在转椅上，左手抱着头，一边看片，一边时不时地瞥我一眼，刚听我把话说完，就坐正了身子，然后伸出右手隔空指了指我，扯开了他标志性的嗓门嚷嚷起来：

"你们这些年轻人，每次出差回来都心不在焉，都想接着到处跑，怎么，你也待不住了？我跟你说，你先待着吧，别想那么多，工作有的是！"

请战未果，着实郁闷。

但没过两天，"刀子嘴、豆腐心"的闫长官便又批准了我的申请。那时候，以黎边境的炮火虽然已经渐渐平息，但还是会时不时爆发零星的冲突，再加上以色列被俘士兵的释放问题仍悬而未决，战火仍有可能再度重燃，所以公司希望我这次去一方面能盯着动态；另一方面也可以挖掘一些人物故事，做一些深度报道和观察。

这次和我搭档的摄像师是吴建明，那个后来多次和我出入战区与灾区的"老司机"，高个，光头，小眼，虽是个暴脾气，经常飙脏话，但心地善良，而且极为敬业。

从公司出发去机场的时候，已是深夜。路上，吴建明收到老婆来电，他示意我和司机不要出声："喂老婆……现在？我现在去旺角啊，今天会晚点回来，也可能不回来了……好，知道了，你先睡吧，拜拜。"

我忍不住笑出声来。

一

回到海法，我特意选择了上次住的那家酒店。放下行李，推开窗，蓝色的地中海平静依旧，只是海对面，已经听不见隆隆的炮声。

彼时，在联合国的斡旋下，以色列和黎巴嫩真主党已经达成了初步的停火协议。由于真主党一直要求以色列从黎巴嫩南部地区全部撤军，否则将撕毁协议，而以色列政府则被指打击不力，备受舆论苛责，因此外界一度怀疑，停火协议太过脆弱，分分钟会因为某一次蓄意或无意的擦枪走火而被废除。但出人意料的是，到了停火协议正式生效的8月14日，双方还是摆出了偃旗息鼓的克制姿态。

两个礼拜前和我们并肩作战的外国媒体，已经撤了一半。海法的市民也陆续走出了防空设施，恢复了往日的生活。酒店所在的山头有一些位置极佳的观景台，时不时有一家大小特意上来眺望大海，俯瞰整座城市。到了夜晚，还会有一些中老年人来纳个凉，聊个天，兴致高的还会放个歌，跳个舞。

山脚有几家便利店和礼品店已经重新开张。店内售卖的主要是针对游客的商品，例如气垫船、沙滩椅、比基尼、防晒油、死海泥护肤品[1]、明信片等等，但旅游业尚未恢复，生意惨淡。

安顿下来的第二天，我们便租了一辆车，驶向北部的以黎边境。按照计划，我们打算沿着第一次采访时差点出事的边境线，自西向东完整走一遍。起点是最西端的哈尼克拉角，终点则是位于以色列、黎巴嫩、叙利亚三国交界处的戈兰高地。

没有战火的以黎边境已经恢复了一些生活的气息。虽然战火随时有可能重燃，但路边的不少工厂已经开始重新运作，庄稼地里也有了许多辛苦劳作的农夫的身影。我们边走边拍，边境之旅进展得很顺利，收获也颇为丰富。而让我们略感意外的是，在边境线以南的以色列辖区，竟然生活着许多有着阿拉伯血统的巴勒斯坦后裔。[2]

1948年以色列建国引发的地区动荡，1967年的六日战争[3]，以及这么多年来以色列当局持续的高压政策，使得原本生活在巴勒斯坦地区的大量阿拉伯人流离失所。他们当中有的人去了其他国家，沦为难民；有的人留守约旦河西岸和加沙地带，成为现如今巴勒斯坦国的公民；还

---

[1] 死海是位于以色列、巴勒斯坦和约旦交界处的内陆盐湖，死海泥和死海盐被认为含有丰富的矿物质，有助于清洁皮肤、延缓皮肤衰老，以色列有大量以此为原料研发的护肤产品，备受青睐。
[2] 根据以色列中央统计局的数据，截至2006年5月，以色列总人口约700万，其中77%是犹太人，18.5%为阿拉伯人，后者大多生活在耶路撒冷。
[3] 即第三次中东战争，是以色列与埃及、叙利亚、约旦等阿拉伯国家的战争，以色列取得了压倒性胜利。

有一些人则流散在以色列的实际控制区域，例如戈兰高地、耶路撒冷等地，成为有着以色列公民身份的少数族裔。

我们当天拜访的，便是一个阿拉伯裔以色列人的聚集区，一座隐藏在山峦之间的小村庄。战争期间，村子遭遇了密集的火箭弹袭击，有好几户人家惨遭灭顶之灾。一位阿拉伯裔老人带着我们参观了他破败的宅院：墙壁上的弹孔、破烂的门窗，还有一辆被火箭弹炸烂的车。老人的家人和邻居见到我们，纷纷拿出手机，翻出一些照片，向我们展示袭击造成的惨况。照片上，隐约能看见三具血肉模糊的遗体。

"那是我妻子，还有我的两个女儿。"老人哽咽着说，"是我的大女儿和二女儿。"

战争期间的一个午后，他的老伴和女儿们坐在院子里喝咖啡，真主党的火箭弹突然来袭。一声巨响过后，老人从屋内冲出来，发现妻女已经分别倒在了三个不同的位置。

"这辆车刚买没多久。"老人走到那辆被炸得面目全非的车子前，喃喃自语，"我们家只有大女儿会开车，可是她现在已经不在了。"

正说着，老人的小女儿，一位40多岁、裹着黑色长袍的妇女突然冲到我们面前。她一边用阿拉伯语说着什么，一边挥舞着手里的一张报纸。报上登载了许多遇难者的照片，她的母亲和两个姐姐就在其中。老人从女儿手里接过报纸，自言自语地说了一些什么，突然深深地吻了下去。

随后，老人的女儿和其他家人也纷纷围上前来，逐一接过报纸，亲吻遇难的亲人。

我们抵达的时候，也是午后时分，但炮声不再。村子里除了狗叫，鲜有杂音。年幼的孩子开始嬉闹，对着镜头扮起了鬼脸。在一棵枝繁叶茂的大树下，老人热情地请我们喝茶，落座后却一直沉默着不说话。我喝了一口他沏的茶，很苦，很苦。

政治归属和文化认同之间的矛盾，使这些生活在两国交界地带的民众无所适从。他们是以色列公民，却并不能像犹太人那样享有充分的公民权利；他们是阿拉伯人，但却无法融入其他阿拉伯社会，甚至还在战争时期遭受异国同胞的攻击。

"这就是战争，是黎巴嫩的那些阿拉伯人造成的恶果。"在下山的路上，我们的司机加利亚一边开车，一边冷冷地说道。

加利亚是我们通过以色列军方的媒体办公室找到的一位犹太人。他曾在以色列国防军服役多年，后来经常为各国媒体做司机、翻译和向导，经验颇为丰富。初见他时，我便感受到一股截然不同的强大气场，那种职业军人特有的冷静和强势。他知道记者要什么，所以沟通起来倒也算顺畅，而且能把每天的采访安排得恰到好处。

但问题是，他很喜欢参与我们的采访策划，对我们该做什么、不该做什么经常发表意见。有空的时候，他还会向我们灌输以色列人的那套历史观和价值观，试图引导我们的报道角度。我起初特别信任他，大事小事都跟他商量，但渐渐地，我就提高警惕，有所保留了。

我严重怀疑，他是以色列国防部门安排的公关人员。

实际上，即便战事已经渐渐平息，但以色列军方的公关力度并没有减弱。比如，当我们向媒体办公室提出想近距离拍摄以军在东部边境的部署情况时，立刻有一位50多岁的军官联络我们，为我们全程提供向导服务。除了带我们参观以军的炮兵阵地和边境哨所，他还帮我们安排了几位亲历过以黎冲突的士兵接受采访。从交通到饮食，从拍摄场景到采访嘉宾，每一个环节都有条不紊。

而且，所有服务都是免费的。

二

以色列和黎巴嫩的边境线整体呈东北—西南走向。在东北角，两国又和叙利亚的领土接壤，地形较为复杂。沿着边境线行走，一路见到许多部署在路口的以军装甲车。虽然还没有撤退，但由于战事缓和，戒备有所放松，三三两两的以色列大兵闲坐在装甲车旁休息、聊天，丝毫不见紧张。

有趣的是，这条曾经差点让我送命的边境线，已经成了旅游打卡的景点。不少以色列人一家大小特意驱车赶来，在装甲车旁拍照留念。甚至有不少孩子爬上装甲车，兴奋地笑着喊着，耀武扬威一番。一旁的以色列大兵不仅不恼，而且还会摘下头盔，递给孩子们玩耍。

和以色列大大小小的战史馆、博物馆、纪念碑、战争遗址一样，这里似乎成了以色列人——包括年幼的孩子们接受国民教育，从战争的血海深仇中凝聚国族意识、培养家国情怀的重要基地。不同的是，在这条仍处于对峙状态的边境线上，战争不是过去时，而是肉眼可见的现在时。

对于这场战争，多数以色列人并不满意己方的表现。在我这次抵达后的第二天，以色列媒体曾刊登过一份民调，显示只有30%的国民认为以色列赢得了这场战争，另有30%的人认为获胜方是真主党；有70%的受访者主张以色列继续战斗，直至彻底摧垮真主党在黎巴嫩南部地区的武装力量；此外，有84%的人对以色列政府的表现感到失望，更有41%的民众呼吁时任总理奥尔默特立刻下台。

"他（奥尔默特）太软弱了，不是一个称职的总理，我们应该更加强硬。"一位带着孩子来边境参观的母亲跟我抱怨，"我们当然希望和平，但我们需要用武力来捍卫我们的和平，我们应该彻底击垮他们（真主党），但这次我们的表现有些糟糕。"

"但要彻底击垮真主党，似乎并不现实。"我说，"这么多年了，不论是战争还是谈判，都没能解决问题。"

"至少得在战场上确保优势，让他们在一段时间之内不敢再侵犯以色列。"那位母亲转过头，"你刚才说你是中国的记者？你看着吧，如果就这么结束了，他们很快会卷土重来的，别的国家也会效仿的。"

我们闲聊时，她的孩子，一个四五岁模样的小男孩，正爬在一辆装甲车上玩耍。他戴着头盔，双手挂在炮管上，开心地晃着身子，时不时奶声奶气地央求母亲给他拍照。

我很好奇，眼前这番魔幻的景象，会在孩子们稚嫩的心灵里播下怎样的种子，又会生长出怎样的爱恨情仇？

某个黄昏，我们驱车抵达以色列东北角，和黎巴嫩、叙利亚两国交界的一座山头，那里坐落着一个以犹太人为主的小镇。

站在小镇的高处向北望去，不到一公里的地方就是黎巴嫩的管辖区域。肉眼可见的，是一座普通的村庄。黎巴嫩和以色列的经济实力悬殊，这一点通过南北两侧的建筑物便能比较出来。我所在的以色列小镇，是清一色的小别墅，红顶白墙，掩映在青山绿木间，整洁雅致。而对面的黎巴嫩村庄，则是参差不齐的小楼房，看不出有什么规划。奇怪的是，不少楼房的楼顶，插着黄色的旗帜。

透过镜头拉近一看，原来那是黎巴嫩真主党的旗帜。

在一个距离边境线约500米的哨所，一位全副武装、戴着眼镜的以色列士兵告诉我，那个村庄一直是真主党的势力范围。战争期间，更有不少真主党武装分子盘踞在村里，向以色列方向发起猛烈的进攻。由于距离太近，整个小镇都在真主党火箭炮的射程范围之内，镇上绝大多数以色列人都被迫逃离了家园。我们抵达时，战事已经基本平息，部分居民正陆续回迁。

我们在镇上碰到了一个胖胖的小男孩，名叫阿米尔，12岁，长得颇为可爱。他见到我们在拍摄，好奇地凑过来问这问那。闲聊之下得知，他和家人在战争爆发后逃去了特拉维夫的亲戚家暂避，当天刚刚回到镇上。

阿米尔热情地邀请我到他家做客。大人们都不在家，他倒也不担心，直接拉着我和吴建明上了二楼的阳台。顺着他手指的方向，正是黎巴嫩的那个村庄，还有一面高高飘扬的真主党旗帜。

"刚开始打仗的时候，枪炮声太大了，卧室、客厅，不论我在哪里，都能听得一清二楚，可是又跑不出去，我太害怕了，太害怕了。"

阿米尔站在阳台上，用不怎么流利的英文描述着冲突爆发当晚的经历，起初还只是简单的回忆，慢慢地开始有一些肢体动作，到最后，我竟发现他的身子开始微微颤抖，一边斜靠着栏杆，一边喃喃自语。显然，事发一个月后重新回到这里，他仍然心有余悸。

"我在特拉维夫的时候，经常做噩梦，睡着睡着就哭醒了，有时候我自己都不知道，我父母告诉我的。"阿米尔侧过身子对我说，"昨天，他们说战争已经结束了，所以今天就带着我回来了。可是为什么真主党的旗子还在那里？这里真的安全了吗？"

我不知道该如何回答。

拍摄时，住在附近的几个小伙伴看到了阿米尔，冲着阳台这边大声呼喊起来。阿米尔听到后欣喜若狂，立刻跟他们挥手示意，叫他们过来会合。他说，那些都是他的邻居和同学，平时每天都在一起玩耍。自从逃离小镇后，他就没有了他们的消息，是生是死，有没有搬迁，都不知道。

跟着他们拍了一阵，玩了一阵。末了，我们离开时，孩子们送我们到路口的一个车站。我让孩子们分别对着镜头，说一下自己的愿望。孩子们丝毫不怯场，一个个昂首挺胸地走到镜头前说了自己的想法。印象最深的，是其中一个孩子大声说：

"我长大后不会再逃跑，我要拿起武器，保护自己的祖国。"

在以色列与周边国家漫长的战争史中，2006年夏天的这场冲突只是其中一场，且规模并不算大。但对于这些十岁左右的孩子来说，却是第一次经历炮火，而且仅这一次，便在他们幼小的心灵上播下了仇恨的种子。

告别前，阿米尔给我留了一个他的邮箱，希望我回到香港后，能把他和小伙伴们的照片、视频发给他。只可惜，他的字体有些潦草，辨认不清，我后来试了几个邮箱，都被退了回来。这成了我此趟以色列之行一个挥之不去的遗憾。

三

7月12日，以黎战争爆发当天，黎巴嫩真主党越境绑架了两名以色列士兵。此后，以方持续向黎巴嫩施压，要求对方归还被俘士兵，而真主党抓住以色列的这一软肋，提出了更多要求。就此，双方从边境线到谈判桌，展开了持续的拉锯。

被绑架的两名士兵中，其中一人名叫埃胡德，是一位31岁的预备役军人。

由于人口稀少、战事频繁，以色列自1959年开始便长年实行征兵制，理论上所有犹太裔以色列人不论男女，都要在18岁入伍服役，男性服役时间约三年，女性为两年。[1]服役期满后，还需要接着服预备役，每年都要回归部队，参加为期约一个月的军事训练。

通过这种全球独一无二的全民皆兵制度，以色列确保了常年保有15万以上的正规军和40万以上的预备役部队。一旦以色列和邻国爆发战争或者面临冲突的威胁，当局就会根据具体情况，向一定数量的预备役成员发布动员令。收到动员令的预备役军人原则上需要在12小时内赶回部队，如果身处海外，回归时间可宽限至48小时。

以黎战争爆发时，埃胡德正在参加例行的集训。而他遭到绑架的7

---

[1] 2020年，以色列修改兵役政策，男性服役时间缩短至30个月，女性仍维持24个月。

月12日，正是他当年服役的最后一天。

在沙利夫——也就是一个月前在海法认识的那位会说中文的以色列小伙子的帮助下，我们联系到了埃胡德的妻子卡尼特，并在特拉维夫的一家酒店采访了她。

卡尼特和埃胡德都出生于纳哈里亚——距离黎巴嫩只有不到十公里的一座北部小镇，两人从小青梅竹马。年少时，埃胡德曾和家人远赴南非生活过一段时间，也曾独自骑着摩托车去澳大利亚流浪过半年。后来，他回到以色列，去了海法的以色列理工学院，攻读环境工程学。正是在那里，他和卡尼特确定了恋爱关系。

2005年10月，两人的爱情修成正果，步入礼堂。

7月12日那天，卡尼特在家一边做馅饼，一边等着丈夫退伍回家。突然，厨房的收音机里传来了有关以色列士兵被绑架的新闻。虽然新闻里没有说士兵的名字，但她还是忍不住感到有些心慌。于是，她放下厨具，掏出手机，给丈夫发去了一条短信：

"你还好吗？我和小猫、小狗正在一起等你回来。"

埃胡德很爱小动物。尽管他患有轻度的毛发过敏症，但他还是坚持养了两只猫。卡尼特在短信中提到的小狗，是他不久前在大街上捡回来的一只受了伤的流浪狗。

但时间一分一秒地过去，卡尼特终究还是没能等到丈夫的回复。下午3点多，埃胡德的同事敲响了家门，带来了让她难以置信的坏消息。由此，她开始了漫长的等待和痛苦的煎熬。

一个月后再次面对媒体的镜头，卡尼特虽然仍未从巨大的哀伤中走出来，但已经能够保持克制和平静。

不知道为什么，我看到她的第一眼，便想到了另一位女士——中国驻黎巴嫩联合国军事观察员杜照宇的妻子李玲玲。7月26日，杜照宇在以色列的空袭中遇难，李玲玲赶往以色列善后，接丈夫的灵柩回国。同样是在特拉维夫，而且是在同一家酒店，我曾近距离见到过李玲玲。和眼前的卡尼特一样，她也是强忍悲痛，平静地面对旁人的安抚，但只言片语中掩饰不住对丈夫深深的爱。

"他是一个很善良的人，平日里喜欢电影、音乐，和朋友聚会。最近几年，他迷上了摄影，几乎把所有闲暇时间都用在了拍照上，尤其喜欢拍自然风光，他已经决定要成为一个职业的摄影师了。"

卡尼特对我讲述了她和埃胡德的爱情故事、婚姻生活，也透露了埃胡德被绑架之后她经历的种种困境。虽然丈夫一直杳无音信，但她始终相信丈夫还活着。她说，结婚后因为工作繁忙，她和埃胡德还没有实现他们酝酿已久的蜜月旅行。所以，她一定要等到丈夫回家。

"我们还有很多事情没有一起做，等他回来之后一定要补上。你知道吗？他的生日是7月18日，就是他被绑架之后的第六天，我还要为他补过31岁生日呢。"

在丈夫被绑架之后，卡尼特一直在通过各种方式呼吁以色列政府和其他非政府组织出面，协助营救丈夫。为此，她还特意前往美国、英国的多个城市发表演讲、接受采访，促请国际社会关注事件。此外，她还亲自制作了大量印有埃胡德头像和她自己联络方式的小卡片，平日里逢人便发，希望能辗转找到有能力帮她的人。

我告诉卡尼特，我工作的凤凰卫视有一位名叫阮次山的评论员，有可能在近期采访黎巴嫩真主党的高层。她听了之后喜出望外，迫不及待地在现场动笔，写了封给丈夫的信，委托我们有机会的话一定要托真主党转交给埃胡德。

我并没有欺骗卡尼特。回到香港后不久，阮次山先生便争取到了一个访问真主党的机会。在他启程前，我特意在一次直播节目中，郑重地把卡尼特的信转交到了阮先生手中。尽管我们都知道希望不大，但仍愿意期待一个奇迹的发生。

遗憾的是，阮先生的访问并没能改变埃胡德的命运。实际上，根据我们事后掌握的消息，早在战争爆发后不久，埃胡德的命运便已经无法改变。

2008年7月——事发两年之后，真主党终于承认，埃胡德和另一名被绑士兵已经死亡。随后，真主党将两人的遗体交还给了以方。作为交换，以色列释放了五名真主党囚犯。7月17日，埃胡德被安葬于他的故乡纳哈里亚的烈士陵园。而那一天，恰好是他生日的前一天。

卡尼特——那位哀伤而坚强的妻子，能够接受这一事实吗？我没有再和她联系，只是希望她能尽快走出阴影。

第三节　加沙战争：那一片血色残阳

2008年12月27日，当地时间上午11点30分左右，以色列向加沙地带发起代号为"铸铅行动"的军事打击，针对警察局、军事训练营、监狱等数百个哈马斯（伊斯兰教逊尼派组织"伊斯兰抵抗运动"的简称）目标进行了持续的空袭。短短两天时间，就造成了约320名巴勒斯坦人丧生，1400多人受伤。加沙战争由此爆发。

这一切看似突如其来，但战争的隐患实则早已埋下。

2007年6月，哈马斯通过与巴勒斯坦解放组织下属的法塔赫的武装冲突，夺取了加沙地带的控制权。自此，巴勒斯坦一分为二：法塔赫控制约旦河西岸，哈马斯占领加沙地带。

由于哈马斯一直主张"消灭以色列"，并在过去数年不断以火箭炮的形式向以色列境内发起进攻，因此在哈马斯控制加沙之后，以色列进一步强化了对加沙地带的严密封锁，包括关闭以色列和加沙之间仅有的两个出入境关口：一是位于北部，供人员过境的埃雷兹口岸；二是位于东南方向，供货物进出口的凯雷姆沙洛姆口岸。此后，生活在加沙的超过150万[1]名巴勒斯坦人只能靠国际社会有限的物资救济，以及经由加沙和埃及、以色列之间的秘密地道所开展的民间走私来勉强维持生活。

封锁的困境进一步激发起仇恨。哈马斯盘踞在加沙地带，向以色列南部发射了大量火箭弹。按照以色列官方的说法，仅12月24日一天，哈马斯就发射了超过80枚火箭弹，造成一定数量的财产损失和平民伤亡。正是在这一背景下，以色列决定升级军事行动。而到了1月3日，以色列更是直接派出了地面部队，进入加沙。

早在战争爆发之初，我的法国同事严明和香港地区总部同事周轶君便曾先后赶赴现场报道。在以色列出动地面部队，战争规模有可能进一步升级之际，我也收到指令，赶赴加沙接替轶君，做好长期报道的准备。和我一同前往的，除了老搭档吴建明，还有负责技术工程的新人郑家进。

和前两次去以色列一样，我们在飞抵特拉维夫之后，需要先去耶路撒冷的媒体办公室办理采访证，然后再到前线和同事交接。但不同的是，这次我们不再往北，而是一路向南，直奔邻近加沙的小镇斯代罗特[2]——那里距离埃雷兹检查站只有7.5公里，不到十分钟的车程，同时是哈马斯组织从加沙向以色列发射火箭弹的主要目标区域。

我们的终极目标，自然是经埃雷兹检查站进入战争的最前线——正在被以军围剿的加沙地带。

但如前所述，为了掩饰军方在加沙的行动及其造成的平民伤亡，以色列当局这次采取了严密的媒体封锁政策，不让任何外国记者进入加沙。因此，在战争爆发后的很长一段时间，关于那场战争最直接的描述，大多来自加沙当地为数不多的几家巴勒斯坦媒体，以及个别在加沙设有站点的国际媒体，包括半岛电视台和伊朗英语新闻电视台

[1] 联合国 2009 年的统计显示加沙人口超过 150 万，2020 年已经增长至 205 万。
[2] Sderot，又译斯德洛特，位于以色列西部，是一座人口约两万的小城。

Press TV。

"以色列封锁得很死，没法钻空子，只能在外围等。"在和我交接工作时，轶君告诉我。

一

加沙地带位于西奈半岛的东北部，濒临地中海，是一条呈东北—西南走向的狭长走廊，面积约363平方公里，人口超过150万，其中绝大多数为逊尼派穆斯林。

尽管在名义上，加沙地带是巴勒斯坦仅有的两片独立辖区之一，与约旦河西岸遥相呼应，但由于错综复杂的历史原因，这一地区常年处于以色列的高压封锁之下。在加沙和以色列之间绵延51公里的边境线上，除了埃雷兹和凯雷姆沙洛姆这两个戒备森严的口岸，以色列人还设置了重重障碍：钢筋混凝土的高墙、带电的铁丝网、密集的哨岗等等，让所有意图穿越者找不到任何的缝隙。而在西北方向，长达40公里的海岸线，也遭到以色列海军的严密封锁。

加沙地带西南方向与埃及之间有一条长约11公里的陆路边境线，线上的拉法口岸，理论上是生活在加沙的巴勒斯坦人绕开以色列通往外部世界的唯一选择。但同为美国的盟友，埃及政府在封锁加沙的问题上往往会听取以色列政府的建议，保持步调一致。而一旦埃以关系出现波动，边境管辖还会成为埃及和以色列讨价还价、进行利益交换的重要筹码。

因此，只要以色列和埃及一声令下，联手关闭边境线上仅有的三个出入口岸，加沙地带就会与世隔绝。而随着巴以关系的持续动荡，这种情况已经成为常态。这也导致加沙地带的经济不断萎缩，老百姓缺乏基本的生活和医疗物资，民不聊生。

早些年，很多人可能看到过有关加沙"地道战"的新闻报道：加沙人为了摆脱困境，在加沙和埃及、以色列之间挖了不少秘密的地下通道，用于走私。印象最深的一则新闻，说的是如果有人想吃肯德基，就得找敢接单的"外卖小哥"在埃及买了之后，穿过蜿蜒曲折的地道送到加沙。

这不是笑话，也没有夸大，而是加沙地带最真实的生活写照。自2000年之后，由于以色列对加沙地带的封锁加剧，国际救援又屡屡受阻，挖地道就逐渐成为加沙人最主要的求生方式，而且由北至南，遍地开花。高峰时期，地道数量一度超过2000条。一般而言，狭窄的地道用来运送食物、饮料、服饰、日用品等；宽敞一些的就能走机器、建材、汽油、武器等；规模再大一些的地道，还能直接走私车辆、野生动物等。

这些地道的造价在几万美元至几百万美元之间不等。虽然成本很高，但由于地道使用频繁，且收费也很高，还是能给地道拥有者带来成倍的利润。例如一个经地道送达加沙的肯德基全家桶卖30美元，比埃及门店的原价高出了2.5倍；而一个外地人要想经地道偷渡至加沙，则要付1000美元。

我没有查到权威的资料来说明加沙战争爆发前后，这些地道在加沙地带的经济民生中到底扮演了怎样的角色。但根据英国《卫报》的报道，即便是在2013年，加沙的地道网络遭到以色列一轮又一轮的狂轰滥炸之后，仍然有65%的面粉、52%的大米和98%的糖依靠地道走私。由此也可以推测，在严密封锁的2009年，地道对于加沙而言有多重要。

起初，这些地道多为民用，但在哈马斯掌控加沙之后，越来越多的地道被用于军事目的：或从埃及运送大量的重型武器和武装人员到加沙，针对以色列展开中远距离的火箭弹攻击；或直接派出武装分子沿着地道进入以色列国土，打对方个措手不及，然后又溜回加沙。

神出鬼没的"地道战"的确让以色列人感到头疼，但却无法改变双方军事力量对比之悬殊，也无法改变加沙战争的结果。

即便放眼全球，以色列的军事实力也是名列前茅。独特的全民皆兵制度，使其常年保有近60万的兵力——包括现役部队和预备役部队，且海陆空三军齐备。别的不说，光梅卡瓦主战坦克、F15和F16战斗机、阿帕奇武装直升机、隐形护卫舰等一系列主力军备，就足以确保它在对战任何阿拉伯国家时都能占据优势。

而反观加沙，没有正规军，只有人数约两万、游击作战的哈马斯武装组织；没有坦克战机，只有火箭弹机关枪，而且火箭弹的射程大约只有40公里。更糟糕的是，在加沙战争爆发之前，以色列已经对当地进行了长达18个月的封锁，导致哈马斯物资严重匮乏，战斗力自然损耗很多。

正因如此，自战争爆发以来，以色列可以说每天都在取得碾压式的胜利：

12月27日，超过100架武装直升机和战斗机攻击了加沙境内110多个哈马斯目标，造成228人死亡，其中包括140名哈马斯成员，另有780人受伤。而哈马斯向以色列境内发射的多枚火箭弹和迫击炮弹，仅造成一人死亡、六人受伤。

12月28日，以色列空袭了25个目标，摧毁了一座清真寺，不少平民无辜丧生。哈马斯的火箭弹击中了以色列海港城市阿什杜德，但并未造成伤亡。

12月29日，加沙伊斯兰大学一个据称协助哈马斯制造炸药的实验室遭到定点轰炸，加沙死亡人数升至315人。当地医疗物资严重短缺，以色列仅允许极少量的医疗援助进入加沙。与此同时，以色列开始在边境线集结步兵和装甲部队，被认为是发动地面战的信号。

12月30日，以色列正式表态，把空袭目标从哈马斯武装扩大至支持哈马斯武装的所有机构组织，外界分析加沙地带已经没有安全的庇护所。此外，哈马斯的火箭弹袭击仍然没有对以色列造成真正威胁。

12月31日，来自哈马斯的火箭弹击中了贝尔谢巴、亚实基伦等地，但仅造成两人轻伤。而在加沙，又有42人死于以军空袭，其中25%是平民。但以色列辩称，很多平民是哈马斯成员假扮。

1月1日，新年第一天，以军空袭了加沙议会、多个政府机构和一些地道，并对哈马斯一位高级领袖的住所实行了定点轰炸，造成十多人死亡、30多人受伤。哈马斯誓言报复，称不排除恢复自杀式袭击。

1月2日，哈马斯发动"愤怒日"活动，加沙和约旦河西岸爆发大规模抗议示威，32枚火箭弹落地以色列，造成三人轻伤。以色列则继续空袭哈马斯官员住宅，并对边境雷区进行轰炸，疑似为地面进攻铺路。当天，约440名持有外国护照的居民被允许离开加沙。

1月3日，陆续有哈马斯高官遭到以军的定点清除。当日傍晚，以色列地面部队进入加沙地带，展开第一轮地面行动。而哈马斯的攻击持续疲软，开战一周内所发射的302枚火箭弹，均没有造成实质威胁。

1月4日，以色列正式发动地面进攻。

⋯⋯⋯⋯⋯⋯

正是在这一背景下，我抵达了以色列。

由于哈马斯每天三四十枚的火箭弹都是随机发射，除了方向可以把控，没有什么具体的目标可言，能不能造成损毁或者伤害，全凭运气。因此，从概率上来讲，我们在边境地区的行动倒也算安全。但这种"散打"模式，还是给我们和当地老百姓多少造成了一些心理压力。因为什么都不确定，而且攻击的数量和频率每天都不一样，所以我们总是处于等待和揣测的状态，一有风吹草动就开始打听：怎么了？是我们这儿吗？哪个方向？严重吗？

同样糟心的是，为了确保万无一失，以色列政府早早下令，关闭了一些学校等公共场所，很多超市、餐厅也暂时停业，以至于大街上冷冷清清，我们的衣食住行选择也不多。而这种似乎没什么事又似乎随时有大事发生的气氛，更容易让人感到焦虑。有一天晚上，传完片、吃完饭，吴建明在酒店大堂点了一杯啤酒，开始发牢骚：

"×，让不让进加沙？这里太无聊了！"

二

空袭警报骤然响起的时候，我们正驱车从阿什克隆[1]出发前往边境。忙了一上午没吃饭，十分钟前刚在路边买了几个类似肉夹馍的汉堡。正狼吞虎咽之际，刺耳的警报声就打破了阿什克隆这座小城的宁静。

自抵达之日起，我们已经不下N次听到这种破坏食欲的声音了。和三年前的海法一样，每次火箭弹来袭，当地就会警笛长鸣，然后所有人都会迅速跑向附近的防空洞。巧合的是，就在我们离开阿什克隆之前，镇上的警察局刚刚向我们展示了近期搜集的火箭弹弹壳，控诉哈马斯的暴行。

"妈的！"我们聘请的光头司机猛地一踩刹车，扭头冲我们大喊，"快下车！跟我走！"随后一推车门，麻利地跳出车外，200多斤的身躯此时显得格外灵活。

我本想调侃他两句，但实在是逃命要紧。于是随手抓起身边的背包，跟着跳下了车。坐在后排的吴建明和郑家进也左右开弓，推门而出。在司机大佬的率领下，我们强行穿过马路中间的灌木丛，以百米冲刺的速度奔向路边的一栋居民楼。逃亡路上，空袭警报一直在上空抑扬顿挫地盘旋。

这就是以色列南部民众在火箭弹阴影下的生活方式、思考逻辑和行

---

[1] Ascalon，又译阿什凯隆，位于以色列西部，是一座人口约十万的小城。

为习惯。要知道，在过去八年间，哈马斯武装从加沙向以色列境内发射了数千枚火箭弹，超过一半落在了像阿什克隆和斯代罗特这样的南部城镇，谁也不知道死亡的阴影会在什么时候突然降临。

采访期间，每当空袭警报戛然而止，远处某个角落就会传来"轰"的一声沉闷的爆炸声。几分钟后，以色列的电视广播就会迅速发出报道：哪儿哪儿又遭到袭击了，伤亡人数多少多少，云云。那时候，智能手机还没有普及，当局最快也只能通过拉响空袭警报或者群发手机短信的方式来预警，而不能像如今这样，在终端探测到火箭弹轨迹后，可以第一时间自动连接各种预警软件，一键触达，向所有用户发出警告。

幸运的是，由于以色列人在高压之下修建了大量的防空掩体，培养了良好的逃生习惯，这么多年来，伤亡人数倒并不多。

只不过在我们的这次遭遇中，逃生的方向有些尴尬。因为不熟悉当地环境，一时间找不到防空洞，我们只能朝着居民楼跑。而当我们连跑带跳地爬上居民楼外围的石阶，气喘吁吁地冲进某栋大楼后，赫然发现一楼的楼梯背后，蜷缩着几个皮肤黝黑的孩子。黑暗中，他们瞪大了眼睛，惊恐地看着我们这几个不速之客，颤抖着相互依偎在一起。细看之下，发现他们蓬头垢面，衣衫不整。

我正感到纳闷，以色列怎么会有黑人，而且生活得如此狼狈，一旁的司机已经迫不及待地问了话，然后转头告诉我："果然，他们是苏丹人。"

哦，我这才反应过来，原来他们就是新闻中曾经报道过的，穿过苏丹和埃及边境逃到埃及，再由埃及进入以色列的苏丹难民。记忆中，埃及边境的警察对这些难民经常采取直接射杀的政策，那么他们——我眼前的这些孩子，还算是幸运的。

"只有你们几个人吗？爸爸妈妈呢？"我问他们，心想孩子的父母也太大意了。

"没有爸爸妈妈。"其中一个年纪看着稍大一些的女孩儿说，"哥哥出门了，还没有回来。"

在以色列和苏丹难民一起躲炸弹，这种跨时空的采访体验还真奇特。只是，历尽艰辛远道而来的苏丹孩子，恐怕从未想过，在以色列求生也会如此困难吧？

因为忙着赶路，在警报解除后，没来得及和孩子们多聊。司机说，那些年涌入以色列南部的难民越来越多，大多来自苏丹和厄立特里亚。以色列政府在当地建了一些难民营，但还是供不应求。再加上难民们没有工作，无所事事，所以经常能在大街上看到他们溜达的身影。

"他们为什么要来以色列？"我很好奇，"宗教、文化都不一样，而且以色列的管理很严格。"

"因为埃及的难民营条件太差了，他们没办法，就跑来这里了。"司机一边踩油门赶路，一边晃着脑袋给我解释，"不过你说得对，他们不会习惯以色列的，所以他们的目的不是想留在这里。"

"那他们还要去哪里？"

"去欧洲啊！绝大多数非洲难民，最终的目的都是去欧洲，或者再想办法去美国——如果他们能活下来的话。"

是啊，如果他们能活下来的话。

那天的采访结束后，晚上又从边境回到阿什克隆，在下榻酒店的附近找了一家中餐厅。老板兼厨师是一位中国香港人，看上去40多岁，瘦瘦高高，戴着眼镜。他见到我们格外热情，特意给我们免费加了一个菜。我问他，为什么想着来以色列开餐厅？他笑了笑，沉默了，随后在我们身边拉了一把椅子，坐了下来，开始一根接着一根地抽烟。良久，才打开话匣子：

"我十多年前来以色列旅游，认识了一个姑娘，她长得很漂亮，我对她一见钟情，然后就决定不走了，一直缠着她。

"后来……我跟她结婚了，也有了我们的孩子，这一晃已经很多年了。

"香港？我当然会挂念了，一两年回去一趟吧。但怎么说呢，我的家庭在这里了，这是我的选择。我会在这里继续生活下去吧。"

在远处隐约的炮声和眼前缭绕的烟雾中听着他的爱情故事，我有些恍惚，然后不合时宜地想到了白天见到的那几位来自苏丹的孩子。

每一个流浪的人，都有一个流浪的原因，不论是为了生存，还是因为爱情。

若干年后，我入职腾讯新闻。某一年的六一儿童节，我做了一档有关非洲儿童生存状况的特别节目，其中有一条纪录片，讲述了三个厄立特里亚少年一路北上逃亡到法国难民营的故事。上网查了一下资料，发现以色列已经开始陆续将滞留在本国的难民强行安置到撒哈拉以南地区。但当地无法为难民提供有效的生活保障，导致很多人再次出逃，前往欧洲。

这让我再度想起我在以色列偶遇的那几位苏丹难民，不知道他们是否还活着。

还有那位漂泊异乡的香港厨师，他还在以色列吗？

三

在以色列南部东奔西跑的每个白天，只要没有别的采访，我都会跑到加沙边境一个荒凉的土坡上，用摄像机真实记录几公里外加沙城的动静。

在得悉自己要赶赴以色列之后，我几乎每天都会通过电邮的方式，向以色列方面申请进入加沙拍摄采访的许可。但无奈，随着以色列地面部队开进加沙，媒体管制越来越严格。来自世界各地的媒体记者都被禁止进入加沙，只能聚集在斯代罗特等邻近埃雷兹口岸的城镇，一边等着遥不可及的入境许可，一边沿着边境线隔岸观火。

其实早在两年前，当哈马斯赢得巴勒斯坦议会选举、巴以关系再度恶化后，以色列当局就不再允许以色列籍记者进入加沙，理由是"不安全"。而在这次加沙战争爆发前，禁令更是进一步覆盖到了所有国际媒体。为此，以色列的外国记者协会曾向以色列最高法院提出诉讼，要求以色列军方撤回报道禁令，而法院在审理案件后也认为，应当允许少量记者前往加沙前线。但无奈，强硬的以色列军方对法院的判决置若罔闻。

于是，当全世界都把目光投向加沙时，从四面八方涌来的记者们，却只能和我一样，在战场外围干着急。

清晨，午后，深夜，隆隆的炮声不绝于耳，加沙上空总是硝烟弥漫。透过摄像机，我们甚至能清楚地看到城市边缘那几栋建筑，如何在炮声过后，从地平线上缓缓下坠，消失。

但我看不到人影，也听不到哭声。就像是导演刻意制造的悲情氛围，一切都在无声的呐喊中倒下，容不得任何反抗。

"巴勒斯坦人根本就没法反抗。"

某个傍晚，供职路透社的克里斯汀坐在小马扎上，和我一起从山坡上眺望着远处："从战争第一天开始到现在，没停过。我亲眼看见以色列地面部队的坦克从那里开进去……我很想跟着进去，但进不去。以色列人关起了大门，摆明了要大屠杀！"

这位看上去30多岁的女记者说话的语气很冷静，一字一句也很有力。透过她沾满尘土的墨镜，能看到加沙城的上空，一片血色黄昏。

是的，加沙超过150万的巴勒斯坦人根本无法抵抗。在美国的支援下，以色列早已成为国际公认的军事强国，随便出动几辆梅卡瓦主战坦克，辅以几架F16战机或阿帕奇武装直升机，就能在加沙地带掀起一轮又一轮的腥风血雨。相较之下，哈马斯只能凭借数量和射程都有限的火箭炮、迫击炮进行无力的还击，还要面临生活及医疗物资的严重短缺，两者的战力差距极为明显。

而更让人心惊的是，一直有传闻指以色列在战争中违规使用了杀伤力极强的化学武器，包括白磷弹。使用这种炸弹，会导致死者遗体严重变形、碳化；幸存者也会终身残疾，并要承受化学毒害所带来的永久痛苦。正因如此，在战场上使用包括白磷弹在内的化学武器，属于人神共愤的恶劣行径，一直备受国际社会的关注和谴责。

其实早在2006年的以黎冲突中，以色列便曾在空袭贝鲁特时使用过白磷弹，事后也对此供认不讳。而这次，根据来自加沙的影像记录和目击者证词，外围的军事专家们也早已认定，以军再度使用白磷弹的可能性极高。但对此，以色列当局矢口否认，并辩称军方只不过使用了含有白磷的烟雾弹和照明弹，并非属于化学武器的白磷弹。[1]

而那个傍晚，当我和克里斯汀坐在山坡上远眺加沙的战火时，关于白磷弹的争议正在持续发酵。

谎言迟早会被揭穿，但我们却苦于到不了现场，也就找不到证据。想到这里，看着远处的硝烟，难免感到深深的遗憾：如果我们此刻就在加沙，如果我们能亲自找到以色列使用白磷弹的证据，能够帮到多少无辜的百姓啊。

一阵寒风吹过，我下意识地扣紧了外套领口。1月，这是以色列一年当中最冷的季节，当然也是加沙最冷的时光。

去过很多次战地和灾难的现场，唯独这一次最感无力。事实的真相明明近在咫尺，而我却因为某种不可抗力无法触达，只能通过被围困在加沙城的个别勇敢的媒体人的报道，得知一二。

想起自己在某条新闻中的结尾词，虽然有些煽情，但却是真情

---

[1] 2010年的2月，以色列当局首次承认，曾在加沙战争中使用过白磷弹。

实感：

当加沙的孩子为了一杯干净的饮用水而发愁的时候，当斯代罗特的孩子在恐惧中等待着下一声炮响的时候，以色列和哈马斯的领导人却还在为停火的条件讨价还价。政治家的谈判总是旷日持久，无辜的孩子什么时候才能擦干眼泪？

四

在边境等待多日，终未能获准进入加沙，于是折返耶路撒冷，跨过另一条边境线，去了一趟约旦河西岸的拉姆安拉——那里是巴勒斯坦民族权力机构的总部所在地，也是巴勒斯坦前领导人、传奇人物阿拉法特的安葬之处。

站在阿拉法特纪念馆前，想起四年前，阿拉法特的死讯传开后，在香港凤凰卫视总部透过直播画面看到的汹涌人潮，仿佛就在昨天。

2004年11月，阿拉法特病逝于巴黎的贝尔西军医院，官方公布的死因是"由血液疾病引发的心肌梗死"。但其遗孀舒拉认为，阿拉法特死前突然出现的呕吐等病症很离奇，怀疑是遭人毒杀。不过，由于贝尔西军医院隶属军方，无法透过媒体向外界传递更多诊疗信息，再加上出于宗教因素的考量，不宜对阿拉法特开棺验尸，因此，相关的猜疑一直无法得到证实。

舒拉没有放弃。她把阿拉法特的一些遗物送至瑞士的一家科研机构进行化验，同时和半岛电视台合作，推动死因调查。但在那之后，直到我第三次抵达巴以地区的2009年，阿拉法特的死亡之谜一直没有解开，所谓毒杀一说也仍然只是传言，没有实锤。

事情要到我离开拉姆安拉三年后的2012年才出现转机。

那一年，有媒体披露了贝尔西军医院关于阿拉法特死因的分析报告，其中多处细节描述被一些专家认为是中毒的症状。此后不久，瑞士的科研机构也公布了对阿拉法特遗物的检验结果，显示遗物中含有高剂量放射性元素钋，由此推论阿拉法特是中毒身亡。

消息一出，舆论哗然。阿拉法特家人入禀法国法院，寻求司法调查。随后，一支独立调查小组赶赴拉姆安拉，打开阿拉法特的棺木进行遗体采样，并分别交由瑞士、俄罗斯、法国的专家进行检验。

一年之后，瑞士专家率先举行记者会，宣称他们在阿拉法特的遗体样本上发现了相比正常值超标20倍的放射性元素钋。尽管遗体没有出现钋中毒的一些明显症状，但专家仍断定，阿拉法特死于钋中毒的可能性超过80%。不过吊诡的是，随后公布的来自俄罗斯和法国专家的报告却显示，他们都没有在阿拉法特的遗体样本中发现所谓"过量的钋元素"。围绕阿拉法特的死因，专家团队出现意见分歧，随后进一步引发国际舆论的混乱和对立。

时至今日，阿拉法特的死因仍然是不解之谜。

但对于绝大多数巴勒斯坦人来说，答案毋庸置疑：阿拉法特死于以色列的政治谋杀。这一判断自阿拉法特去世之后便一直主导着巴勒斯坦舆论，而持续升级的巴以冲突更是不断为此增添新的情绪砝码。2009年1月，当我走在拉姆安拉狭窄而拥挤的街道上，随机跟路人聊起此事，得到的反馈几乎如出一辙，认为是以色列人害死了阿拉法特：

"肯定是以色列人干的，这还用问吗？我觉得这根本就不需要调查！"

"你看看他们这几天在加沙干的好事，就能想象他们有多歹毒了！他们就是这么对待巴勒斯坦人的，阿拉法特也是被他们杀害的！"

"是摩萨德，肯定是摩萨德！他们在阿拉法特身边安插了自己人，然后找机会下了毒！"

很多巴勒斯坦人跟我提到了摩萨德。那是以色列情报及特别行动局的俗称，与以色列国家安全局、以色列军事情报局共同组成以色列的情报系统，主要从事包括暗杀在内的各类隐蔽行动。1972年慕尼黑惨案[1]发生后，正是摩萨德展开代号为"天谴"的一系列复仇行动，把涉嫌在当年杀害以色列奥运选手的凶手逐一刺杀。

"Dan，你如果问阿拉法特是怎么死的，不会有第二个答案。"在路边的一间咖啡店小憩的时候，哈里尔摇着头，斩钉截铁地对我说，"因为这里是拉姆安拉。"

哈里尔是我在耶路撒冷聘请的一位向导。他是阿拉伯人，巴勒斯坦后裔，信仰伊斯兰教的逊尼派穆斯林，但同时也是持以色列身份证的以色列公民。2009年，以色列人口达740多万，其中大约20%是像哈里尔这样的阿拉伯裔，大多定居在东耶路撒冷和戈兰高地。

哈里尔年约40多岁，身高185厘米左右，微卷的短发，戴一副金边眼镜，是一名司机兼导游。虽然没做过媒体的向导，但因为精通英语、阿拉伯语和希伯来语，加上熟悉地形，而且性格沉稳，言行果断，倒也帮了我们不少忙。不过，在合作初期，我们也闹过几次误会。

有一天上午，我们准备出门拍摄。因为要在街头做直播，带的设备比较多。哈里尔来酒店接我们时，我在电话里告诉他，请他到酒店大堂等我们，帮我们拿一下行李。但没想到等我们下楼时，他却不见踪影。我打给他，他竟然说他在酒店对面的马路边等我们，让我们自己过去。

我和吴建明扛着大包小包，拖着大箱小箱，气喘吁吁地找到他之后，忍不住发了火，问他为什么不按照约定，在酒店等我们。没想到，哈里尔的火气比我们还大：

"你以为我不知道你们需要帮助吗？Dan，问题是我根本进不去酒店啊！保安不让我进！"

"为什么？"我不解。

[1] 1972年，慕尼黑奥运会，恐怖分子打死两名以色列运动员，劫持九名以色列运动员为人质，并将九人全部杀害的政治恐怖事件。

"为什么？因为我是阿拉伯人，他们是××的犹太人！这家酒店是犹太人开的，门卫说不允许阿拉伯人入内！我说我的老板住在这里，我要进去等他们，可他们坚持说不行，我知道他们不相信我说的话！然后我说，我能不能把车停在大门口等，他们说那也不行，我只能把车停在酒店附近！"

"这不是种族歧视吗！"哈里尔连珠炮似的抱怨和怒骂把我震惊了。

"当然是，但那又怎样？"哈里尔双手一摊，摇摇头，语气缓和了不少，"这在以色列太普遍了。所以我服务客人的时候，都会尽量不去酒店大堂，或者其他那些由犹太人管理的、出入比较麻烦的地方，因为我去了就会被盘问、被拒绝，那不是自取其辱吗？"

我大概明白发生了什么，但总感觉他描述得有些夸张，也许是怕我因为这事儿解雇他吧？于是我拍了拍他的肩膀，示意他息怒。但后来，一连串亲眼所见的小事，让我越来越强烈地意识到，哈里尔描述的歧视现象，并不罕见。

例如一次行车途中，路过一个十字路口，红灯。一名警察走过来，示意哈里尔摇下车窗，拿出驾驶证。说的是希伯来语，听不懂，似乎是例行检查。起初一问一答，还算友善，但慢慢地，气氛就变了。警察的问话越来越严厉，哈里尔的语气也越来越强硬。于是，警察勒令哈里尔靠边停车，继续盘问。双方僵持了很长一段时间，我们才被允许离开。

我问哈里尔发生了什么，他怒气冲冲地说："没什么，警察就是没事找事！他问我车子是我的吗，驾照上的照片是我吗，做什么工作，住在哪里，谁可以证明，现在要去哪里，为什么有外国人在车上……一大堆问题，莫名其妙，难道我长得像恐怖分子吗？不，他纯粹就是想刁难一下我这个阿拉伯人！"

哈里尔越说越大声，然后开始不自觉地用阿拉伯语自言自语，愤怒到极致的时候，他突然用双手砸了几下方向盘，用英语高喊了几句：

"没希望了！没希望了！"

车子随即在马路上扭了几下，引来身后其他车辆的鸣笛示警，也吓得我和吴建明有些不知所措。我怕哈里尔做些什么傻事，赶紧安抚了他几句，随后便假装什么都没有发生，一路沉默。

事后了解得知，尽管阿拉伯裔占据了以色列大约20%的人口，但却普遍生活在以色列的最底层，受到不同程度的歧视。这一方面自然是因为众所周知的历史和宗教因素，以及现实的巴以、阿以矛盾。很多以色列人担心本国的阿拉伯裔公民受到境外势力的蛊惑，在国内发动恐怖主义袭击，因此针对阿拉伯裔的管理要严格许多。另一方面，也和以色列独特的就业门槛有关。在以色列，大多数职位都要求应聘者服过兵役，但当局为了避免阿拉伯裔国民在战场上面对同根同种的敌人时"立场不稳"，其征兵制并不覆盖阿拉伯裔——除非阿拉伯裔自愿从军。这一制度限制了大部分阿拉伯裔的就业选择，也限制了他们的经济收入和社会地位。

所以，哈里尔的愤怒，有着某种坚硬的、结构性的社会基础。

不过，当我们进入拉姆安拉之后，情况就发生了很大的变化。哈里尔带着我们穿街走巷，积极地帮我们物色被采访者，一字一句地帮我们翻译，甚至和被采访者一起抑扬顿挫地痛斥以色列当局在加沙地带、在约旦河西岸、在过去、在现在的种种暴行，情绪高涨。尽管哈里尔很少到访拉姆安拉，但他的言行举止俨然是东道主的模样。在他脸上，我看到了一种常年压抑之后的释放和一种如鱼得水的自在。

"你会考虑搬到拉姆安拉生活吗？"坐在路边的咖啡店，我望着熙熙攘攘的街道，问哈里尔。

哈里尔抽了口烟，笑了笑，没有回答。

我相信他不会。尽管阿拉伯裔在以色列受到这样那样的歧视，但毕竟能够享受相对较好的经济条件和社会福利，也不至于每天都生活在敌军的围困和炮火的阴影之下，和巴勒斯坦地区的同胞们相比，他们的生活处境无疑要好很多。再怎么说，哈里尔现在每天还能赚到几百美元，还能养活家中没有工作的妻子、三个仍在上学的孩子。而一旦搬到拉姆安拉，一切都将发生变化。

生活需要尊严，但对于哈里尔和其他大多数阿拉伯裔以色列人来说，首先得活着。于是，就像巴勒斯坦裔学者爱德华·萨义德（Edward W.Said）在其著作《最后一片天空消失之后》（*After the Last Sky*）中写的那样，巴勒斯坦人只能"用沉默和谨慎来掩盖伤口，放慢身体的渴求以减轻失落的刺痛"。

"哈里尔，你觉得会有和平的那一天吗？"我转头问他。

哈里尔笑了笑。他右手夹着差不多燃到尽头的香烟，左手拿起餐桌上的咖啡杯，啜了一口，放下，紧接着又狠狠吸了一口烟，然后把烟头扔在地上，一边用皮鞋的鞋尖旋转着踩灭最后一点火星，一边自言自语：

"没有希望，没有希望。"

临近黄昏，夕阳正浓。清冷的阳光洒落下来，照耀着哈里尔的脸和拉姆安拉的大街小巷。我想起了远方硝烟弥漫的加沙，和加沙上空的那一片，血色残阳。

后 记

2009年之后，我就再也没去以色列报道过战事。

这些年，阿以关系持续震荡。一拨又一拨的政客开了一轮又一轮的会，吵了一次又一次的架，签了一份又一份的协议，立了一个又一个的目标，但却从未真正推动过问题的解决。直至今日，那片积淀了千年仇恨的土地，依然隔三岔五地导弹横飞，死伤不断。

这些年，以色列的国防预算持续增长，各种新型的武器装备和防御工事层出不穷，其中最受瞩目的工程之一，便是其结构性的导弹防御系统，包括主要用于拦截短程火箭弹和导弹的"铁穹"系统，防御中程导弹的"大卫弹弓"系统，以及防御远程导弹的"箭"式反导系统。就在我写下这段文字的2021年11月，以色列刚刚宣布研发出了一款世界上最大的预警飞艇，能通过内置的远程天空雷达，针对巡航导弹、无人机和其他空中威胁进行预警。这款代号为HASS的飞艇部署在以色列北部上空，显示当局意在用其防御来自伊朗、伊拉克、黎巴嫩、叙利亚等国的攻击。

而在加沙地带，"地道战"和"反地道战"的较量也持续胶着。巴勒斯坦人不断开挖新的地道，用于走私物资和军火；而以色列人则不断进行定点轰炸，一条条摧毁。

为了一劳永逸地解决地道问题，以色列军方甚至沿着加沙地带50多公里的边境线，修建了新的隔离墙。墙体分地上和地下两部分，地上部分高约六米，地下部分最深达40米，墙体上还安装了传感器，能实时监测哈马斯挖掘地道的行为。整个工程耗资约九亿美元。值得注意的是，在埃及和以色列共同的盟友美国的斡旋下，埃及也以"打击地道走私和恐怖主义"为由，在其与加沙的边境线上大兴土木，修建一道新的水泥墙。

此外，以色列军方还在地中海近海水域设置障碍、加强监控，防止哈马斯走水路潜至以色列。

防空系统、边境围墙、水下障碍，以色列军方搭建了海、陆、空"三位一体"的攻防体系，确保了自己能在错综复杂的巴以关系中始终占据主动。而与此同时，生活在加沙地带的200多万巴勒斯坦人，却依然处于长期被围困、被封锁，时不时被威胁、被攻击的境地。

每次看到阿以关系的最新动荡，都会想起哈里尔的那句口头禅："没有希望，没有希望。"

　　是不是真的没有希望，我不知道。但相关的报道做久了，的确越来越觉得，关于中东问题，不能太过乐观，更不必因为某些似是而非的政治异动而产生新的憧憬，否则就会经历一次又一次的失望。有趣的是，我发现每当中东出现一些变化，我们这些外围的旁观者总是着急忙慌地去做各种解读，而中东人自己却往往泰然自若，不为所动。毕竟，已经累积了太多的失望，早已看穿一切。

　　想起轶君的一句话：人人怕时间，时间怕中东。

第六章　缅　甸

位于缅甸北部、与中国西南边境接壤的果敢、佤邦、克钦等地，地形复杂，民族多样，自古以来便处于各自为政的自治状态。除了行政管辖和生产生活体系相对独立之外，这些地区还拥有自己的武装力量。在跌宕起伏的历史变迁中，不论是中国的历朝历代，还是英国殖民者，抑或是缅甸联邦政府，都无法对其进行有效控制。

20世纪60年代，中缅之间达成边界协议，缅北部分领土正式划入缅方版图。到了1989年，活跃在当地的多支武装力量又先后与缅甸联邦政府达成停火协议，在法理上巩固了这些地区的自治权。但出于各自的权力诉求和利益考量，这些自治区与缅甸联邦政府之间，以及自治区内部的不同势力之间，仍不断爆发军事对峙和武装冲突。2009年8月，战火再一次延烧到了缅甸掸邦第一特区果敢境内。

8月7日，缅甸政府军向果敢特区政府通报称，在果敢发现一个毒品加工厂，要求展开调查。特区政府主席彭家声答应配合缉毒行动。

8月8日，缅军调查目标直指果敢同盟军管辖的一间枪械修理厂，遭同盟军拒绝。缅军派兵增援，双方形成对峙，媒体称"八八事件"。逾万平民恐战事升级，逃往中国云南，多聚集在边境小镇南伞。

8月中旬，缅军撤离果敢，局势一度趋于缓和。

8月22日，缅甸政府发布通缉令，传唤果敢特区主席彭家声及其家人，遭拒。

8月23日，百余名缅军士兵突袭彭家声寓所，彭逃脱。

8月25日，缅军攻入果敢首府老街。果敢同盟军副司令白所成投诚，随后接替彭家声掌权。

8月27日，彭家声指挥果敢同盟军发起反攻。再有大批难民涌入中国境内。

8月28日，缅军相继占领老街、清水河等地，同盟军退守山区。一枚炮弹落入中国境内，造成一人死亡，多人受伤。

8月29日，果敢沦陷。果敢同盟军撤向中国。

8月30日，缅甸政府宣布战事结束。彭家声及其家人去向不明，但彭家声发表声明，拒绝投降。

这场临近中国西南边境的战争引起了国人极大的关注。首先，占果敢人口大多数的果敢族即世居缅北的汉族，是数百年来流落当地的汉人的后裔，与我们同根同种；其次，近年来去果敢拓展商机的中国商人越来越多，战争中，他们或遭劫掠，或被迫逃亡，受到不同程度的影响；最后，大批难民跨越边界，涌入云南，更有无辜同胞遭流弹击中，给中国的边防造成了不小压力。

在战争初期，外界只能透过一些当事人在网上发布的帖子了解相关事件，其中很多信息都亦真亦假，无法得到证实。这种信息的缺失和报道的管控，令传统媒体大多举棋不定，不知道该如何展开报道。直到8月27日战事升级，第二波难民潮涌入云南，中国内地和香港的部分平面媒体、我当时供职的凤凰卫视，以及美联、路透等外国媒体驻北京的机构，才迅速行动起来。

8月28日中午，我和摄影师John突然收到公司指令：立刻赶赴中缅边境，报道战事。匆匆研究之后，我们确定以南伞为首个目的地。

第一节　绝处逢生

晚上8点30分，飞机降落在昆明国际机场。距离南伞还有800公里之遥，但机场并没有直达南伞的航班。位于昆明和南伞之间的临沧虽是一个相对便捷的中转站，可昆明飞临沧的下一趟航班是第二天中午，来不及。没有别的选择，只能包辆越野车，连夜赶路。

早在出发前，我就已经联络了一位司机小刘。通常，我们需要的司机应当有一定协助媒体工作的经验，但由于我长期做国际报道，对国内的中间人行业并不熟悉，再加上这次的准备时间过于紧迫，所以我只能在网上搜索一些汽车租赁公司，然后致电对方。好在小刘长期从事长途客运服务，对云南路况相当熟悉，又对我们此行的目的很感兴趣，所以双方一拍即合。为了避免疲劳驾驶，小刘还特意找了位朋友一起上路，轮流开车。

根据当时境外媒体的报道，为了防止事态扩大，避免伤及无辜，中方已经对通往中缅边境的多条交通要道实行了管制，外来车辆若没有特别许可，不得靠近边境——尤其是南伞所在的镇康县。但由于国内媒体对这件事报道不多，即便是像小刘这样的本地司机，当时也毫不知情，更不清楚具体哪些路被封了，哪些路还能走。于是，我们选择了一条最常规的路线，侥幸地希望所谓交通管制是媒体误报。

但无奈，事与愿违。当我们日夜兼程赶赴南伞时，殊不知一张密不透风的大网已经悄然覆盖在中缅边境。

一

九个小时后，大约在凌晨5点30分，我们抵达隶属临沧耿马傣族佤族自治县的河底冈边境检查站。眼看距离南伞只有四五个小时的车程了，边防官兵却挡住了我们的去路：前方危险，闲人莫入。哦，你们是记者？对不起，还是不能过。为什么？上头有令。

我们折返至临近检查站的一个弯道口，打开车灯研究地图，看附近有没有不设防的捷径，可找了半天仍一无所获。小刘尝试强行翻越附近的一座山坡，但山路崎岖不说，而且还很容易被检查站发现行踪，只能放弃。那一刻身心俱疲，几近绝望，于是敲开一家客栈的大门，找了两个房间和衣而睡。

但前路茫茫，哪能睡得踏实？没过四个小时，我便从一个被总部编辑大人追杀的噩梦中醒来。和我同样焦虑的小刘也已经起床，并在我睡眼惺忪之际又给了我当头一棒：他去检查站附近转了一圈，又给同行和朋友打了一圈电话，证实我们走的这条路根本行不通。要去南伞，只能先原路返回至临沧，再走另两条路试试。但这一来一回，我们至少要浪费八个小时。

洗了把脸，啃了口面包，我整理了一下思路，决定打起精神，重新上路：先回到检查站，在关卡门口做了个出镜报道，解释南伞周边的交通管制情况；然后赶到镇上，找了个网吧，把报道传回总部；随后匆匆吃了个快餐，奔赴临沧。

其间，接到美联驻北京的一位同行的电话，这才知道，美联和路透也都在同一天派出了采访团队。有趣的是，同样从昆明出发，我们三家媒体选择了三条不同的路线，而且大家对于能否顺利抵达南伞都没底，只能边走边瞧。通话的时候，美联和我们一样，已经被挡住了去路，唯独路透还在路上。虽然不确定他们能否过关，但那已经是我们最后的选择。于是，我们决定步路透后尘，快马加鞭，并约定保持沟通，随时共享最新消息。

说实话，那时候根本没有把握自己能抵达南伞。路上收到的各种消息都显示，当局已经派出大批武警官兵进驻南伞，一方面，协助当地政府安置从果敢涌来的难民；一方面，加大了交通和人员的管制力度，防止再有无辜人士遭到殃及。从全国各地赶赴当地的记者，自然也在限行之列。换言之，就算我们能进入南伞，也未必能有什么作为。

但在凤凰待久了，越来越相信奇迹。很多不可思议的任务——例如找到某个重量级采访嘉宾，或是在十分钟内搭好海事卫星设备做直播，看似是不可能的任务，却总能在坚持到最后的关键时刻突然搞定。所以，管他封不封路、堵不堵记者，先往前赶路再说，到时候碰到什么困难，就见招拆招吧。

果然，奇迹再度降临。

我们走的第二条路，在临近南伞的山腰增设了一道关卡，按理来说，我们根本无法通过。但那天下午天公作美，下起了小雨，温度骤降。就在我们沿着曲折的盘山公路拐了个弯，逐渐靠近关卡的那会儿，驻守的两位武警刚好在附近忙着搬运木柴烤火取暖。对于我们的到来，他们显然没有丝毫准备。还没等他们抬头细看，小刘便踩足马力，加大油门，嗖的一声穿了过去。由于是临时增设的关卡，没有阻拦设施，也没有配备警车，我们得以一举过关。

于是，在经过整整25个小时的长途颠簸后，我们终于在一个风雨交加的夜晚抵达南伞。

但没等我们从抵达南伞的狂喜中清醒过来，更多的困难又一个个接踵而至，首要的便是住宿问题。我们抵达时，涌到南伞的难民约3.7万人，其中有上万人居住在安置点，剩下的早已挤爆酒店、宾馆，或者投奔当地的亲戚朋友。虽然有一些家里宽敞些的南伞百姓临时做起了客栈生意，在家收容难民，但也供不应求。我们在凄风冷雨中沿着大街小巷寻寻觅觅一两个小时，都被拒之门外。迫于无奈，我们甚至一度谎称自己是果敢来的难民，请求收容一晚，但还是一床难求。

饥肠辘辘，大伙儿走进一家面馆，叫了几碗面条充饥。邻座有位女孩儿，一头干练的短发，穿着冲锋衣、牛仔裤，背着一个双肩背囊，桌上放着一个本子、一支笔。看长相和肤色，不像是本地人；看穿戴，不像是难民；看举止，应该是个文化人。我在一旁偷偷留意，她却只是匆匆看了我们一眼，随后便收起纸笔，低头吃面，再无眼神交流。我猜测，她八成是我的同行，很可能是某家杂志的调查记者。正常情况下，我们早已凑到一起交谈起来，但在风声鹤唳的南伞，这么做太危险。就算是一个简单的招呼，也可能暴露自己，牵连对方。所以，只能忍着同是天涯沦落人的惺惺相惜，心照不宣地看一眼对方，在内心道一声保重，然后匆匆离开。

兜兜转转，又回到镇中心。马路对面那栋颇为气派的建筑是南伞最大的酒店，少说也有一两百个房间，而且还附带桑拿会所、棋牌室等各种配套设施。我们刚抵达时就已经打听过，却不料那里是中方应对缅甸乱局的临时指挥部。酒店早已被征用，里面住满了前来维持秩序的政府官员和武警官兵，随时有可能发现我们的身份并将我们驱逐，吓得我们仓皇逃离。

小刘已经疲惫不堪，建议大家在车上凑合一晚，第二天再找住处。我透过车窗，望着酒店大楼内明亮的灯火，进进出出的武警官兵，以及悬挂在酒店外墙上硕大的写着"桑拿会所"的招牌，发了会儿呆。就在那一刻，不知道为什么，脑海中突然一阵电光石火，闪现出那句经典的电视剧台词：最危险的地方往往是最安全的。于是，热血倒流，心脏开始狂跳。

我平复了一下情绪，和大家商量了一会儿，随即决定铤而走险。

小刘把车停到酒店外的停车场，数十辆军车和警车的中间。我脱下印有凤凰标志的采访背心，整理了一下背囊，把采访证、采访资料等

"危险物品"留在车内。John也把拍摄器材装入行李箱，随身的背囊只放了部最值钱的摄像机。大家收拾妥当，定了定神，随即大步流星走向酒店。

按照我的计划，我们要假装成房客，骗过前台，直接到三楼的桑拿会所找房间过夜——客房虽然没了，但按摩房总有空位吧？于是，四个人走进大堂后，目不斜视，径直走向电梯。余光瞥见，几位穿军装的人士正在大堂一角坐着聊天。

"站住！你们谁啊？"

就在我走到电梯前，伸手去按上楼键的那一刻，耳边突然传来一声呵斥。我一惊，回头一看，发现坐在大堂的一位保安已经起身，向我们走来。紧皱的眉头间，流露出浓重的杀气。

"去三楼！找住的地方不行吗？我们都快睡马路了！"我不知道从哪里来的勇气，甩过去一头的尘土，和他顶撞了起来，语气中带着强烈的不满和抱怨。

"去三楼？会所？"保安大哥上下打量了我一番，将信将疑。

"是啊，去会所！城里的酒店宾馆都满房了，我们只能去那里找找，看有没有空床了，这都不行？"我语气平缓了一些，但还是带着刺，然后伸手按了一下电梯键。

或许是把我们当成了历经劫难、刚刚逃到南伞的果敢难民，又或许一时没想好怎么对付我们，保安大哥犹豫了一下，没再说话。就在大堂内一位武警赶过来问怎么回事的时候，电梯到了。趁他们还在谈话，我们一闪而入，溜之大吉。

但没想到，桑拿会所也已经人满为患。原来，许多下榻这家酒店的政府官员和武警官兵住不进客房，都跑来会所"蹭床"。不论是单门独户、数量有限的按摩房，还是洗脚专用的沙发椅，都已经供不应求。我们好说歹说，才用诚意和金钱打动了会所经理，破例为我们这些"来历不明人士"找了几张空置的沙发椅。

蜷缩在窄小的沙发上，听着周围此起彼伏的鼾声，自然难以入睡。明明是四处躲藏的"耗子"，偏偏和"黑猫警长"共处一室，甚至还要在他们眼皮底下宽衣解带，想想也是醉了。如此特殊的冒险经历，在我的职业生涯中，恐怕也是空前绝后了吧。

二

出于人道主义考量，云南省在南伞一个未完工的住宅小区内设了七个安置点，为边民提供基本的食宿和医疗保障。难民人数随局势的变化而增减，并无定数。8月末的那几天，官方公布的数字基本维持在一万人以下。

翌日清晨，我们离开桑拿会所，直奔安置点。但不出所料，安置点早已戒备森严。外围拉着警戒线不说，每一个通往安置点的入口都有武警把守，包括记者在内的"闲杂人等"一律不得入内，以免引发不必要的混乱。事后得知，安置点自建成之后，一直对媒体封闭。直至8月30日下午，当局才允许新华社、中新社、云南电视台等少数几家媒体入内拍摄。我们抵达时，禁令仍未取消，驻守的武警不容分说地把我们堵在了入口处。即使我们退到马路对面，尝试远距离拍摄，也很快被警惕的哨兵喝止。

远远望去，小区的空地上搭满了蓝色的帐篷，帐篷上统一印着"民政救灾"的字样。由于天气阴冷，边民们大多还在帐篷内休息，现场还算安静。帐篷周围的在建大楼有三四层高，刚搭好框架，墙面连水泥都还没糊上。

"只能上去看看了。"John冲着楼顶的方向努了努嘴。

简单商量过后，我撇下John，假装路人，围着警戒线和住宅楼慢慢转圈，并逐步靠近大楼。沿途虽然有武警层层盯防，但没有人留意我的行踪。很快，我便找准时机，从大楼后门溜了进去，然后迅速躲到墙角。John一直走在我身后，和我保持十多米的距离。看我隐入楼内，他也紧跟着闪了进来。楼内同样有武警和便衣看防，但由于门窗众多、楼梯频密、过道交错，我们很快就躲过了层层防线，爬至顶层。

躲在天台一角俯视，安置点的情况一览无余。密密麻麻的帐篷有数百顶，分布相当整齐。入口设有登记处，刚刚赶到的边民正在办理入住手续。邻近大楼的一个角落被辟为生活用水的供应专区，有边民正提着水桶和塑料盆在一条白色水管前接水。帐篷间的过道上，边民们三三两两聊着天。除了帐篷，隔壁一栋仍在施工的大楼也住了不少人。因距离太远，看不清楼内情况，但能清晰地听见楼内传来的孩子嬉闹的声音。

大约20分钟后，我们摸下楼梯，在一个靠近帐篷区的大楼出口观察了一阵，趁附近站岗的武警扭头的瞬间，跨过警戒线，随机掀开一个帐篷的门帘，冲了进去。虽说这么做很不礼貌，而且很有可能被人举报，但在当时的情况下，也没有别的选择，唯有如此冒险，才可能近距离观察到边民的生活。

帐篷里是六位刚刚抵达的年轻人，五男一女，正坐在被窝里聊天。我们的到来让他们大吃一惊，眼神中充满了恐慌。好在我亮明身份、解释了来意之后，大伙儿很快冷静了下来。在得知当局禁止媒体进入安置点之后，其中一人自告奋勇走出帐篷，为我们把风。

帐篷面积不大，大概八九平方米。地上铺了一张红白蓝塑料席，堆着几床棉被。除此之外，没有任何摆设。六位年轻人都来自果敢首府老街，其中有一对兄弟，还有一对情侣。8月29日，缅甸政府军步步进逼，果敢同盟军节节败退。眼看枪炮声越来越近，他们来不及收拾行李，便带上家人，随惊慌的人群逃往中国。辗转了一天一夜，大伙儿终于在安置点安顿了下来，但他们的父母却在逃亡途中失散了。

"我们被子弹追着打，那些老缅连老百姓也不放过，打死了很多人。"年纪最长的哥哥试图向我们讲述当时的经历，但极度惊恐之后，语言和记忆都是碎片式的，眼神也有些呆滞。

身为缅甸汉人，加之与中国交往甚密，果敢人大多能讲流利的普通话和云南地区方言，采访起来倒也不会费力。实际上，果敢除了行政管辖上从属于缅甸之外，其他许多方面都彰显出明确的"中国属性"：15万人口中超过90%是华人，普通话是主要的交流语言之一，包括电力供应在内的基本生活物资和市面上的日用商品大多来自中国，生活方式也保留了中国汉族和少数民族的传统，就连电话区号也使用云南临沧地区的区号0883。中国游客抵达果敢后还会发现，自己的手机不用开通国际漫游。这种民间层面的融合令许多果敢人对中国有某种特殊的认同。危难时刻，这种认同又自然而然地转化为一种强烈的依赖和想象。

"只要中国愿意帮助我们，我们希望来到中国之后，能在这里一直生活下去，更希望……能够彻底地回到中国，但我知道，这是不可能的事情……"20岁出头的弟弟把玩着手机，腼腆地道出自己的愿望。

三

兜兜转转，热心的小刘终于在邻近南伞边境口岸的地段找到了一家能够收留我们的宾馆。住在那里的几位果敢人临时决定投奔昆明的亲戚，为我们腾出了一个宝贵的房间。我们大喜过望，小刘也松了口气，在协助我们安顿好之后，便启程返回昆明。

有了住处，心里自然要踏实很多。但面对日趋收紧的维稳政策和满大街或明或暗的便衣，我们的工作环境却并没有变得轻松。于是，做人要低调，成了我们基本的处事原则。为了避免走漏风声，我们每次出门，都会脱下采访背心，把摄像机和角架收在背囊。

但没想到，由于凤凰卫视几乎是当时唯一大篇幅报道果敢事件的电视媒体，而覆盖面更广的凤凰网又能随时使用凤凰卫视的资源，因此我们的形象在中缅边境很快"深入民心"。走在大街上，经常会有人对我们指指点点，甚至主动走上前来跟我们打招呼。其中对我们最关注的，是那些在果敢经商的中国商人。由于在战争中损失惨重，他们内心焦虑，急于诉苦，而我们的到来似乎给他们带来了希望。

某日下午，刚结束一个专访，准备坐车离开。几位眼尖的华商认出了我们，随后立刻像发现新大陆般，兴奋地围拥上来：

"你们是凤凰卫视的？那您是何记者吧？"

"这仗什么时候能打完？你有消息吗？"

"老缅太凶了，我辛辛苦苦开的店，这就没了，血本无归啊！"

"你们记者可得多关注、多报道啊……"

在大马路上如此高调申冤，岂非自找麻烦？我赶紧示意大家冷静，然后把他们带到路边一栋宾馆的后院，让他们慢慢说。但对于我的担忧，大伙儿一时间还无法理解。有人继续大声痛斥缅军，还有人拿出手机，呼朋唤友。不消一会儿，院子里便涌来数十人，既有无处诉苦的华商和打工仔，也有看热闹的百姓。七嘴八舌间，群情激奋，而我俨然成了信访办主任。

当然，他们的心情，我很理解。人虽然安全了，但远在果敢的住宅、公司、店铺却无人看管，凶多吉少，盼着回去又不敢回去，几年、十几年的心血眼看就要化为乌有，哪能不担心。

有华商向我们展示了一段在逃亡途中拍摄的手机视频。画面所见，大批民众正涌入一家店铺，争先恐后地抢夺店内商品。拍摄的人说，那是一位中国老板在老街经营的一家鞋店。冲突爆发后，老板来不及转移货存便仓促回国，店内财物很快就被掠夺一空。他说，老街90%以上的店铺都由中国商人经营，冲突中，店铺相继关门，引起很多人的歹念。撤退途中，他看到很多打砸抢烧的乱象。

相比之下，缅军的暴行更令人发指。自称在老街做服装生意的小黄向我讲述了发生在老街新农贸市场的一桩命案，并展示了他亲自拍摄的几张现场照片。照片中，一位身穿居家便服的中年妇女头部中枪，仰躺在地面。小黄说，死者是一名在当地经商的中国人。8月28日，死者爬上自家所在大楼的楼顶，试图把蓄水池排干，将其改装成自己的避难场所，并把一些个人财物藏在池中。却不料，老街很多大楼的楼顶已成了缅甸政府军严密监守的战略制高点。附近的缅军士兵发现异动后，未待查明攀爬者身份，便扣动扳机，将其射杀。

　　"在这场冲突中，我感觉受影响最大的，还是我们中国人。店铺被砸被抢，人员有死有伤。就我所知道的情况，已经有至少六名中国人遇害，但媒体似乎都没有报道。"说话时，小黄一直紧锁眉头，虽语调平稳，但听得出内心的愤怒。

　　其实，在场的每一位商人和打工仔，甚至围观的路人，都曾遭遇、见证或者听说过一些事情，但遗憾的是，除了小黄，几乎没有人愿意站到镜头前接受我的采访。一位刚才还在大声抱怨的华商见我拿出话筒，立刻闪到一边，连连摆手："跟你反映一下情况就可以了，采访就不必了。"

　　"兄弟你可能不知道，凡是去果敢做生意的中国人，多多少少都是因为在国内混得不好，被逼无奈才去的。你想，果敢那种地方，要啥没啥，根本没法跟国内比，谁没事去那儿啊！我们接受采访，被亲朋好友看到的话，不就暴露了吗？现在这种情况，他们肯定会更担心的。"有人见我不解，拍了拍我的肩膀，在一旁解释。

　　"我们就是希望咱们政府能够关注一下这个事儿，最好能帮我们要个说法，采访就不必了。"另一位华商也在一旁苦笑着附和。

　　我没有深入过果敢腹地，对中国人在果敢的生存状况没有第一手的观察，但来自各种渠道的信息都显示，很多在果敢打工或经商的国人，都是因为在国内遭遇种种困难，被迫流落异乡。他们当中很多人到了果敢之后，从事采矿、伐木等行业，也有一部分人与贩毒或赌博行业牵扯在一起，从此走上一条不归路。眼前的华商，虽然看上去并非黑道中人，但估计也有些难言之隐，大庭广众之下，我也不便多问。

就在仔细聆听华商的抱怨和哭诉之际，人群中突然挤进来两位穿着白色衬衫、胸前挂着工作证的中年男子，冲着我们低声呵斥："干什么呢？你们哪儿的？"我意识到，最担心的事情终于发生了，那两人定是负责维持秩序的便衣——当然，他们不会主动亮明身份。

人群立刻安静了下来，个别人悄然离开，只剩下带头诉苦的几位华商躲避不及，只能一脸尴尬地接受盘问。我把心一横，拿出自己的记者证，主动投诚，同时故作不解：

"我们是凤凰卫视的记者，来这边采访的。怎么，是不允许采访吗？抱歉，我们没有收到相关的文件指示啊。"

便衣同志没有理会我的质疑。其中一人接过我手中的证件，在一个小本子上抄下我的姓名、机构、手机号码和记者证编号，然后问我们住哪里。我一脸无助地抱怨：整个南伞都被边民和你们的人住满了，我们到现在还没找到地方落脚，你们能帮忙找个宾馆吗？对方皱了皱眉，和另一人耳语了一番，随后拿出手机，走到角落向上级汇报。我以为这下凶多吉少，却不料他打完电话后，把证件交还给我，然后带着同伴，一语不发地离开了院子。

三天后，我接到云南省一位负责外宣的新闻官的电话，请我去一趟镇康县城。那几天，时不时听说有国内媒体被政府请去喝茶，随后被迫离开南伞，因此心里难免有些嘀咕。但言谈中，感觉对方颇为诚恳，没有丝毫要驱逐我们的意思，于是决定冒一次险，去会会对方。

接待我的新闻官50岁左右，笑容可掬。在县政府大楼的一间办公室内，他微笑着询问了我的采访计划，并告诉我他一直在关注我的报道。

他并没有要求我离开南伞，只是提醒我注意事件的敏感性："千万不要做出一些违规的事情。"

时至今日，我仍然不是很清楚，为什么政府官员在驱逐了美联、路透和大大小小的国内媒体之后，唯独对凤凰卫视网开一面。

不论如何，这次会面让我心中有了些底。

第二节　两瓶水带来的奇遇

必须承认，记者采访除了要靠自己努力之外，很多时候也要看运气。尤其是在兵荒马乱且完全陌生的环境下，要想抵达核心的现场、采访到关键的人物，难度很大，记者往往再努力也无济于事。但有时候，只是因缘际会的那么一个瞬间，就有可能让你豁然开朗，接下来的工作也会变成一片坦途。

在中缅边境的采访即是如此。由于边境管制较以往更加严格，我们暂时找不到南下果敢的捷径。但若成天在南伞和附近一带晃荡，血淋淋的缅北之战在我们的报道中就会被简化成一个个"听说而来"的边民故事，远离事件核心。可问题是，远在崇山峻岭的这一侧，我们又如何能了解发生在山那头的刀光剑影呢？

抓耳挠腮、心急如焚之际，两瓶矿泉水改变了一切。

一

抵达南伞之后的第三天晌午，酷热难当。采访间隙，跑到路边买瓶水喝。正在雪柜中翻弄时，身边忽然出现了一男一女。两人看上去40多岁，貌似也是顾客，却不时看我两眼，然后耳语一阵。我担心又是"捕快"，正准备离开，那位女士却突然开口：

"您是凤凰台的何记者吗？"

我回头看着他们，既不承认，也不否认，试图装傻。但迅速打量下，感觉对方着装普通，没有丝毫官员的气息，不像是政府的人，于是镇定下来。

"嗯，你们是……？"

"啊，我就知道是你，我在电视上看过你的报道，知道凤凰台有记者在南伞。"对方舒了口气，进一步凑上前来亮明身份，"我们是从果敢逃过来的。"

交谈后得知，他们是一对夫妻，世居果敢的华人。8月中旬，眼看局势恶化，他们赶紧收拾行囊，逃亡至南伞。由于来得比较早，两人得以在宾馆落脚，无须到边民营求助。

原本以为只是多了两位普通的采访对象，却不料，这位妇人告诉我，她的两个弟弟是果敢同盟军的成员，其中较年长的弟弟还是同盟军某旅的参谋。8月29日，两人随败退的大部队一起撤到南伞。由于身份特殊，掌握着不少内部情报，不排除遭到缅甸政府军或叛军跨境追杀的可能，因此兄弟俩抵达之后便投靠了姐姐、姐夫，深居简出。

这一线索让我大喜过望。自8月29日老街沦陷之后，陆续有果敢同盟军士兵经中缅边境逃亡至南伞。仅8月29日当天，逃亡士兵便超过400人。他们在边境口岸向中方上缴了枪支弹药，脱下军装换上便服之后，便获准在南伞自由行动。实际上，那两天我正试图寻找这些士兵的下落，但无奈人海茫茫无从着手。殊不料，在我一筹莫展之际会有如此的巧遇，当真是踏破铁鞋无觅处，得来全不费工夫。

于是，在征得同意后，我们立刻随同夫妇二人一起，到一家宾馆的阁楼，拜访了藏身在那里的兄弟俩：小李和小杨。

对于我们的到来，两人起初有些错愕和紧张。但在姐姐和姐夫的介绍下，兄弟俩很快放松了下来。哥哥小李也就二十五六岁，看上去有些腼腆，身为高级军官，言谈举止都较为沉稳。弟弟小杨20岁出头，是同盟军的普通士兵，性格比较开朗。两人着装颇为相似，一件黑色T恤，搭一条迷彩长裤。黝黑的皮肤、瘦削精干的身材，以及警惕的眼神，透露出军人特有的气质。

我提出采访请求，小杨一口答应，说一定要好好控诉缅军的暴行。但小李却担心上了电视会给他们和家人带来不便，显得有些犹豫。我提议让他们背对镜头接受采访，并承诺会做匿名和变声处理。小李沉思了一会儿，点了点头。

率先坐到镜头前的小杨透露，其实早在7月下旬，果敢同盟军就已经察觉到，缅甸政府军有所异动：

"那时候，我们发现周边的缅军行动很不正常，一些驻军开始频繁调动、转移。更奇怪的是，缅甸政府派到果敢各个村寨教授缅文的女教师，也都莫名其妙地被调走了，换了一些男教师过来。"

按照小杨的说法，缅甸政府军发动的这场战事其实酝酿已久，而且很早就开始在暗中进行人员部署。"八八事件"后，双方矛盾激化，果敢局势持续紧张。8月27日，政府军突然调动约6000兵力，从四个方向向果敢地区发起进攻，并动用了重型火炮。同盟军正规军人数仅1500人，配备的大多是冲锋枪、步枪等轻武器，双方作战实力悬殊。在兵力及装备都处于劣势的情况下，同盟军坚持抵抗了两三天，最终只能无奈选择撤退。他指控说，政府军在交战中滥杀无辜，令人发指：

"我们和老百姓一路撤退，缅军一路追杀。就在距离南伞边境口岸两三公里的地方，很多老百姓被缅军枪杀了。"

"老百姓？被枪杀？"

"对！老百姓！"

"这些老百姓身上有武器吗？"

"没有。"

"缅军知道他们是平民百姓吗？"

"他们知道也杀，不知道也杀，只要是果敢人，他们就杀！"

小李随后证实了小杨的说法，并进一步指称，缅甸军政府一直在果敢推行不平等的民族政策，数十万果敢人遭歧视性对待，例如大部分人没有身份证，不能自由迁移，也不能搭乘飞机。如果有人胆敢反抗军政府的施政，就有可能招致杀身之祸。他承认，以果敢同盟军的实力，无法与缅军长期抗衡。更何况，关键时刻，同盟军内部出现了意想不到的分裂。

"白所成！我们果敢人民都叫他汉奸！他确实是个汉奸！他可能为别人这么叫他感到恼火，但他自己也应该知道，他就是个汉奸！"说这番话的时候，小李咬牙切齿，愤怒之情溢于言表。

白所成，果敢同盟军副司令，当年曾是协助彭家声打拼天下的得力助手。8月25日，缅军攻入老街。就在同盟军奋起抵抗之际，白所成突然表态投靠军政府，并自行宣布出任果敢地区临时管理委员会主席一职，接替两天前出逃的彭家声执掌大权。这一变故在果敢激起了不小的震荡，白所成本人也落得一个"汉奸"的称号。

小李称，同盟军寡不敌众，撤退到中国实属被迫。尽管此后，很多同盟军成员都想打回老家，但无奈撤退后大家都居无定所，组织涣散，而且已经失去了基本的武器装备，因此反攻时机并不成熟。一旦贸然回去，很可能遭到政府军的清算。

"我们当然想打回去了，毕竟那里是我们的家。自古以来，那里就是我们自治的地方。在中国，我们没有身份，生活很不方便。但是现在这个情况，我们也回不去。强行回去的话，我们就随时可能被杀。这个是绝对的，别说我们同盟军了，就算是普通老百姓回去肯定也危险，尤其是同盟军成员的家属，都会被杀。"

两兄弟的独家采访播出后，引发了国内舆论的许多关注。有趣的是，报道也引起了白所成一方的焦虑。由于信息的封锁，白所成投诚一事原本仅在民间和一些网站论坛上流传，但经电视媒体这一报道，消息进一步扩散，到处都有人痛斥白的"汉奸行径"。于是，白所成一方按捺不住了。自节目播出之后，白所成的一位秘书不知道从哪里得知我的电话，隔三岔五来电，历数彭家声和果敢同盟军的种种不是，称同盟军一直在果敢各地制造"恐怖事件"。

果敢的高层权斗由来已久。1992年，迫于外界的压力，基于对地区发展的重新考量，彭家声在果敢开展禁毒运动，但这一决定引起各种利益集团的不满。时任同盟军副总参谋长杨茂良趁机起兵，彭家声被迫流亡。1995年，在佤邦和第四特区的协助下，彭家声杀回果敢重掌大权。此后，以彭家声和彭德仁父子为首的彭氏家族牢牢控制了果敢的政治和经济资源[1]。但外界分析，由于禁毒之后的替代种植业难有起色，制毒贩毒集团依然猖獗，而新兴的赌博业又存在严重的利益分配问题，包括白所成在内的很多人对彭家心存不满，彭氏政权危机四伏。而缅甸军政府的这次行动，无疑为一众反对者提供了"造反"的契机。

暂且不论彭家声是否专断独权，白所成背叛自己的"老板"和民族而引狼入室的做法，的确令人反感。但为了确保报道的客观与平衡，我还是提议对白所成做一个电话访问，听听他怎么说。那位秘书请示了白所成之后，白所成欣然同意。

于是，在某日午后，白所成通过我们发表了一份长达25分钟的电话声明。这也是自果敢爆发冲突以来，他首次公开表态。

电话中，白所成透露，缅甸政府自4月29日开始，就已经先后五次

---

[1] 彭家声有三位妻子，共育有四儿四女，彭德仁又名彭大顺，是彭家声的长子，早年曾担任果敢特区政府财政部部长，现为果敢同盟军总司令。除长子彭德仁外，次子彭德义曾任特区交警大队大队长，三子彭德礼担任特区银行行长，几个女儿则掌管着果敢的各大赌场。

与果敢特区政府接触，要求把果敢同盟军整编为缅甸的边防军，以推动国家的统一。这点倒是和舆论的猜测一致，只不过外界的解读是，缅甸政府试图通过整编行动彻底剥夺果敢特区的军权。因此，对于缅甸政府的五次游说，果敢特区主席彭家声均予以拒绝。

至于果敢局势演变中的关键节点"八八事件"，白所成的解释与缅方一致，即在8月8日，缅军在一次禁毒行动中发现彭家涉嫌私造军火，随即向彭家施压，导致局势迅速恶化。而对于他"变节"一事，白所成辩解称，他是为了化解僵局，保障老百姓的利益，才决定出马承担责任：

"我说打是下下之策，我的意见是一定不能打，如果打了，我们地方会受到很大的损失，老百姓只能流离失所。我说，要解决这个事情，还有一丝希望，就是你们老的几个（彭家声和彭德仁父子）退出，或者退到第二线。这样的话，由我跟缅甸政府斡旋。

"但是彭主席一意孤行到底，就是要打。要打的话，那么27日的时候，枪炮声就响了。这一响，（你看）造成了多少灾难，造成了多少生命和财产安全的损失！"

操着一口带有浓重西南地区口音的普通话，白所成逐一回应了外界的质疑，并解释了所谓的"事情真相"。在他口中，自己是为了保障老百姓的安全才不得不与缅军合作，彭家声才是战争的罪魁祸首。但只要翻看近几十年的历史便不难发现，彭家声在果敢的家族统治一直受到内部政敌的挑战，甚至曾被迫亡命天涯，各地方势力争权夺位实乃果敢政局的常态。白所成身为副手，对彭家大权的觊觎传闻已久，这次临阵倒戈，很难不让人怀疑是为了趁乱上位，所谓百姓福祉，料想也只是一套自圆其说的话术罢了。

当然，作为记者，必须让争议各方都有说话的机会，而且在缺乏事实依据的情况下，不能对被采访者的表述做过度解读。所以，白所成的这段声明，还是在凤凰卫视播出了。但让白所成一方想不到的是，他的这番极为勉强的说辞不仅没有为自己"漂白"，反而进一步引起了网民对他的厌恶，"汉奸"的骂声在各大论坛不绝于耳。

白所成显然不甘于此。自那以后，他的秘书曾数次来电，告知果敢同盟军的残余势力如何针对白所成发动"恐怖袭击"，并希望凤凰卫视能够予以报道。哪怕我已经离开云南回到香港，那位秘书仍坚持不懈地来电公关，直到半年之后，才逐渐放弃。

二

某天午后，又是一个买水的瞬间，造就了我在中缅边境的第二段"奇缘"。

这次巧遇的，是几天前在大街上接受我们采访的华商小黄。在路边的小店门口重逢时，他正在发呆。攀谈之下得知，这位仁兄在果敢的小买卖血本无归之后，正面临生存危机，别说回家，就连住宿吃饭都有困难。恻隐之心人皆有之，我当下便拍拍胸脯，盛情邀请他与我们同住。

于我而言，这不过是举手之劳，却不料善有善报的道理在战火中同样得到应验。在对我们的为人和工作有了初步了解之后，小黄逐渐对我们产生了信任，并开始告诉我他在果敢的一些特殊经历。

我这才知道，小黄是昆明人，曾在部队服役，对于缅北华人的生存状况一直非常关注。退役后，他主动选择到果敢支教，在学校当中文老师。更让我诧异的是，在果敢期间，他与同盟军的许多官兵结为兄弟，并与彭家有一定的接触。早前我所采访的小李和小杨，也与他交情不浅。

虽是萍水相逢，但却相谈甚欢。我主动邀请小黄担任我的中间人，帮我寻找新闻线索、联络采访对象，小黄二话没说，便答应了下来。

在那之后，正是在小黄的帮助下，我得以与逃亡在外的彭家声及其家人保持密切联系，进而与邻近的佤邦特区的最高层接上了头。只要果敢一发生异动，小黄就会接到电话或短信，然后把相关信息告诉我。由此，我们对缅甸政府军的部署、果敢同盟军的动态及缅北局势的异动有了更加及时、准确的把握。

很多个夜晚，我与小黄、小李等人围坐一桌，听他们讲述最新的消息，商议具体的反攻计划，策划针对缅军和白所成的袭击事件。在聆听之余，总是会不自觉地恍惚，仿佛置身于某套史诗般的影视作品中，见证一个民族的独立伟业。

"何大哥，等我们反攻成功了，你来做我们的新闻部长吧。"

小黄的一个玩笑让众人捧腹。灯光下的一张张年轻脸庞，透露出不一样的乐观、顽强和不屈。我知道，他们不是在过家家，而是在试图承担起一个民族的未来。笑过之后，有些感动。

当然，出于保护当事人的原则，以及维护国家利益的需要，很多内容，我当时都无法翔实报道。例如彭家声的下落，果敢同盟军的反攻部署，外族的支援，以及中国政府的应对细节，等等，大多只能点到为止。虽说因此失去了很多报独家的机会，但也正是这份默契与配合，使我能够在之后一个多星期的时间里，不断得到他们的仗义相助。

9月初，随着局势的相对缓和，南伞口岸开始有限开放，部分果敢边民牵挂着家园，踏上回家的路。我们急于了解果敢的现状，却苦于身份受限，不得过关。在了解了我们的需求后，小黄立刻联络上他的几位果敢朋友，拜托他们用手机拍一些视频，对方欣然答应。

两天之后，三位刚刚从南伞返回果敢又匆匆从果敢折返南伞的女孩儿约我们在一家餐厅见面，把她们用手机拍摄的视频传给了我们。那是她们回到果敢首府老街后，冒着生命危险，一边开车一边拍摄的珍贵素材。画面所见，曾经喧闹繁华的老街几乎成了一座空城，路上行人稀少，商铺也大多关门停业，偶尔有政府军的军车驶过，令拍摄者一阵紧张，镜头也随之抖动。

其中一位名叫阿青的姑娘说，根据她们的目测和打听到的情况，老街的百姓差不多走了九成，剩下的除了缅族，大部分都是在当地生活了一辈子的果敢族老人。大街上已经看不到战争的痕迹，但人去楼空的城市中仍然飘浮着死亡的恐怖气息。

"就是很恐慌，很害怕，很有恐惧感这样。（路上）见到的基本上都是缅军，还有缅甸（族）人，基本上果敢（族）人都没有了。就算留在家里的男生，也是关着门躲在那里，不敢开门，害怕缅甸政府军来抓他们。"

即使背对镜头，阿青的语气还是有些紧张。她知道，一旦她接受我们采访的视频流传到果敢，她就可能遇到很大麻烦，但她考虑再三，还是决定接受采访，控诉缅军。

"这次回去，发现我的邻居们都不见了，以前经常在一起的朋友们也找不到了。每次出门，都会碰到一批又一批的政府军士兵。虽然他们没有过来骚扰我，但我还是会害怕，因为他们会一直盯着我看，以为我是坏人。"

"街道都被他们占领了吗？"

"是啊，都被占领了，每条街道都有他们的人。每次见到他们，心里总是又恨又怕，敢怒不敢言，无能为力……"

采访结束后，原本打算请阿青她们吃饭，却不料三位女孩儿抢先付了钱。临走前，阿青留下一句话：你们是唯一还在南伞采访的媒体了，希望你们帮我们果敢人伸张正义。

其实那时候，我们并非仅剩的媒体。即使在美联、路透等外国媒体和国内的一些地方媒体被要求撤离之后，仍然有一些文字记者留守当地。只不过他们当中有的只能按照指示发布官方消息，有的侧重深度报道，缺乏时效。相比之下，凤凰的报道更及时，也更受关注。

某日深夜，刚与香港凤凰卫视总部做完直播连线，彭家声便托人致电小黄，向我们传来口信：感谢凤凰。

我不知道，这是彭家声的由衷之意，还是客套之辞。但我相信，我们基于人道主义立场的报道，的确能令果敢民众，令那些和中国汉族血脉相连的明朝遗民感受到鼓舞，感受到来自中国民间的支持。想到这里，我就感到一阵欣慰，连日的疲劳也顿时消散。

第三节　国境之南

中缅边境北起西藏，南至云南西双版纳，绵延2000多公里。其中，位于怒江东南一侧的果敢，与云南临沧市的镇康县、沧源县、耿马县，以及保山市的龙陵县接壤，边境线全长250多公里。

随着战火日趋平息，果敢的同盟军和老百姓大多已经北撤至中国，彭家声及其家人也悉数逃亡在外，从表面上看，果敢已经不再是非去不可的新闻现场。不过根据目击者的形容，缅甸军政府在占领果敢后仍在大规模肃清异己，当地人心惶惶。尤其是临近南伞的边境地区，仍然有零星的战火，安全局势堪忧。与此同时，对于这场冲突的发生，包括"八八事件"的缘起，还存在很多争议。因此，我一直有亲自去"八八事件"现场的想法，只是一时间找不到稳妥的引路人。

小谢的出现，让我眼前一亮。

一

小谢是四川人，几年前南下果敢谋生。"八八事件"爆发前三个月，他一直在果敢同盟军的一间枪械修理厂工作。冲突发生后，他也随难民潮逃亡至南伞。按照他的说法，他只是修理厂的临时工。出于尊重隐私的考量，我没有追问，但心里一直怀疑，他是否已经加入了同盟军。毕竟，像枪械修理厂这种地方，属于兵家重地，非同盟军成员，恐怕很难靠近。更何况，中国的年轻人，尤其是那些军事发烧友或战争迷去果敢当兵的情况，在当时并不少见。

不过，小谢的身份并不重要，重要的是，他所说的那家枪械修理厂，正是"八八事件"中缅军与果敢同盟军发生对峙的地方。

8月7日下午，缅甸腊戌军区军事安全局局长吞吞尼抵达老街，声称在果敢发现一间毒品加工厂，要求果敢派人配合行动。特区政府主席彭家声闻讯后表示同意，并调集了有关部门配合行动。8月8日清晨，缉毒行动开始。但在行动中，缅军在老街城区附近转了几圈之后，突然往杨龙寨方向行进，随后要求进入一家枪械修理厂进行搜查。果敢同盟军认为，那是同盟军管辖重地，不可能加工毒品，而且缅军不应随意进入。但缅军拒听解释，并迅速增派兵力，双方在修理厂附近展开对峙。这就是很快引起军事冲突及大规模难民潮的"八八事件"。

有了小谢的帮助，我们说走就走。某个清晨，小谢、小黄带上我和John，驱车来到南伞郊外某个人迹罕至的山区，随后下车，徒步向边境线进发。

起初，路并不难走。但没多久，便遭遇一条水流湍急的小河。环顾四周，没找到正儿八经的桥，河面上只横跨了一根光秃秃的树干，算是过河必经的独木桥。树干的直径只有脚背那么宽，过桥时只能小心翼翼地弓下身子，以外八字步行，交替挪动。或许是雨水冲刷久了，再加上走的人也多，"桥面"滑得很，没等我走到中间，便惨叫一声，掉入河中。河水不深，但凉得刺骨。在小黄的协助下，我挣扎着爬起身来，狼狈地蹚过河，爬上岸。

正在脱鞋脱袜，对岸还没过河的John给了我当头一棒："Dan，我不过去了。"

"什么？"我以为我听错了。

"水太凉，我的膝关节受过伤，不想冒险。"他指了指自己的腿，然后晃了晃手里的摄像机，"反正你也会拍，我把机器给你吧，我就在河这边等你们。"

我知道，他担心的不是膝关节的旧患，而是自己的安危。尽管小谢和小黄一再说没事，但要偷偷潜去缅甸，还要在缅军的眼皮底下去偷拍，谁也无法保证绝对安全，这趟行程的确需要足够的勇气和胆量。说实话，我当时有些恼火。电视新闻工作，需要记者和摄影师之间的团队合作，而战地报道这种任务，更需要相互之间的信任与配合。若是在出发前提出不去，我倒还能想些补救的办法，至少能做些准备，但都走到半路上了才打退堂鼓，让我如何是好？

其实，凤凰的摄影师是出了名地勇敢，几乎所有人都有在战地或灾区出生入死的经历，我也正是得益于他们的支持，才能完成一次又一次的报道任务，其间也和个别摄影师成了生死之交。但的确，也会有摄影师因为担心自己的安危，拒绝和我同去一些危险的场所。印象中，此前至少有两次遇到过摄影师临阵退缩的情况，但没想到，很快又有了第三次遭遇。

不过话又说回来，对于John的决定，我也能理解。毕竟，不是每一个新闻从业人员都有崇高的新闻理想，并愿意为之冒险。很多人只不过把这份工作当作一种谋生的方式而已，我们无法要求他们都像自己一样拼命。这点在香港新闻界十分普遍。印象中，香港的新闻从业者——尤其是从事拍摄和剪辑工作的人，大多很务实，工作就是工作，干多少活拿多少钱，给多少钱干多少活，不必空谈人生意义、世界和平。John也不例外。更何况，没能及时发现John的担忧，并提前说服他相信大家的判断，我也负有一定责任。

所以，我平静地点了点头。小黄返回对岸，从John手中接过摄像机，再折返过河，转交给我。我把机器调成自动模式，冲John挥了挥手，转身离开。这一路本来就危险，偏偏还要自己拍摄、自己采访，压力骤然变大，心情也莫名地紧张了起来。

好在小谢对地形相当熟悉。翻了几座山坡，穿过几片农田，路上没有任何迷路的时刻。只是在崎岖的山路一上一下，我很快就气喘吁吁。

走在前面的小谢突然一个急停，然后迅速转身，示意我们一起蹲下。我以为遭遇缅军，吓了一跳。

"看山那边，那栋房子就是修理厂！"

我顺着小谢手指的方向望过去，发现右前方三四百米处的一座山坡上，有一栋类似民宅的建筑，屋檐是常见的三角形，外围建有一圈砖墙，将修理厂围在其中。

"这儿比较远，等一下穿过前面这片玉米地，就能看得很清楚了。我估计缅军已经把那里控制了，所以咱们得猫着腰，慢慢往前走，不要引起他们的注意。"

时值9月初，地里的玉米早已成熟，但因为附近的村民在外避难，无人收割，玉米棒子已经开始枯萎。放眼望去，玉米秆子差不多有一米七八的高度，叶子也长得很茂密，足以为我们提供掩护。但为了减少风险，我还是听从小谢的建议，弓着身子，放低速度，在玉米地里谨慎而缓慢地穿行。小谢在前开路，小黄殿后，我在中间。

好不容易走到玉米地的尽头，一边喘气，一边透过玉米叶的缝隙往外张望，发现修理厂已经出现在数十米开外。修理厂的主建筑是一栋一层高的砖房，外墙裸露着，没有任何装饰。主建筑的里侧，有一栋附属的小楼，屋顶盖着简易的遮雨棚，中间还用木桩搭了一个类似凉亭的遮阴处，看上去像是放哨或者部署狙击手所用。由于距离和角度的关系，看不清修理厂内院的结构，也见不到人影，但却能清晰地听到金属类工具敲打的声音，以及偶尔的叫喊声——是缅语。

"妈的，果然是缅军！他们把修理厂给征用了！"小谢压低了嗓子，开始咒骂。

"你当时就是在这里工作？这里真的只是维修枪械吗？"我打开摄像机，单膝跪地，以修理厂为背景，开始采访小谢。

"是啊！这里就是个维修厂，偶尔修一下旧枪支，基本上不会生产军械。真的，只是维修。"说这些话的时候，小谢一脸诚恳。但我注意到，他时不时会看一下小黄。

我知道，外界一直指责彭家声私造军火，其中部分军火被偷运出境后，落入一些非法组织手中。我判断，以小黄和同盟军的熟悉程度，不可能不知道些相关细节，所以应该对小谢有过叮嘱，生怕他说漏嘴。因此，关于是否私造军火一事，我当时无从判断。

"那制毒呢？缅甸政府说这里涉嫌加工毒品。"

"根本就没这个可能。因为修理厂的很多人都是当地人，他们连化学是什么都不知道，怎么可能制毒？"

小谢说，他在8月8日当天全程参与了双方的军事对峙。据他的观察，不论是政府军的装备，还是行动方式，都显示那是一场蓄谋已久的搜查行动，目的是要占据这个军事重地。所谓制毒，不过是个借口。

"因为他们的装备非常齐全，并且连防毒面具都戴了！一般的稽查，是不可能戴防毒面具的，对不对？另外头盔也戴上了，每个人都是全副武装，弹药袋鼓鼓的，弹夹压得满满的，没有一个人是松懈的。而且我感觉他们是经过特别部署的，一进来就占据要位。所有能够对别人实行火力压制的地方，都被他们一下子占据了。我觉得很明显，他们很早就做了预谋和演练！"

当然，这并非小谢一个人的观点。为了确保在2010年大选前消除所有不利因素，缅甸军政府早前曾多次以"国家统一"为由，要求果敢自治特区交出兵权，把果敢同盟军纳入缅甸军政府下辖的边防军体系。当时的舆论普遍认为，在彭家声明确拒绝这一指令后，军政府早已酝酿动用武力，"八八事件"不过是采取军事行动的借口罢了。而同盟军成员小杨和小李在接受访问时所说的"缅军早在7月底就出现异动"，也为这一猜测提供了佐证。

那么，在搞定果敢之后，缅甸军政府还会有下一个目标吗？

二

缅甸北部地区山高林密，宛若与世隔绝。很多少数民族自古以来便占山为王，形成许多大大小小的独立王国。尽管在20世纪60年代，这一地区已明确划为缅甸的管辖范围，但缅甸政府一直无法对这里实施有效控制。

与此同时，一些毒枭利用这里的罂粟资源和政治乱局，建立了许多武装贩毒集团。这些集团有的与部落武装有关，有的从属于缅甸共产党系统，有的则是缅甸政府的棋子。在经济利益和政治权力的驱动下，各政治势力和贩毒集团合纵连横，时敌时友，令缅北地区常年处于刀戈相见的乱局，从而严重影响了缅甸的政局稳定。

其中，由彭家声领导的第一特区果敢、鲍有祥管辖的第二特区佤邦、丁英执掌的第三特区克钦，以及彭家声女婿林明贤[1]控制的第四特区，实力最为强大。尤其是佤邦，管辖面积最大，其两万兵力也对缅甸中央政府构成了最大威胁。果敢沦陷后，有关政府军打算一鼓作气发兵佤邦的传言就开始甚嚣尘上。部分生活在佤邦和云南边境的民众，也开始纷纷逃亡。

---

[1] 林明贤又名吴再林，生于海南，"文革"时期到云南边境插队，后出国加入缅甸共产党，官至军区司令。缅共分裂后，林明贤成立掸邦东部民族民主同盟军。1989年，同盟军与缅甸军政府达成停战协议，在控制区域成立掸邦第四特区。林明贤和彭家声关系密切，其妻子为彭家声长女彭新春。

那些天，小黄、小李一直和佤邦特区政府的朋友保持着密切联系，互通消息。根据他们的转述，佤邦的军队已经进入最高级别的战备状态，以应对随时有可能发生的来自缅甸政府军的挑衅。

我决定去佤邦探个究竟。

在小李的协助下，我们辗转通过鲍有祥身边的人，联系到了佤邦南邓特区的政府官员。对方说，自果敢开战以来，当地老百姓大多已经跑路，南邓已经成了一座空城，但由于地处偏远，再加上中缅双方的同步封锁，鲜有媒体前往采访。经过沟通，南邓政府同意我们去采访。

一个雨后的清晨，在我们的联系下，两辆摩托车如约而至，把我、John和小黄从下榻的住处拉往边境方向。

走了约莫半个小时，摩托车在一条人迹罕至的山路边停了下来。不知道从哪里冒出来一个皮肤黝黑、戴着帽子的中年男子，说是下一段的引路人。司机操着一口浓重的方言解释说，再往前走，就得进林子了，车子开不进去，必须步行。

于是，我们在那位"导游"的带领下，走进了一片茂密的原始森林。林子很大，很难辨清东南西北。穿行时一边要拨开层层的树枝和藤蔓，一边还要留意脚下的异物。刚下过雨，林子里很泥泞，深一脚浅一脚，难走得很。

好在那位"导游"轻车熟路，七拐八拐地，几乎没遇到什么麻烦，就把我们带到了一片掩映在丛林中的铁丝网的附近："就是这里，你们爬过去就好了。"他指了指铁丝网，说完，掉头就走。

我们一抬腿、一猫腰，很容易就穿过一个窟窿，爬了过去。小黄站在山坡上打了个电话，和南邓政府的人打了个招呼。很快，我们就听到汽车从远处驶近的声音。

印象中来的是一辆黑色大众，轮胎及周边的车身沾满了泥浆。车上下来一位20岁出头的年轻人，黑色背心，绿色军裤，脚上一双人字拖，着装很随意。他自我介绍，是南邓特区政府派来接我们的工作人员。

我们下了山坡，上了车，驶往特区政府。路上空无一人，萧条得有点可怕。即便是进了所谓的城中心，也看不见几个活动的人影。大街上店铺林立，到处是写着汉字的招牌，昔日的繁华依稀可见，但大多店门紧闭。路上偶尔有无家可归的猫狗，从我们的视线中一闪而过。

在南邓特区政府的办公大楼，一位50多岁、身材瘦削的官员接待了我们。他向我们证实，自缅甸政府军攻打果敢之后，南邓的老百姓也大多闻风而逃，有的向佤邦其他地区撤退，有的向中国云南方向逃亡，南邓已经基本沦为一座空城。但当我问起南邓的军事备战情况时，这位官员却以涉及军事机密为由，守口如瓶，不愿透露半点消息，只是证实：佤邦的军队确实部署在城外的山林，防范缅军的进攻。

"他们在哪儿？"我不甘心。

要知道，包括南邓在内的整个佤邦地区都以山地、丘陵为主，地形复杂，地势险峻，易守难攻。小黄和小李曾跟我说，缅甸政府军早有意攻打佤邦，但苦于对当地情况不了解，军中的重型武器面对崇山峻岭又派不上用场，一直很头疼。因此，我对佤邦的军事部署实在是感到好奇。

"就在那些山里面。"他随手指了指远处的山峦，"但真的不能带你去。"

"有多少人啊？"我继续追问。

"还行，还行。"他笑着说。

接待我们的这位官员是南邓特区宣传部门的领导，我猜想口风肯定很紧，便不再追问。本想和别的部门的官员聊聊，结果环顾四周，发现政府大楼内几乎空无一人，领导含糊其词，说大家都在忙。我估摸着，定是上前线、下基层去了。琢磨了一阵，感觉很难打探到什么消息，更无法深入佤邦守军的内部，于是只能起身告辞，去城里四处晃悠。

在一条商业大街，我们意外地找到了一家仍在营业的杂货铺。店铺老板见到我们，也吓了一跳。照他的说法，店里已经很久没来客人了。他之所以没走，是因为舍不得辛辛苦苦经营的店铺。

"一旦我跑了，店里被偷被抢怎么办？花了我很多钱呢。"

老板是一位50岁左右的中年男子，浙江人，五六年前独自一人来到南邓，租了个店面做起了买卖。店里卖的大多是日常生活用品，收入不多，但也算稳定。只是没想到，一场突如其来的内乱，让他进退两难。

"你不怕缅军打过来吗？"我很好奇，这位看上去矮小瘦弱的浙江老板哪儿来的那么大胆量。

"他们打过来的话，我就跑嘛，往关口跑，就是那个方向。"老板笑着指了指远处，"从这里跑，跑到那里，只需要20分钟，我都已经测试过了。"

三

偌大的南邓人走城空，我们的行动又受限，无法深入军事前线，以至于当天的探访有些无聊。眼看天色渐暗，我们决定回国。

当天上午来接我们的那个年轻人，又开着那辆满是泥浆的黑色大众，把我们送回到了之前过境的山脚。我们下车后，还没来得及说什么，他就挥了挥手，一脚油门，潇洒地跑了。

那时候，天色已经全黑了。

从下车点爬了十多米的缓坡，我们很快就找到了横亘在中缅边境的那张铁丝网。但一穿过铁丝网，我们就全蒙了。

巨大的原始森林仿佛是一个没有边际的黑洞，将我们瞬间吞噬。密密麻麻的树叶遮挡住了头顶所有的星光。看不清脚下，辨不清方向，我们三个人愣在那里，一时不知所措。

"小黄，你认识路吗？"我琢磨小黄在缅甸生活那么多年，应该会有办法，所以把希望寄托在了他身上。

"不认识，这儿地形太复杂了，我们只能碰运气。"小黄在黑暗中叹了口气，"唉，刚才送我们的那个哥们儿应该给我们指个路的，他可能误以为我们很熟悉地形吧。"

我听了倒吸一口凉气。要在伸手不见五指的黑暗中穿越眼前的这片森林，准确找到出路，谈何容易？要是有个大致的方向也行，问题是乌漆麻黑的，东南西北都分不清，万一走错了方向，岂不是白费工夫？而且白天来的时候，已经是深一脚浅一脚了，这大晚上的就更难走了。要是惊到了那些招惹不起的小动物，比如蜷缩在草丛中、挂在树枝上的毒蛇，那该如何是好？

虽然心里这么想，但嘴上却不愿露出破绽。我鼓励了一下大家："没事，咱先走着吧。"于是，一行三人凭借模糊的记忆，大致选择了一个方向，便踏步前行。我相信，在黑暗中战胜恐惧的最佳方法，就是行动。

小黄心里也很忐忑，但他最担心的不是毒蛇猛兽，而是随时有可能出现的毒贩和边防警察。

"很多毒贩喜欢走夜路，比较隐蔽，所以边防警察也经常在晚上行动。尤其这段时间比较敏感，偷渡的难民很多，边防警察就更多了。何大哥，咱们得多留意一下周围，看到有亮光的地方，就不要靠近，那很可能是边防警察的手电筒，或者哨岗的灯。"

我听着琢磨了一下，招呼大家停下脚步，然后打开背囊，把随身携带的几盘摄录卡带转移到背囊底部一个隐藏的暗格中。不管有用没用，一旦被人打劫或者搜身，希望那些珍贵的素材可以幸存下来。

但素材藏得再好，人走不出去也是没辙。我们在黑暗中摸索了两个多小时，不知走了多远，还是看不到任何希望。眼看体力渐渐不济，脚步越来越沉重，情绪也跟着烦躁起来。怎么办？这么耗下去可不是办法啊。

"看那边！"一路沉默寡言的John突然叫了一声，指向远处。顺着他手指的方向，我们依稀看到了两三点微光，在远处的黑暗中若隐若现。

"应该是边防。"小黄低声说了一句。

没想到，还没等我们走出几步，眼前突然戏剧般地亮起了数道强光，我下意识地用手挡住双眼。还没等反应过来，耳边就传来一声声严厉的呵斥：

"不许动！"

四

此前，我在很多警匪片里看到过类似的桥段：匪徒在夜晚仓皇逃窜，英勇的警察埋伏在四周，关键时刻如神兵天降，将匪徒们绳之以法。我常常不屑于这种创作手法，认为太不真实，没想到在中缅边境的原始森林里，我成了那个倒霉的"匪徒"。

是的，我们被边防警察"围剿"了。

等我们适应了手电的强光，定下神来，发现周围站着五六个全副武装的武警。我很好奇，他们是怎么出现在我们身边的，此前真的一点都没有察觉。

"你们是干什么的？"其中一个看似领头的武警喝问。

"我们……要去南伞，迷路了。"我语焉不详地回复着，本想编一个让人信服的故事，但又觉得自己已经是穷途末路，一切狡辩都是徒劳，干脆就沉默下来。

"把包拿过来，我们检查一下。"武警们打量了我们一圈，或许是觉得我们没什么攻击性，态度也温和了一些。我们把包递过去，他们逐个口袋检查，针对每一件物品都进行了盘问。

翻到John的摄录机，又翻到我藏在暗格的卡带，他们相互嘀咕了一下，然后就着手电的光，仔细查看了卡带上的标签。我想起来，标签上是我对每一盘卡带素材的标注，包括拍摄时间、拍摄内容、采访对象之类的。更要命的是，卡带上有明显的"凤凰卫视"的图标和字样。

好吧，藏不住了。我决定主动坦白。

"我们是记者，不是毒贩。我们今天来这附近拍摄采访，但是后来迷路了，走着走着就进了林子，然后走不出去了，就是这样。"我承认了记者的身份，但特意隐瞒了刚从南邓回来这一事实。

武警们显然已经知道了我们的身份，却任由我在那儿坦白，一言不发，继续默默地翻我们的行囊。就在那时，我的手机响了。

我一看来电显示，是香港凤凰卫视总部的号码。再一看时间，已经快到9点。我想起来，今晚9点凤凰卫视的《时事直通车》，一早就约了跟我做电话连线，让我报道中缅边境的最新局势。我冲着武警们亮了一下手机屏幕：

"我真的是记者，凤凰卫视的记者，你看台里来电了，我一会儿就要跟总部直播连线了，你们可以听一下我的报道。"

"别讲电话！"有一个武警冲着我吼了一句。

"没事。"好在他身边另一个武警伸手制止了他，"让他接吧。"

我暗自庆幸，然后接通了电话。总部主编在电话那头显得很着急，说是跟我联系了很久，一直打不通我电话，这会儿终于找到我了，让我千万别走动，也别挂电话了，就这样等着节目开始吧。我没有跟她提我当下的遭遇，只是简单沟通了一下晚上连线的内容，随即便在线上候命。一旁的几位武警也没有作声。

晚上9点整，《时事直通车》准时开播，头条就是缅甸的新闻。在一条主新闻结束后，主持人吴小莉接通了我的线路，问我前方最新的局势。时至今日，我已经记不得当天连线的具体内容，但有一段临时增加的表述，印象仍然很深刻，大意是：此时此刻，我就在中缅边境临近佤邦的一片原始森林，虽然没有发现明显的军事异动，但仍然能察觉到当地局势的紧张，比如我现在就和几位驻守在当地的武警战士在一起，即便已经是夜晚9点多了，他们仍然在前线巡逻，非常辛苦。

虽然有刻意"拍马"之嫌，但说的全是事实。

听了我的连线之后，几位武警的态度温和了许多。他们把包还给我们，让我们跟着他们一起朝着远处有微光的方向前行。走了大约半个小时，终于走出了森林，来到一条泥泞的大路上。随后，我们被安排坐上他们的车，赶了十多分钟的路，最后抵达一个戒备森严的边防站。

边防站内接手问讯的武警看上去颇为严厉，先是让我们交出所有证件和拍摄的素材，然后不断打电话向上汇报，询问上级该如何处置我们。

我担心素材被没收、人被驱逐，于是致电总部请求支援。总部领导在了解了基本情况后，赶紧给武警系统有关部门去电，找人协调。凤凰和武警部门一直有密切的合作，加上我在汶川地震的报道中曾和地方武警有过生死之交，他们的上级对我也有一些印象，我只能寄望于他们看在双方的交情上，叮嘱一下前方，对我们网开一面。

我在讲电话的时候，坐在柜台里面的那位武警还在一边翻看我们的证件，一边等待上级的指示，偶尔还会瞟过来一眼，打量一下我们。我心里忐忑，冲电话那头的领导说了一句"等等"，然后走向柜台，问那位武警："您好，请问咱们这个边防站具体在什么位置？有什么编号吗？另外，能知道您的名字吗？"

"你要干什么？"他有些诧异。

"是这样，我们公司的领导在跟武警系统的领导沟通，澄清一些误会，他们说需要知道这些信息，便于跟您这边对接，您看方便吗？"

"我又没说要对你们怎么样，你往上汇报什么？"他有些恼火，把手上的几个证件和带子丢还给我们，"可以了，一会儿我们找车送你们回酒店，以后别再这么冒险了！"

很快，有人带我们进了一间会议室，给我们泡了几桶方便面。大约30分钟后，我们又被安排上了一辆车，在茫茫夜色中，被送往南伞的住处。

五

由于中国政府的妥善安置，从果敢一方蜂拥而至的边民并未造成人道主义灾难；而在果敢境内，同盟军一时无力翻盘，当地局势也趋于平静；倒是佤邦和缅甸政府军的对峙依然在持续，在各种开战的传闻下，不断有边民经由不同口岸，从佤邦逃往中国。

位于耿马县孟定镇的清水河口岸，濒临一条名叫南汀河的界河，地处中国、佤邦和果敢三地的交界，多年来一直是边民北上的主要关口。

为了一探究竟，我们从南伞开了六七十公里的山路，在一个阴沉的午后赶抵清水河。但抵达之后才发现，缅军已经关闭了口岸。清水河地区人烟稀少，学校和商铺大多已经关门，老人和孩子也已悉数撤离。只有个别工地仍在开工，还有极少数人家敞开着大门。

辗转打听了很久，找到一户临河居住的人家。男主人出门干活了，女主人在家留守。她说他们两口子是四川人，几年前移居到清水河做生意，原本日子过得好好的，没想到遭遇战乱，还险些命丧枪口。

"那些天缅军在河对岸到处开枪，子弹都飞到我们家了，吓死人喽！有一天是中午的时候，我们在一楼吃饭，吃着吃着，子弹就突然飞了进来，还把楼上玻璃打碎了！"

女主人一边说，一边用手比画，情绪越来越激动。她带着我们走上二楼的阳台，站在门边，隔着远远的距离，指了指被子弹击碎的一扇窗和窗上的弹孔，还有地上没来得及收拾的碎玻璃，叮嘱我们一定要拍下来，"记录一下缅军犯下的罪"。

那天的枪击事件虽然没有造成人员伤亡，但却让女主人产生了心理阴影，再也不敢走上阳台，生怕对岸再度驳火。在指证完后，她便匆匆下楼，让我们自己看着办。

John开始拍摄空镜，我和小黄倚靠在阳台，隔着界河望向缅方。对岸码头边是一个小镇，街上空无一人。镇上的楼房建筑和清水河这边颇为相似，多为两层以上的独立小楼。我正纳闷为什么看不见缅军，一旁的John拍了拍我的肩，示意我看镜头。

镜头聚焦的，是对岸一栋四层高的居民楼，顶层是一个阁楼。我正想问John让我看什么，突然发现阁楼里似乎有人影在晃动，定睛一看，阁楼的窗口竟然架着一挺机枪，枪口正对着楼下，但只要稍稍调整方向，就能直指界河这边的中国境内。

我对武器所知有限，于是赶紧让小黄来辨认一下那是什么型号，以及射程有多远，然后问他，我们是否在那挺机枪的射程范围之内。

"那当然了，他们现在要狙杀我们的话，太轻松了。"小黄很肯定。

镜头里看不见人影，但通过时不时在晃动的枪口不难判断，阁楼里驻扎着缅军，而且做好了开火的准备。

观察许久，未见更多动静，我们便下楼告辞，去街上采访了一些留守的民众，然后抵达一个临河的码头，在一栋建筑的大门石阶上坐了下来。隔壁有一些码头的工人，操着浓重的地方口音，谈论着边境局势。我一边休息，一边听着，试图找一些故事线索。

突然间，一位穿着便服、又高又壮的大汉走上前来，拍了拍小黄的肩膀，然后一把抓住了小黄的胳膊："走吧，跟我走一趟！"随后扭头冲我和John喊了一声，"你们也一起！"

"你谁啊？放开我！"小黄感到莫名其妙，有些恼怒，试图甩开对方的手，"你想干什么？"但无奈力量悬殊，反抗无效，他被那个彪形大汉牢牢地控制住了。

"怎么回事？"我站起身来，试图去帮小黄，却碰到那位不速之客一个略显不耐烦，但又意味深长的眼神：

"没事，你们就跟我走一趟吧。"

我猜不透对方的身份，感到蹊跷，但又觉得光天化日、众目睽睽之下，没人敢对我们怎么样，于是示意小黄停止反抗，又招呼John一起，跟着他走一趟，看个究竟。

沿着一道坡度不大的山路往上走，拐了几个弯，壮汉指指前方，对我说："到了，你们过去吧。"

顺着他手指的方向看过去，有一把巨大的太阳伞，伞下有一张餐桌，桌旁坐着一男一女两个人，40多岁的样子。男子穿着黑色的便衣夹克，女子戴着墨镜，一身素色的连衣裙。

我差不多已经猜到他们的身份，心里有些不安。但转念一想，反正我离开清水河之后，就要结束我的采访行程返回香港了，没什么可担心的，于是定了定神，走向他们。

那位女士站起身来，摘下墨镜，微笑着向我伸出手：

"你好，何润锋，我们找你很久了。"

后　记

那一段时间的报道，让很多生活在缅甸的汉人认识了我，其中也包括那些割据一方的缅北地方领导人。

若干年后的某个夏日，我在中国香港收到某位佤邦朋友的来电，他拜托我接待一位身份极为特殊的客人：某位传奇枭雄的小儿子。这里不方便透露他的具体身份，就称他为 X 吧。

X 年仅16岁，在北京读高中。这次来香港，不为别的，就是来购物。由于我在香港生活多年，累积了丰富的代购经验，所以这样的接待任务倒也难不倒我。于是，我跟他约了在尖沙咀的海港城见面。

我本以为 X 和他备受争议的父亲一样，会是同款的猛汉，却不料眼前的他身材高挑瘦削，长得眉清目秀，说话也是轻声细语。他说自己特别喜欢时尚，所以这次来香港准备血拼一番。这种巨大的反差倒是让我对 X 和他的家族平添了几分兴趣。

接下来的一整天，我带着 X 从尖沙咀到旺角，从中环到金钟，跑遍了香港最负盛名的购物区。X 兴趣广泛，而且出手阔绰，衣服、首饰、鞋子、手机，见到喜欢的就买，而且不喜欢问价砍价，也不需要试穿试用。很快，我们两个人就各自提了七八个口袋，气喘吁吁。

他决定先回酒店放一下战利品，然后再出门。我送他回去，结果刚一进门，就被吓了一跳。原来，房间地板上已经堆满了早前他买的东西。他解释说，因为自己在香港只能待两天，所以他还没见到我的时候，就已经在酒店附近买了一堆衣物。

跑了一天，出了一身的汗，他准备换件T恤再出门。结果他脱衣服的时候，我被他胸口密密麻麻的胸毛着实吓了一跳。16岁的东方少年，呈现出和年龄并不相符的体征，缅北枭雄的丛林基因果然强大。

无须节制的刷卡购物体验，让这个16岁少年兴奋不已，也让他逐渐对我信任有加，向我透露了很多关于他和他家人的故事。

他说他在北京上学用的是第二个身份，班上的同学、老师都不清楚他的家庭背景，在北京只有有关部门的人知晓他的来历。最大的麻烦是，他不太方便邀请别人去家里做客，以免引起猜疑。如果有人真的要去他家，他就会请家里的阿姨里里外外收拾一下，把所有容易暴露身份的东西暂时隐藏起来。

对了，家里的阿姨都是父母特意从缅北送来照顾他的。

他说，父亲一直希望他不论在身体上还是性格上，都能勇猛一些，长大后可以回老家和哥哥一起辅佐自己，但他却对家产、生意和权力没什么兴趣。他说他喜欢服装设计，以后打算出国留学，念相关的专业，然后过一种自由的生活。

"你父亲怎么样了？"我最终还是没忍住一个时政记者的八卦欲望，开始打听一些硬核的消息。

X说了很多，其中不少内幕信息让我感到吃惊。或许，那是我记者生涯听到的最密集的一次政治八卦了。但出于对他的尊重，以及对彼此之间承诺的信守，我一直没有对外提及过那些事。

只是，那一天的交谈，让我对缅甸、对佤邦、对果敢，再次产生了强烈的兴趣。希望有朝一日，能再回去一次。当然，不希望再看见炮火。

后　记

干记者这一行久了，经历的现场自然也就多了。很多没来得及回忆的现场虽然不像本书中列举的几个战场那般极致，但同样也是窥见时局、社会、事件、人性之真相的入口。

2008年5月，汶川。我在余震中沿着陡峭的山路，头顶随时倾泻下来的泥石流，脚踩奔腾的岷江，从都江堰连走带爬摸进映秀，看见了真实的灾情，以及随之而来的真实的救援进展。

2010年11月，韩国延坪岛。我在轰鸣的直升机下走进一间被朝鲜的导弹炸毁的教堂，看到了残破的门窗、钢琴和祷告席，也看到了朝韩双方在黄海海域真实的军事对峙，及其对当地百姓真实的威胁。

2011年3月，日本。地面交通因"3·11"大地震全面瘫痪，我从东京搭乘直升机飞至福岛，随后租车赶赴灾区，看见了地震、海啸与核辐射三重威胁之下，灾民脸上真实的恐惧。

2011年7月，挪威。于特岛惨案发生后，我从奥斯陆政府办公大楼驱车往西40公里，还原凶手真实的作案时间、路线和方式，了解其如何在短时间内制造两起惨案、杀害70余人。

2013年5月，菲律宾。在中国台湾一渔民遭菲海警射杀之后，我在马尼拉总统府的记者会现场质疑菲律宾政府调查缓慢，并从发言人避重就轻的回答中看到了对方真实的处理态度和应对效率。

2015年11月，新加坡。我在香格里拉大酒店目睹了习先生和马先生长达80多秒的历史性握手，从两人的着装、神情、仪态及随后的会晤中，看到了双方真实的沟通诚意。

2017年12月，日本。我在江歌案庭审现场旁听了江歌母亲、陈世峰和刘鑫三人的论辩，并在东京街头还原了事发当晚陈世峰完整的行凶路线和过程，我记录下这场命案背后许多真实的细节，也记录下当事各方与围观者种种真实的情绪：愤怒、疑惑、痛苦、绝望、逃避、害怕、麻木和不知所措。

等等。

近年来，随着智能手机的迅速普及、监控系统的广泛应用和社交媒体的强势崛起，抵达现场的方式越来越多，成本也越来越低。媒体和记者足不出户，便能依靠网络获取大量的现场信息，甚至连传统的资讯消费者也开始绕过媒体和记者，直接通过社交媒体平台进入现场。

但我始终相信，我们仍然需要专业的媒体人亲身抵达现场。

因为现场只是通往真相的第一步。抵达现场之后，还需要从复杂的环境中提取真实而有效的信息，做出准确而理性的判断，寻找故事、记录细节、梳理逻辑、提出问题，进而突破现场的制约，找到现场之外相关的人事物，在还原事件真相之余，探讨事件背后时代之冷暖、社会之动静、制度之利弊、人心之善恶，让每一起事件都能生长出自我反思的力量，让每一个现场都能延展出公共讨论的价值。

如果没有专业的记者愿意或能够抵达现场，那么那些隔着屏幕的现场信息——不论是卫星图片、监控视频，还是目击者用手机拍下上传的影像，都会失去其应有的价值，甚至有可能沦为捕风捉影的窗口、道听途说的温床，在似是而非、情绪泛滥的争论中远离事实真相。

时至今日，每当我想起加沙上空的硝烟和残阳，以及一栋栋轰然倒下的民宅建筑，想起缅北边民无助的眼神和清水河对岸缅军隐蔽的枪口，以及我偷偷穿越缅北玉米地时听到的缅军的交谈，想起我在的黎波里长达66天的软禁时光和充满真相与谎言的Rixos酒店大堂，还有傍晚时分北约近距离空袭所造成的扑面而来的爆炸气浪，我还是会热血沸腾。

这一个个我抵达过、报道过的现场，不可能还原全部的事实，但我希望它们是真相的碎片，在浩瀚的时间长河中成为我们及后人了解历史、解读时代的参考。也正是它们，成就了我的职业生涯，塑造了我看待这个世界的方式，并且让我在所有的变幻莫测和纷繁复杂中都能保持自信和坚定。

再次感谢大家。